向島ニュータウン、38回目の紅葉（中央公園）

8街区と立体交差

2街区

伏見桃山城

6街区

5街区

6街区と向島ニュータウンセンター商店会

8街区

6街区

6街区の吹抜け

中国の衛星に向くアンテナ

向島図書館

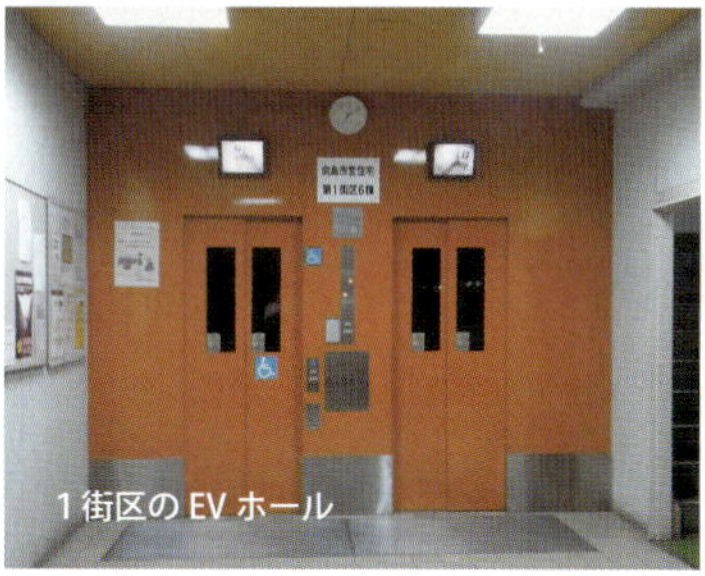
1街区のEVホール

1街区の集合郵便受

5街区の夜景

夜景

外周道路と４街区

４街区から５街区を見る

外周道路と４街区・５街区

４街区

７街区

宅配の自転車

４街区の増築

７街区の切取り建替え

中央公園

5 街区 住民による花壇

中央公園

通称 赤道（あかみち）

中央広場

防災井戸

落書き

不法投棄禁止看板

トンネルから国道 24 号線を見る

MJ ほっこり日帰りバスツアー

京都文教大学のプロジェクト科目「ニュータウンのまちづくり」の受講生たちが、向島ニュータウンに住む高齢者を対象に日帰りバスツアーを企画しました。

学生たちが決めた旅のコンセプトは“新鮮”。新鮮な関係性がつくられ、新鮮な物が食べられ、気分もリフレッシュできる旅を考えました。第１回は「福井県一乗谷日帰りバスツアー」。MJ ランチクラブの方々がたくさん参加し、学生たちと一緒に丸一日、戦国城下町散策や「人道の港」敦賀ムゼウム見学、海の幸たっぷりの食事を楽しみました。

学生の阪さんと水口さんは、この企画を通して、普段あまり接する機会がない地域の方々と知り合い、学生同士で話すのとは少し感覚が違う年配の方々との会話に戸惑いを覚えつつも、それをまた新鮮に感じました。楽しんでもらえる企画を、ぜひまたやりたいと語ってくれました。参加した住民の方々も大学生たちに、いっそう親近感を覚えてくれたようで、気軽に声を掛けあうようになりました。

阪実季さん・水口綾香さん
京都文教大学学生

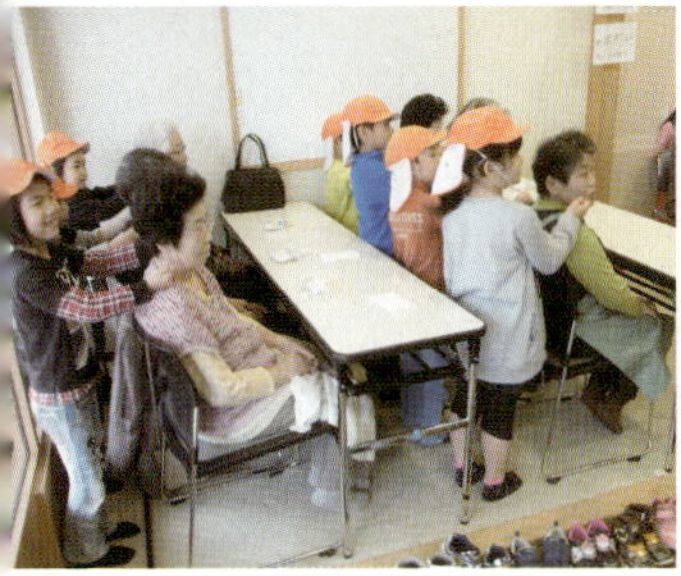

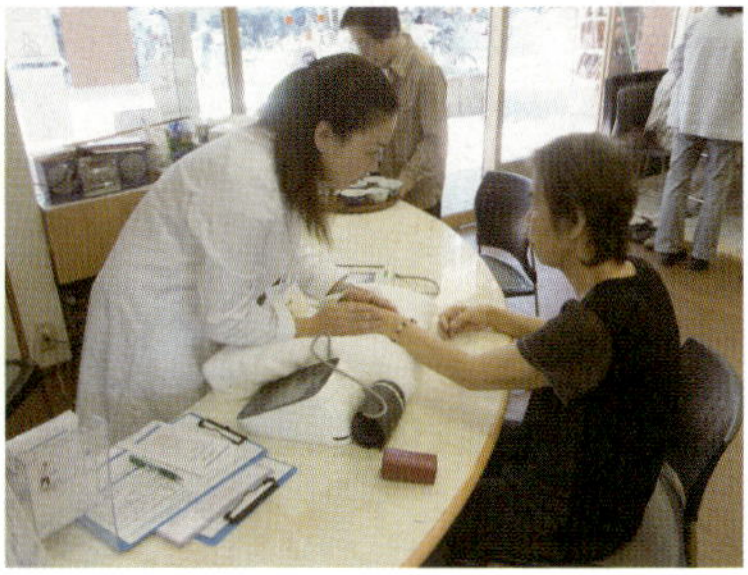

MJ ランチクラブ

高木晴美さん
民生・児童委員

民生・児童委員の高木さんは、向島ニュータウンで行われた生活実態調査の結果をみて、一人暮らしの高齢者の多さに驚愕しました。そして一日中誰とも話すことがない、外出しない高齢者を外に連れ出して楽しい時間を過ごせないかと思い、地域交流拠点であるMJを、高齢者の「憩いの場」にできないものかと考えました。

MJが開設された翌月から民生委員みなさんの協力で、月に1回MJランチクラブを開くようになりました。3月は雛祭り、4月はお花見、5月は端午の節句、7月は蓮見、10月はお月見と、季節行事に合わせた食事を楽しみ、冬には鍋を一緒に囲みます。食事の後は、軽い体操や健康相談のほか、近くの幼稚園の子どもたちが歌をうたったり肩モミをしてくれたりといったレクリエーションも行い、毎回、楽しそうな笑い声でいっぱいです。

最初は、高木さんの知っているお年寄りだけでしたが、回を重ねるごとに口コミで参加者が増え、毎回30名を超えるほどになっています。ランチクラブをきっかけに「ひなまつり」や「キッズキッチン」などMJのイベントを手伝うメンバーも増えています。

MJ キッズキッチン

小笠原さんは2014年８月、民生委員の方から「夏休みになって給食がないので痩せてきている子どもがいる」と話を聞き、子どもたちのために MJ キッズキッチンの立ち上げに加わりました。夏休み中に２回実施した後、学生と教員、ランチクラブのボランティア、民生委員が協力して毎月１回「自分たちで買い物したものを料理して、お腹いっぱい食べる」会を開催することになりました。メニューはハンバーグやカレー、お好み焼き、焼きそば、手作りギョウザなど。慣れない手つきで包丁を握る姿にたくましさを感じます。食後は、中央公園で自然観察をしたり広場で鬼ごっこをしたりしています。

卒業研究で「食のまちづくり」をテーマにしていますが、MJ キッズキッチンは全国で行われている「故郷の食文化を伝えるキッズキッチン」とは異なっています。向島ニュータウンの共働きやひとり親家庭では子どもたちだけで食事をすることも珍しくないようで、「生きぬくためのキッズキッチン」とでも言えるかもしれません。片づけが終わった後に、「ごちそうさま」、「ありがとう」と言えることが大切だと教えています。

小笠原雄太さん
京都文教大学学生

プラレール大会 & MJ ひなまつり

佐藤雅裕さん
社会福祉法人イエス団 京都市南部
障がい者地域生活支援センター「あいりん」

2013年のゴールデンウィークに、はじめてプラレール大会が行われ、連日、多くの子どもたちでにぎわいました。

企画者は、ニュータウンで障がい者の支援を行っている「あいりん」に勤務する佐藤さん。施設を利用する自閉症の人がプラレールで複雑な路線をつくることを知り、障がい者が地域と関わるきっかけをつくれないかと、プラレール大会を企画しました。また、地域の住民に呼びかけて、子もが大きくなって使わなくなったプラレールを集めることで、MJ を広く知ってもらえるとも考えました。こうして、たくさんのプラレールが集まり、子どもたちは自分の家とは違った広いスペースでレールを自由に敷き、列車を走らせて大喜び。期間中、毎日来る子もいましたし、大会終了後も MJ の前を行ったり来たりして「今日はやってないの？」、「次はいつやるの？」と残念そうに帰って行く子どもが数多くいました。その後、プラレール大会は「こどもの日」の恒例行事になりました。

また、毎年３月には別のグループの企画で、使わなくなった「ひな人形」を借りて、子どもと高齢者が「MJ ひなまつり」を楽しんでいます。

3.11メモリアル・キャンドル in 向島

2013年３月、東日本大震災後に福島県から京都に避難をしてきた人たちと地域住民が、慰霊と復興を願って「3.11」の形に並べた311個の竹灯籠に火を灯しました。この竹灯籠をつくったのは、中央公園で清掃と植物観察をしているボランティア・グループ「向島中央公園愛護協力会」代表の山崎さんです。

山崎さんは東日本大震災の後、なにか支援活動をしたいと考えていましたが、被災地に行くことはできませんでした。メモリアル・キャンドルの企画を聞いて、被災地の復興を祈るだけでなく、「自分にできることをしたい」とイベントで使う竹灯籠づくりを買って出たそうです。自分の身のまわりでも大きな災害が起きる可能性があるので、東日本大震災を身近なものとして考えています。

当日は、京都文教大学の学生による被災地の写真展や、福島県から避難してきた人の体験を聞く会、避難者ママの「笑顔つながろう会」によるバザーなども行われました。ニュータウンの人々が竹灯籠に祈りの言葉を書き込み、多くの義援金が集まりました。

山崎洋一さん

向島中央公園愛護協力会

向島ニュータウン秋の祭典

福井義定さん
向島まちづくり協議会

2005年８月、向島駅前に葬儀場の建設計画が持ちあがりました。当時、向島ニュータウンの自治会で活動していた福井さんは、ほかの街区の自治会の人たちと一緒に、反対運動をはじめました。その時、ただ反対を唱えるのではなく、自分たちの住む町をよりよいものにしていこうと、「向島駅前まちづくり憲章」をつくりました。

その後、葬儀場建設の話は取りやめになりましたが、思いがけないことに、まちづくり憲章に興味を持った京都文教大学の学生が、「自分たちもまちづくりに協力したい」と福井さんを訪ねてきたのです。そして、2008年春、地域の活性化と住民の交流を目指してお祭り「向島駅前 春の祭典」をすることになりました。このニュータウンのお祭りは、第４回目から秋に開催されるようになり、2014年には８回目を迎えました。地域住民と大学生をはじめ、小中学校や高校の生徒、障がい者や中国帰国者など地域のさまざまな人々が参加し、ニュータウンの住民に親しまれるイベントに成長してきました。

MJ 学ぼう会

京都文教大学で臨床心理学を学ぶ中井さんは、地域の人から、向島ニュータウンで不安や悩みを抱えた子どもたちの学習支援をしてもらえないかという相談を受けました。彼女も、そうした子どもたちの居場所づくりをしたいと思っていたので、授業の合間を縫って学習会を始めました。

中井さんがやっている学習会は、子どもたちに勉強を教えるだけでなく、一緒に楽しい時間を過ごすことをコンセプトにしています。そこで、子どもたちの宿題が終わった後で、一緒にかくれんぼをしたり、おやつをつくって食べたりします。

中井さんは、学習会に通う子どもたちにとって、一緒に遊びながらいろいろな話を聴いてくれる素敵なお姉さんであるとともに、しっかり勉強を見てくれる先生でもあります。こうして、向島ニュータウンで、子どもたちの心に寄り添った子どもの憩いの場づくりが始まっています。

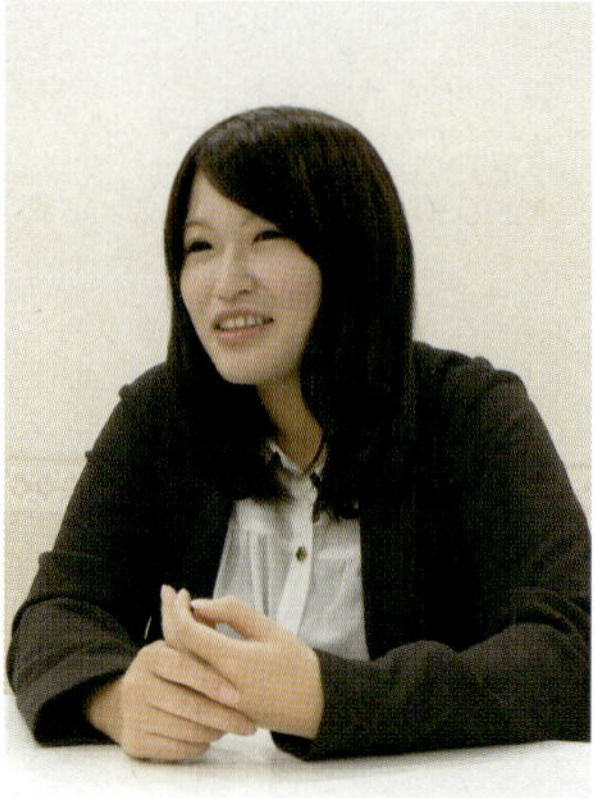

中井由佳理さん
京都文教大学学生

「戦争と原爆、そして東日本大震災（原発事故）」写真展

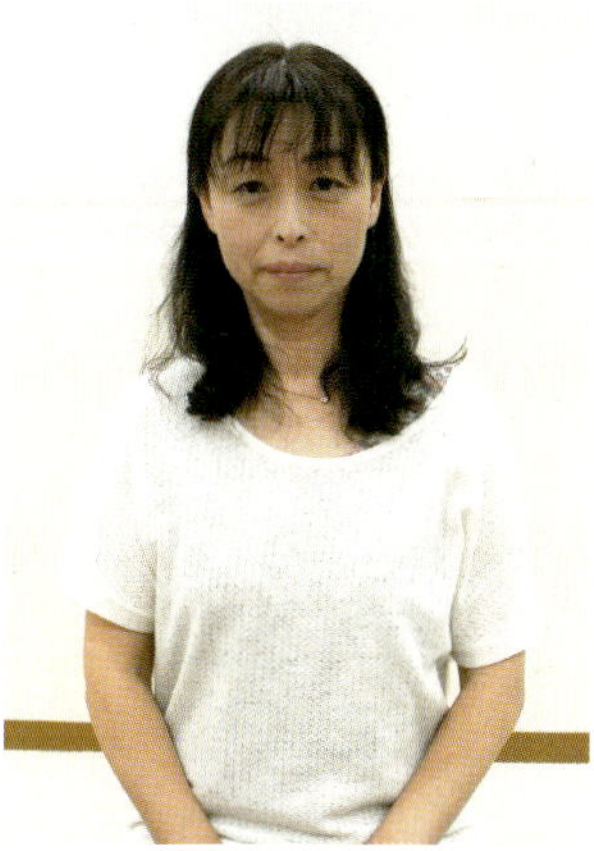

高木久美子さん
笑顔つながろう会

福島第一原発事故によって、福島県から向島に避難してきた高木さんは、2012年11月の京都大学の学園祭で「戦争と原爆の写真展」に出会い、「いつの時代も弱い立場の人が犠牲になる。このような状況を変えなくてはならない」と考えるようになりました。そして、原発事故の恐ろしさを写真をとおして多くの人に伝えたいと、MJで写真展を企画しました。

こうして2013年8月に「戦争と原爆、そして東日本大震災（原発事故）」写真展が開催され、期間中に地域に住んでいる高齢者の人に、大陸からの引き揚げや学童疎開などの体験を語ってもらう会も催されました。

高木さんは、いつの時代も、どんな危機的な状況の中でも「子どもを守りたい」母親の想いがあることを、少しでも多くの人に知ってもらい、その母の想いへの共感から、戦争や原発について考えてほしいと願っています。

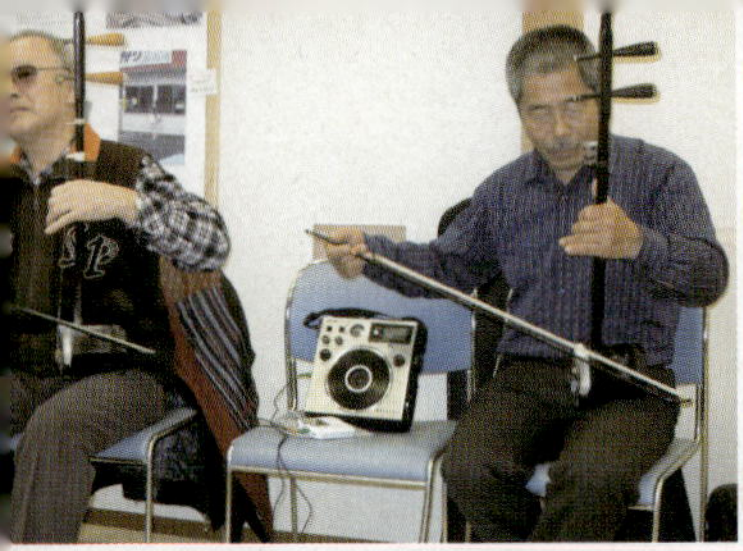

中国帰国者「虹の橋」

向島ニュータウンに住む中国帰国者は約300世帯1000人といわれていましたが、2014年11月のパラボラアンテナ調査で、1000軒を超える世帯が中国の衛星放送を受信していることが明らかになりました。朝早く広場に集まって「太極拳」をする人たちを多く見かけます。一世の方々は高齢化が進み、三世の若者の中には中国語が話せて介護職につく人も出てきています。

MJ が交流の場「虹の橋」の活動に使われていましたが、現在お休み中です。異なる文化間の相互理解の「架け橋」となれるようなボランティアによる日本語教室の再開などが望まれています。

MJ 寄合（月例運営会議）、向島歴史めぐり、将棋囲碁クラブ

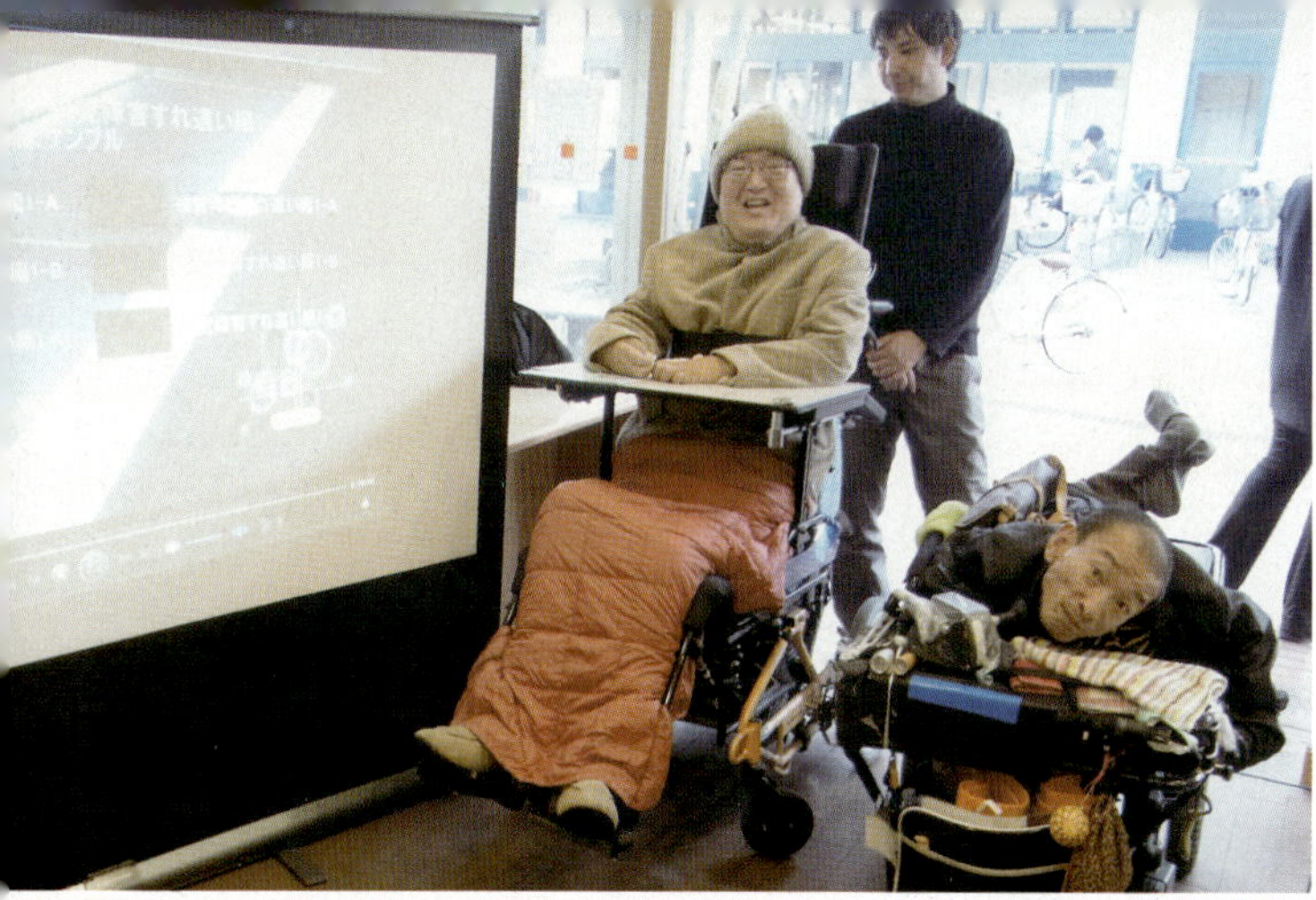

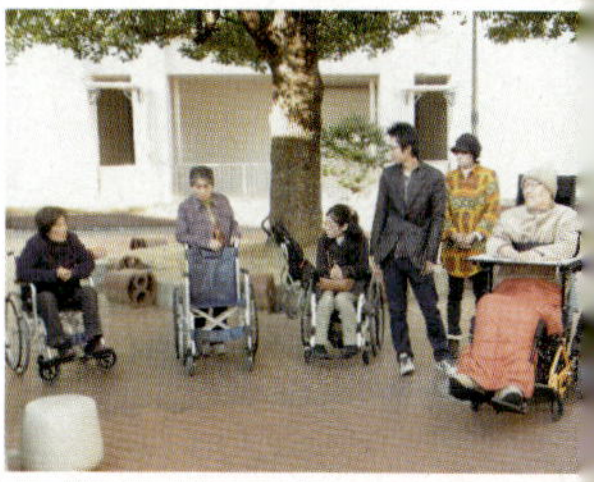

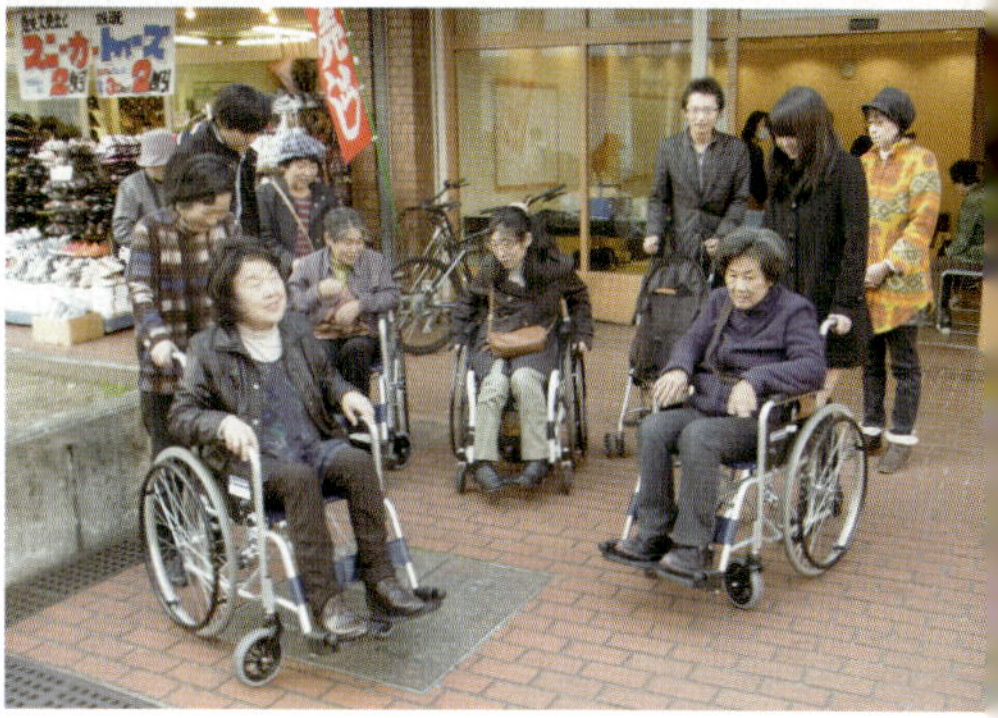

障がい者にも働かせろ！

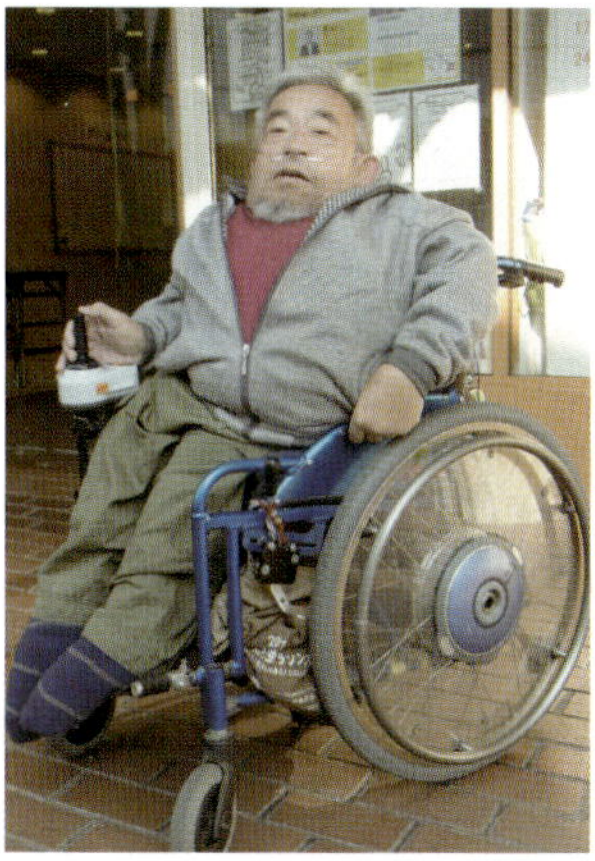

矢吹文敏さん
向島ニュータウン住民

「俺たちにも働かせろ！」向島ニュータウンに住む矢吹さんはにこやかにこう言います。2013年9月に大雨で宇治川が増水し、ニュータウンにも避難命令がでました。障がい者住戸のある１階が水に浸かると予測されましたが、障がい者だけではどうしようもありませんでした。災害に備えた「安心安全マップづくり」や「備蓄物資の管理」など、「僕たち障がい者にできることを町のためにしたい」と矢吹さんは言います。

一方、MJ で学生たちが障がい者と共にワークショップを開催し、車椅子に乗ってニュータウンの中を回りました。「こんなにガタガタしているんだ」、「ちょっとした段差が越えられない」など認識を新たにしました。また、白い杖を頼りに町を歩く人にどのように声をかけ、接すればよいのかなども体験を通して学びました。

向島ニュータウンでは、障がい者だけでなく高齢者も含めて、車椅子に乗った人を見かけることが珍しくありません。障がい者も健常者も一緒に活動するまちづくりが始まろうとしています。

KBU My Town MJ

"My Town Good bye!!"
向島ニュータウンのある棟の階段脇の壁にスプレーで描かれた落書き。やんちゃな子がこの町を去る時に描いたのであろうこの言葉に心がふるえました。彼らは向島を"MJ" と呼んでいます。2013年1月にオープンした交流スペース「京都文教マイタウン向島」を "KBU My Town MJ" と名づけました。２年を経て、地域の人から "MJ" と呼ばれ親しまれるようになっています。

京都発！

ニュータウンの「夢」建てなおします

向島からの挑戦

杉本星子
小林大祐 編
西川祐子

昭和堂

はじめに――つわものどもの夢の跡から

京都の南、宇治川をこえる隠元橋のたもとに、黄檗山万福寺の開祖である隠元禅師上陸の地という碑が建っています。碑を背にして遥か西に目をむけると、かつて巨椋池と呼ばれた広大な巨椋池干拓地を背景に、向島ニュータウンとグリーンタウン槇島の高層住宅群が林立しています。

巨椋池は、琵琶湖から流れ出る宇治川と三重県から京都府へ流れる木津川、そして京都盆地を下る桂川の三河川が合流するところにできた、池というより湖と呼ぶのがふさわしい巨大な遊水池でした。

元亀四年（一五七三）、織田信長と室町幕府第一五代将軍・足利義昭は、巨椋池に浮かぶ島のひとつで、天下をかけて戦いました。それが槇島城の戦いです。信長の死後、天下をとった豊臣秀吉は、文禄年間に伏見城を築くにあたって槇島堤を造りました。徳川家康は向島の私邸で観月の宴を催し、それがおおいに気に入った秀吉もまた、文禄三年（一五九四）、向島に月見の城（向島城）を建てて、「爪見の盛宴」を催しました。このように、現在、ニュータウンが建つ土地は、遠い昔、天下人を夢見たつわものどもが往来した夢の跡なのです。

ニュータウンは、最新式ダイニングキッチンに象徴される近代的な家族生活を実現する憧れの居住空間でした。戦後の高度経済成長期を支えた企業戦士たちが、憩い、英気を養って出陣するベッドタウンであり、戦後の新しい民主的な教育理念のもとでＰＴＡや子ども会活動が活発に行われる子育ての空間でした。それから約四〇年。子どもたちは成長してまちを出てゆき、企業戦士はリタイアしました。公園や街路の木々が高く茂り、ニュータウンはお盆の時期の商店街の夏祭りに、子どもたちが孫をつれて戻ってくる「故郷」になっています。しかし、経済成長神話は崩壊し、かつてまぶしいほど輝いていたニュータウンの夢の跡では、建物の老朽化、商店街のシャッター街化、少子化による小学校の統廃合、高い高齢化率、所得格差の拡大といったさまざまな問題が進んでいます。

　ニュータウンの問題というと、多くの場合、多摩ニュータウンや千里ニュータウンのような大都市近郊の巨大ニュータウンが話題の中心になりやすいようです。たしかに人口規模が大きいだけに、問題も深刻です。しかし同時に、地域の問題に取り組む住民の層もまた、質量ともに豊かだということでもあります。行政もまた、大規模ニュータウンの荒廃を放置しておくわけにいかず、まちの再生に乗り出さざるをえません。近年、ニュータウンに隣接する大学が、地元のまちづくりに関わることも多くなってきました。大きな国公立大学が味方になってくれれば力強く、行政から補助金を引き出すことも容易になるでしょう。それに対して、地方の中小規模のニュータウンでは、そうもいきません。最盛期は約二万人の人口を擁した向島ニュータウンですが、現在は約一万二〇〇〇人といわれています。このままでは、近い将来、空き住戸が増えて消滅集落化していくのではないかと案じる声も出ています。向島は、ニュータウンの諸問題が最も先鋭化して現れている地域のひとつといえるでしょう。

　しかし、だからといって手をこまねいているわけにはいきません。すでに多くの住民が、ここを終の棲家と思い定めています。実際、ニュータウンの暮らしも捨てたものではありません。しかしマイナスの要素は、ひとつ見方を変えれば実はプラス。そう考えるなら、向島ニュータウンには潜在的なプラス要素が満載だといえます。思えば、ニュータウンは、時代時代の家族のライフスタイルと、それにあわせた建築の実験の場でした。そうであるなら、これからは、子育てのモデル地区からシニアライフのモデル地区へなど、大きすぎないニュータウンだからこそ、住民たち自身で何ができるかを模索する可能性があるでしょう。こうして今、みんなが暮らしやすいまちづくりを目指して、向島ニュータウンの住民と、京都文教大学の教員や学生たちが、ニュータウンの再デザインという「夢」の建て直しにむけて活動を始めています。隣接する京都文教大学は臨床心理学部と総合社会学部の二学部からなる私立大学ですが、こうした規模の大学だからこそできる、まちへの関わり方があるにちがいありません。

本書もまた、そうした活動の一環として出版されました。京都文教大学が宇治市キャンパスに開校したのは一九九六年。二〇〇一年、教員たちが文科省の科学研究費助成を得て「ニュータウンにおけるジェンダー変容」（基盤研究C2、研究代表者：西川祐子）という共同研究を始めました。以来、通称「ニュータウン研究会」は、京都文教大学人間学研究所の共同研究を中心に、一部メンバーが入れ替わり、テーマも少しずつ変化しながら、現在まで続いています。とはいえ、研究会のメンバーは、共同研究を立ち上げてすぐ向島ニュータウンの住民たちと一緒に活動を始められたわけではありませんでした。後述するように、大学もニュータウンも、それぞれが閉じた空間であって、その壁は容易には越えられなかったのです。ニュータウン研究会が始まってから一〇年余りの年月は、大学がニュータウンに隣接しているというだけでなく、ニュータウンとともに生きる大学なのだという意識が、学内に次第に育っていった時間でもありました。共同研究では、京都南部の向島ニュータウンやグリーンタウン槇島だけでなく、国内外のニュータウンを視察し研究調査するとともに、各地のニュータウンでまちづくりに関わる活動を進めてこられた方々をお呼びして、数々のシンポジウムを開催してきました。本書の執筆者は、この「ニュータウン研究会」のメンバーとして向島ニュータウンで実践的に活動しながら研究を続けてきた教員たちと、かつての学生すなわち卒業生、そして研究会に来ていただいた講演者からなっています。

本書の構成は、以下のようです。

第一部「ニュータウンという『まち』」では、ニュータウンという空間を、三つの角度から捉えます。

第一章では、日本列島のニュータウンの成立とその特徴について、経済成長の盛衰と労働力の移動という視点から考えた西川祐子の論考です。第二章は、京都の集合住宅建設と近年の公営住宅政策について、研究者としてのみならず住民としての立場からそこに深く関わった竹口等が考察しています。第三章では、建築家としてまちづくりに取り組んできた小林大祐が、向島ニュータウンの地層にある歴史を掘り起こします。ニュータウンは歴史のない街といわれてきました。しかし、ニュータウンを地域にしっかり位置づけて改めて歴史を振り返ってみれば、ワクワクするような歴史が姿を現すのです。

第二部「ニュータウンを開く/拓く」では、向島ニュータウンの現在を報告します。一九九〇年代から、ニュータウンのお父さんたちがリタイア世代に入り、全国各地のニュータウンでまちづくり活動が活発化してきました。ニュータウン住民たちのまちづくりの形はさまざまですが、向島ニュータウンのひとつの特徴は、地域住民が隣接大学の学生や教員と一緒に活動を始めたことが契機となって、それまで外周道路によって隔てられ周囲の旧村・旧町とは異なる社会空間を形成していたニュータウンが外へ向かって開かれ、そこに新しい社会的ネットワークが拓かれていったことではないかと思います。

第二部は、そうした向島ニュータウンの現在を、さまざまな側面から捉えます。

第四章では、向島の住民団体が二〇一三年に実施したニュータウン住民のアンケート調査の結果をふまえて、小林大祐がニュータウンの現状を分析します。第五章では、山田香織が、学生たちによるニュータウンの絵はがきづくりから始まったプロジェクトをとおして、ニュータウンの記憶を浮かび上がらせます。

ニュータウンの風景はどこも同じだといわれます。しかし、暮らしてきた住民にとっては、ひとつひとつの風景に懐かしい思い出が込められています。ニュータウンはすでに多くの人の故郷となっているのです。第六章は、三林真弓が「ママさんサポーター」の活動を考察します。ニュータウンに暮らす子育て期のお母さんたちは孤立しがちです。そこに学生たちがお手伝いに行ったところ、学生たちがママさんを支えるだけでなく、学生たちもまたママたちに支えられることになったのです。第七章は、吉村夕里が向島ニュータウンのある障がい者のお宅を訪ね、そこにあるもの、つまり「オブジェクト」に注目して、障がい者と仲間たちのつながりについて考察します。障がいとともに生きるのは易しいことではありません。しかし、障がいがあるからこそ、人とつながり、人と人をつなぐことができると微笑む障がい者がおられるのです。第八章は向島の中国帰国者支援について、帰国者へのインタビューをもとに当時学生として中国帰国者支援にかかわった縄野友希と杉本星子が考えます。向島ニュータウンには、中国帰国者とその家族が多く暮らしています。文化が違えば摩擦も起きます。しかし、文化が違うからこそ、楽しい出会いもあるはずです。とはいえ、現実には、文化のちがいが社会的格差をつくりだしてしまっています。この現実を見据えることなくして、多文化共生という夢への道は拓けないでしょう。第九章では杉本星子が、向島ニュータウンの住民と学生たちが始めた春の祭典とその後の展開を振りかえり、ニュータウンの内外を結んで住民たちのネットワークを育むとともに学生たちを育てたニュータウンの祭りについて報告します。

終章では、ニュータウン研究会の「住まいの個人史」研究から浮かび上がってきた向島ニュータウンの歴史と現状、そして住民たちと学生がつくりだしていったネットワークとその重層性、それを基盤に二〇一三年一月に向島ニュータウンセンター商店会に開設された地域交流拠点「京都文教マイタウン向島」（通称MJ）、そして「メディアとしての大学」という大学の地域連携のあり方とニュータウンの再デザインの可能性について、西川祐子と杉本星子がまとめます。

なお、第一部と第二部には、ニュータウンをめぐる議論の幅を広げるために、章のあいだに、鵜飼正樹、小林大祐、石川真作、松井愛奈、西川祐子、高石浩一、潘宏立、林明代によるコラムが入っています。口絵写真ページのレイアウトは小林大祐、解説は内山慎吾のインタビューにもとづいています。

では、読んでくださる方々とご一緒に、京都南部のニュータウンの現状と、そこに芽ばえつつある新しい動きを見据え、そこから同様の苦悩と希望を抱える全国各地のニュータウンの夢の建てなおしに向けた可能性を考えてみたいと思います。

京都発！ニュータウンの「夢」建てなおします　向島からの挑戦

目次

第Ⅰ部 ニュータウンという「まち」

第1章

ニュータウンとは何か

西川祐子

1　ニュータウンを定義すると

ニュータウンは周辺地域から一目で見分けがつく空間です。計画都市に特有の直線と曲線を整然と組み合わせた道路、高層集合住宅の街区と戸建ての街区の区別、集会所、公園、商業センター、学校、図書館、病院、医院、そして今では住民にとって欠かすことのできない高齢者施設など、公的な諸施設の機能的配置がニュータウン空間の特徴といえるでしょう。鉄筋コンクリートによる建造物全体の量感が圧倒的、ときには威圧的でさえあります。白を基調にしたニュータウンの建造物にうつる光と影のコントラストは日照時間のあいだ刻々と変化し、カメラにとっては絶好の被写体です。たくさん並んだ窓にひとつひとつと燈火が増えてゆく夜景も美しい。

現在の入居者だけでなく人生の一時期をニュータウンで過ごした旧住民も数に入れるなら、ニュータウンはわたしたちの多くが経験した住空間です。ところが改めて考えてみると、ニュータウンは本当によく知られているといえるでしょうか。ニュータウンや団地の写真集は数多く出版されていますが、大型団地やニュータウンの風景を題材にした絵画や写真が、たとえば日本百景とか名所図絵の一枚に選ばれたとは聞きません。子ども向きの絵本には庭付き一戸建ての家ばかり登場し、集合住宅が登場する絵本はまだ数が少ないのです。ニュータウンはマンガの舞台にはよくなりますが、コンクリートのまちが舞台になるとしばしばホラー的な物語がうまれるのは、なぜでしょう。さまざまな住民が喜怒哀楽を織りなしながら生きているニュータウンを舞台にする長編大河小説が世界各地でいろいろな言語で書かれ、さらに数多い言語に翻訳され、作品が互いにリンクする、映画化もされる、ということがあっていいと思います。でも残念ながら、まだそのような作品は生まれません。

二〇世紀フランスの社会学者アンリ・ルフェーブルが「工業製品としての空間の生産」があるといったとき、[*1]ニュータウンはまだ珍しい存在でした。それが今では世界各地、ほとんどすべての国にニュータウンがあります。ニュータウン建設はむろん経済成長および人口増加・人口移動の激化と関係しています。世界総人口は二〇世紀はじめには二〇億人でしたが、二〇世紀末、およそ一〇〇年後に六〇億人に達し、二〇一四年現在では七〇億人を超えています。そのあいだに社会全体の産業構造が変化し、農業、漁業などの第一次産業に従事する人口が急激に減り、製造業、流通業、ＩＴ産業、サービス業など第二次産業、第三次産業に従事する人口が増えました。農村地帯から引き出される労働力は工業地帯と都市部へとますます集中してゆきます。ニュータウンは都市空間が収容しきれずあふれた人口の受け皿、新しい住宅地として、計画的に、しかし急ごしらえに都市の近郊からやがては遠隔地にまで建設されました。

京都の向島ニュータウンとグリーンタウン槇島に隣接する京都文教大学のニュータウン共同研究は、研究を開始するにあたってまず、ニュータウンを定義しようとしました。そのためにはむろん、ニュータウンに向き合う研究者の立ち位置と態度を自覚する必要がありました。私たちの大学の学生・教職員はニュータウンの住民と同じ私鉄の駅を使います。スクールバスは、駅で学生たちを迎え、向島ニュータウンの周辺道路を通って大学に到着、大学からは向島ニュータウンとグリーンタウン槇島を分かつ道路を通って駅まで学生たちを送ります。私たちの学園のキャンパスは、一九七〇年代以降に新設された大学がしばしばそうであったように、ニュータウンに近接しているというより、ほとんどニュータウンの一部という立地条件にあります。ニュータウンを自ら生きながら、ニュータウンを研究対象にするという立場を大切にしようと考えました。

初期の共同研究の数年のあいだにまず、ニュータウンはたしかに周辺から識別ができるまちであるが、ニュータウンを普遍的な社会に対する特殊な存在として見るのではなく、日本列島をふくむ世界の全体が工業化され都市化されてゆく時代の、良くも悪くも先端部分、少子高齢化をはじめ社会全体が抱えている問題が最も先鋭な形をとって生きられている空間であるという共通認識が生まれました。ニュータウンで起こっているもろもろの事態は、社会全体が今後進みゆく傾向の先取りではないか。ニュータウンを、社会変動による問題発生も早いが、その解決へむけた人知の集積も早くから行われている先進地域と捉え、研究成果を社会全体の近未来の生活に対する提言として生かしたいと考えたのです。

共同研究においては、それぞれが、またお互いに協力しあって、自分たちの大学が近接する両ニュータウンだけでなく、日本列島各地のニュータウンを調査、さらにはアジア、ヨーロッパ、アメリカ各地のニュータウンへも足をのばして見学を行いました。わたしは、調査が一段落したときの研究会での発表用に、日本各地と諸外国のニュータウンを調査見学したときに撮影した写真を交互に貼りあわせて流すパワーポイント、題して「ニュータウンの世界旅行」をつくりました。編集してみて改めてわかることがありました。遠景として見ると、世界各地のニュータウンは互いにたいへんよく似ています。しかしカメラを近づけて見ると、それぞれの細部は非常に違っています。

遠景が似ている理由は、ある国のニュータウン建設は、つねにニュータウン先進国の開発計画を参照しているからです。たとえば一九七五年以前の日本住宅公団の職員の海外出張は、大型集合住宅やニュータウンの先進モデルの見学を目的とする欧米視察が多く、一九七五年以後はアジア・アフリカ諸国のニュータウン建設の技術援助をするための海外出張が多かったようです。

逆に、近寄って観察すると世界各地のニュータウンの個性はそれぞれ強烈です。中国大陸におけるニュータウン内の高層集合住宅一階部分は商店街になっていることが多く、商店のデザインや看板には日本の中華街でもよく見かける朱色、金色を主とする華やかな色彩があふれています。東南アジアの外食文化は高層集合住宅になった後にも続いていて、生活が街路にはみだしています。住戸設計つまり住戸内部の間取りにも、各地各国の特徴が見られます。ニュータウン計画は先行するモデルを参照しながら、当該地域の、その時代の生活に最も適した設計が考案され、必ずといってよいほど各社会に独特の新しいバージョンが創出されます。以下のニュータウンの定義は、ニュータウンの国際比較をすることも視野に入れながら考えました。

ニュータウンは出自を異にする人々が居合わせて住む人工的な計画都市であり、国土開発の枠組みの中で戦略的プランニングに基づいて創出され、空間設計のパターン化が見られる（京都文教大学、ニュータウン共同研究）。

この定義にあるように、ニュータウンが「出自を異にする人々が居合わせて住む」空間であることは、ニュータウンの日常生活においてお互いすでに確認していることではないでしょうか。とくに初期の入居者たちは、幼少期・青春期を過ごした実家のあるそれぞれの地方から都市へ出て、それぞれの実家における地方色豊かな生活から切断された近代生活を一斉に始めたのでした。ニュータウンに多い公団住宅へ実家から遊びに来た人たちが、水洗便所や内風呂、鉄の扉とシリンダー錠、そして台所にならぶ電化製品などを見て「まるでホテルみたい！」と感想を述べたという逸話をよく聞きます。しかし感嘆の率直な気持ちは、実際には「まるきしホテルじゃがあ！」「ホテルがごとおわす！」「ほんまホテルやん！」などなど、各地のお国ことば、方言で述べられたにちがいありません。

やがて自身は混合語あるいは共通語を話すようになるニュータウンの住民ですが、ニュータウンに近い大型スーパーには、全国各地を代表するお菓子をばら売りする棚が設けられていたりします。住民それぞれ異なる出自をもっており、郷土のお菓子は客用ではなく自分たちのお茶の時間のおやつです。愛知県にある高蔵寺ニュータウンの入居三〇周年シンポジウムのことですが、団地住宅入居資格は日本国籍保有者に限るとされていた制限がはずされ入居が始まっていた外国籍住民のことが話題にのぼりました。地域情報紙『タウンニュース』編集発行人の女性が壇にのぼり、もともと自分たちも全国の都道府県から来てこのニュータウンに居合わせました、今や「寄り合い所帯から国際化が始まっているのだと思います」と発言したのが印象的でした。世界のニュータウンは国境さえ越えた出自を異にする人々が居合わせて住むまちです。

わたしたちのニュータウン研究会がたどりついたニュータウンの定義はまた、「国土開発の枠組みの中で戦略的プランニングに基づいて創出」されるとしています。この指摘に基づいてヨーロッパ、アメリカ、アジア各地のニュータウンを観察すると、それぞれの国により時間差はあるものの、いずれのニュータウンも高度経済成長による都市への人口集中から生じる住宅不足問題を解決するために建設されていることに気づきます。逆に、ニュータウン建設開始の時間差から、それぞれの社会の産業構造の変化速度、国土開発の戦略のあり方を見てとることができます。

さて、遠景として見るとき一様に「空間設計のパターン化がされている」各国ニュータウンですが、近づいて見ると、違いはどのようなところにあるのでしょうか。日本型ニュータウン固有の特徴はあるのでしょうか。

2 日本型ニュータウンの特徴

わたしは日本型ニュータウンに特有の性格はやはりあると思います。ひとつの社会の特徴は、それぞれの国のいわゆる伝統的古民家の堂々とした構えを比べるよりもむしろ、ニュータウンの平均的住宅で比較する方が、よくわかるのではないでしょうか。たとえば、日本列島の住民は、極小住宅の狭さに長年よく耐えてきました。列島には山林部が多く、平地を原則とする居住地域は限られていました。日本の都市は近世においてすでに過密な人口を抱えていたはずです。ニュータウンの歴史的建造物となっている初期の日本住宅公団の集合住宅にある2K、2DK、3Kなどの家族用一住戸の面積、その狭さにもかかわらず生活を可能とした合理性の追求は、世界でもまれな技術的高水準に達しました。居住空間が狭いにもかかわらずというべきか、狭いからこそというべきか、日本列島の住民は清潔と衛生をこころがけてきました。高温多湿の気候にあっては必要不可欠なことでした。今では老朽化が目立つ日本住宅公団時代の鉄筋コンクリート住宅ですが、古いコンクリート製の階段は、年老いた住民の力が続くかぎり、昔の民家の土間や三和土のように掃き清められていたものです。細部にこのように具体的にあらわれる生活文化の特徴だけでなく、国土開発レベルでも日本型ニュータウンには以下のような特徴が見られます。

①日本型ニュータウンの建設は一九六〇年代から始まり、一九七〇年代にはさかんに、主な大都市および中核都市の郊外に開発されました。日本経済がGNP世界第二位におどりでた前後のことです。各国比較を行えば、各国の高度経済成長の時期のずれと平行してニュータウン建設の時期のずれがあると思われます。先にも触れたように、日本型ニュータウンの建設は欧米先進諸国のニュータウンをモデルに学習しながら日本型モデルを創出し、その後はアジア、アフリカ諸国にニュータウン建設のノウハウや技術を輸出しました。世界のニュータウン開発ラッシュのなかでは真ん中あたりにあって、先進国モデルを学習した結果をとりいれて日本型モデルを創出、その後アジア・アフリカでモデルを提示しながら技術指導し、各地に次のモデルが生まれたのでした。

もっともアジア・アフリカ諸国にとって、日本型ニュータウンはモデルになっただけでなく、反面教師の役割をも担った可能性があります。たとえば、国立民族学博物館が開催した展覧会「二〇〇二年ソウルスタイル」の会場で出会った韓国の建築家の卵と自称する大学院生は、日本の公団住宅の極小住戸がすでに放棄されている事例を知っているから、韓国の集合住宅設計は2Kのような狭い住宅から始めることはしなかった、もっと広い空間から始めたと語りました。

②日本型ニュータウンは、ニュータウン内に産業誘致をはたした例が少なく、都市に通勤する労働者の明日の労働力および次世代育成という生命再生産目的に特化した空間として、住宅地が中心です。ニュータウンがベッドタウンといわれる所以です。欧米諸国のニュータウンもベッドタウンの傾向が強くありますが、その一方で産業誘致の努力がもう少し持続的になされているようです。日本型の場合は経済の急成長による住宅供給の緊急度に迫られ、敷地内への産業誘致をはやばやと放棄したケースが多かったといえそうです。

③先の特徴とも関連して、日本型ニュータウン空間では近代家族イデオロギーが支配的です。ほとんどの

住宅が標準家族用に設計された標準住宅です。標準家族とはこの場合、夫婦とその一人か二人の子どもたちという構成の核家族を指します。役所や学校から「御家庭」と呼ばれる団体であり、ニュータウンの住戸の大部分は「家庭」家族の容器として設計されたといえるでしょう。

世界のニュータウンも同様に、核家族の容器としての住戸設計を採用してゆきますが、日本型の場合は初期入居時から、それまで多かった三世代同居用の設計がきっぱりとないことが特徴です。間取りそのものが三世代同居や傍系家族あるいは同居人の存在を前提にしてはいません。逆にこの設計が日本型社会の基本単位を三世代ときには四世代同居を可能にしていた直系三代以上、また傍系をふくんでいた「家」家族から、両親とその子どもたち二世代のみからなる核家族つまり「家庭」家族へと急速に推移させたということができるでしょう。

「家」家族イデオロギーは親孝行を優先させますが、「家庭」家族イデオロギーは排他的家庭団らんが最優先だといえそうです。「家庭」イデオロギーはサラリーマンの夫と専業主婦である妻との性別役割分担を強固にさせます。会社と学校と家庭内部で生活のすべてが完結する前提ですから、たとえ集合住宅であっても、それぞれの住戸の独立性は高く、各住戸の閉鎖性も強固です。

ご存知でしょうか。個人主義で知られるフランスですが、石造高層集合住宅の住戸には必ずといってよいほど玄関にあたる主たる出入口の他に裏階段に通じるもうひとつの出入口があります。また暖炉の時代のことではありますが、各住戸には少なくとも二つ以上の暖炉をつけることが法律で義務づけられていたそうです。わたしは友人に教えてもらうまで、それが災害時に避難者の同居を受け入れるためだとは知りませんでした。これに比べれば、公共空間への開口部がひとつしかなく、臨機応変の同居受入がほとんど考慮されていない日本型ニュータウンの一住戸ごとの完結性・排他性は、かなり特殊といわざるをえません。

④日本型ニュータウンは最初から「住宅双六」の仕組みを組み込んで設計されました。比喩として使われる「双六《すごろく》」とは、サイコロを振って出る数だけコマを進めて、最後の「上がり」に到着する速度を競うゲームです。ニュータウン内の標準住宅はしばしば部屋数を競い、その大きさはｎＬＤＫで表現されます。ｎは個室の数を表す変数です。Ｌはリビングルーム（living room）を意味し、Ｋはキッチン（kitchen）を、ＤＫはダイニングキッチン（dining kitchen）を指します。

住宅双六は、たとえば都市の住宅密集地帯のアパートにおける一部屋暮らしからニュータウンの賃貸集合住宅２Ｋに入居したのち、家族数の増加あるいは収入増加に従い、２ＤＫ、３ＤＫ、３ＬＤＫへと移り、そこからさらに分譲集合住宅３ＬＤＫ、４ＬＤＫへ移り、最後には分譲地に庭付き戸建住宅を建てて「上がり」となると予測されたのでした。途中で個人の事業の大儲けや、逆に資産運営の失敗や失業などの事故で飛び越し「上がり」や「下がり」が生じるものの、全体としては経済成長の右肩上がりの線に平行してサラリーマンの所得も増加してゆき、家族住宅の規模が大きくなるという前提でした。ところが高度経済成長が行き詰まると、「住宅双六」の仕組みそのものが破綻をきたします。

3　住宅の戦後史とニュータウン

改めて振り返るなら、一九四五年の敗戦時には日本全国の約一二〇の都市が戦争による空爆で焼け野原となっていました。戦後の建築界に少なからぬ影響をおよぼした『これからのすまい――住様式の話』[*2]の著者、西山夘三は、著書の冒頭に「太平洋戦争の全期間を通じて戦災により焼失爆砕された住宅は全国で二百三十余万戸を数え、疎開などで取毀された住宅六十余万戸を合わせると失われた住宅の総数は三百万戸に達する、加うるに戦争中に必要だった住宅の新築改築も充分行われなかったから、住宅の量の不足は累積していた。これ等を合計すると全国の住宅不足数は四百五十万戸を下らず、考えようによっては五百万戸に達するであろう」[*3]と書いています。西山は、四五〇万戸にさらに五〇万戸を足して五〇〇万戸の建設を主張する理由として、彼のいう「封建的住宅」から夫婦単位の世帯を分離し、小家族の容器としての住まいをつくることによる住宅数の増加をあげています。端的にいえば、ひとつの住宅のなかには一組の夫婦とその子どもたちだけが住むという提案でした。

この本が出版された一九四七年には民法が改正されて「家」制度がなくなっています。西山夘三がいう「封建的住宅」に住んでいたのは「家」家族でした。彼が提唱する「夫婦とその子どもたちだけ」家族とは、改正民法にのっとった「家庭」家族です。西山は、「家庭」家族が私生活をいとなむための容器として「これからのすまい」を建てなければならないと主張しました。日本の住宅の戦後史は、おおまかにいえばこの西山理論の実現過程であったといえそうです。

西山夘三は、計五〇〇万戸の住宅をいそいで供給する手段として高層集合住宅の建設が必要といい、彼の著書には「復興建設住宅の計画基準案一九四六年四月」で示されたプランのひとつとして本書の次頁に掲載する挿絵が挿入されています。当時の読者の想像力を超える一〇階建て高層建築が整然とならぶ街は、後のニュータウン風景といえるのではないでしょうか。車は一台だけ描かれていますが、人影はない。約四〇年前に描かれた、かなり正確な未来予想図であるといえるかもしれません(図1-1)。

現実には、敗戦後一〇年の一九五五年に鳩山内閣が住宅建設一〇ヵ年計画を発表し、日本住宅公団が発足、日本住宅公団法も公布され、住宅建設の速度に拍車がかかりました。占領軍の指導の下ですでにつくられていた金融公庫法と公営住宅法とあわせて三本柱がたてられ、住宅の五五年体制が成立しました。目標は

「一世帯一住戸」です。その後、日本住宅公団の標準住宅設計と、住戸建設に必要な部品の大量生産システムの形成が住宅の量産に大きな役割をはたしたことは、いうまでもありません。ついでに、一九五五年一二月から「神武景気」が始まったことも指摘しておきましょう。一九五八年が「岩戸景気」、一九六〇年が池田首相の「所得倍増計画」、一九六八年は「昭和元禄」です。

図1－1　西山卯三による未来予想図

出典：西山卯三『これからのすまい――住様式の話』相模書房、1947年、255頁。

都市圏への労働力の流入が続きますから、住宅建設システムが可動し建設が続いても、需要に追いつくことは難しい状況が続きました。しかし一九六三年三月に、大型団地やニュータウンに必要な広大な敷地の獲得を可能にする新住宅市街地開発法が公布され、全国でニュータウン開発が始まります。計画人口一五万人の千里ニュータウン（一九六二年入居開始）や、計画人口四一万人の多摩ニュータウン（一九七一年入居開始）といった超大型ニュータウンが出現します。一九六〇年代には全国のさまざまな地域に大型、中型、小型ニュータウンが計画され、一九七〇年代には各地ニュータウンの入居開始が続きます。向島ニュータウンは一九六七年に計画が始まり、一九七七年に入居が開始されました。グリーンタウン槇島の完成は約一〇年後の一九八三〜八八年です。

年表や統計を参照すると、一九七五年は日本社会がさまざまな面で頂点を記した年であったことがわかります。たとえば、ある世代の結婚率が史上最高を記録しました。同じ年の世論調査では「女性が生涯において持ちたい子どもの数は理想においても現実においても二人」という結果になりました。それまで、理想の子ども数は三人だが、夫婦の収入や住宅空間の狭さに制限されて産めないという声が高かったのですが、理想においても現実においても子どもは二人ないし一人という近代家族モデルが確立しました。世論調査では、社会の半数以上、ときには九割近い人々が「総中流意識」をもつという結果が出ました。ひとつの社会内における格差が最も少なく感じられた瞬間であったのだと思われます。

そして、この年に全国平均において初めて住宅数が世帯数を上回りました。さらに翌一九七六年には全国のあらゆる都道府県において住宅数が世帯数を上回り、長年の住宅問題の目標であった一世帯一住戸が実現しました。一九七五年のこの結果は、敗戦後の復興目標「一世帯一住戸」という悲願の達成でした。時間をもっと長くとってみるなら、日本型近代家族制度の完成時点であった、といえそうです。

住宅問題においては、その後の住宅建設は量よりも住環境の質の向上を目指すことになるだろうと予想され、実際、「一世帯一住戸」の次には「一人一部屋」の目標が掲げられました。そのころから集合住宅の設計だけでなく、戸建住宅にも急速に普及した3LDKは、リビング・ダイニングルームの他に夫婦の寝室と二人の子どもの部屋があるという住宅の標準設計です。住戸の所有者である世帯主、夫は昼間には会社に行って不在であるため個室がないことが話題になりましたが、子どもには個室が与えられるところが個人化家族の出現始まる、といわれるゆえんでした。

そして今ではどこでも見かけるワンルームマンションですが、ワンルームという新しい居住空間モデルが創出されたのが、ちょうどこの一九七六年でした。早稲田大学に近い住宅地に最初に建設されたワンルームは、一六・七平米という極小空間にバス・トイレ、ミニキッチンを装備した設計でした。また初期には、このワンルーム各部屋を分譲して小規模家主をつくり、マンションの管理と家賃のとりたて業務は建設した会社が負うというアイデアが付随していました。ワンルームマンションはその後、東京から他の大都市へ、やがては全国の中核都市へと伝播してゆき、多くの若者が青春の一時期を過ごす空間となりました。ワンルームの平面図をながめると、これは、全国都道府県に普及した家族のための3LDK設計のなかから子ども部屋が宙をとんで都市へ移動し、そこにバス・トイレとミニキッチンが装備されたものにほかならないと気づきます。就学のために都市で生活する学生の生活費の大部分は実家からの仕送りで成立しています。そのため実家とワンルームの生活費の世帯分離は曖昧です。また多くの学生が住民票を実家においたままでいます。

一世帯一住居が実現した後、一人一部屋を目指したので、ワンルームをふくむ住宅建設数は減るどころか逆に増える一方、土地の値段の高騰と住宅建設ブームが続きました。しかし、この現象は、後から考えるとむしろ政府の住宅政策転換の結果でありました。政府は戦後ずっと健康で文化的な生活の最低条件を整えるための住宅建設を標語にかかげてきたのですが、ここからはますます「持ち家政策」、つまり国民にむかって不動産資産形成の手段として住宅を獲得することを呼びかけるようになります。

一九七三年と七九年にあった第一次・第二次石油ショックの後、アメリカは日本に対し執拗に貿易黒字を減らすように迫りました。日本政府はこの外圧に応えて内需拡大を約束しました。内需拡大には、それぞれの国民にとって生涯最大の買い物となる住宅を購入させ、ローンを組ませることが最も有効です。一九七五年には勤労者財産形成促進法が改正され、住宅建設のための融資が積極的に推進され始めました。ニュータウンのなかでも建設ラッシュが続きます。日本住宅公団の住戸建設数においては、賃貸住戸がしだいに減り、分譲が増えてゆきます。一九八二年には政府より住宅金融公庫へ六三〇億円の追加投資が行われています。物価は高騰しインフレは進行、一九九〇年には日本における第一次産業就業者は労働人口のわずか七・二%に落ち込みます。それだけ農漁村の過疎化が進み、都市部の人口が増えました、しかし、資産価値の上昇と好景気が続いたのは、この時点まででした。

一九九一年にはバブル経済が破綻し、不動産価値は下落、住宅双六の仕組みが崩壊します。階層上昇の道は断たれ、格差が広がり、固定される傾向が生じました。住宅ローンと子どもの教育費を支払うためであった主婦のパートタイム労働は、不景気による夫の失業・賃金カットがあると、家計の中心的収入源と期待され、労働市場では若年失業者の不定期雇用労働、主婦のパート労働、外国人労働が、はげしく競合するようになりました。

一九九〇年代以後、ニュータウンでは経済格差拡大、少子高齢化、空き家増加が進み、パート労働により主婦もまた労働市場に引き出された結果として、自治機能の低下、犯罪多発、さらには外国人居住の増加に伴う文化摩擦がしばしば話題にのぼりました。このころから、各住戸の独立性が高く、地域ごとに分断されている郊外の住宅地やニュータウンでは、猟奇的犯罪事件の多発、少年犯罪の低年齢化、不登校、子どもたちだけでなく青年層にも社会関係を築くことの難しい「引きこもり」現象が広がっているという話題が増えました。

しかし京都文教大学の共同研究は、先にのべたように、この時期にニュータウン研究を始めるにあたり、ニュータウンを、特別なまちとしてではなく、逆に、社会全体の変容の先端部分が突出して現れる空間として捉えるべきだという方針をたてました。「ニュータウンにおけるジェンダー変容」（課題番号一三八三七〇三六）という題で科学研究費補助金（二〇〇一～〇三年）を申請して、研究を始めました。報告書には「日本のニュータウンは、各家庭に専業主婦がいることを前提にした『近代家族の容器』としての住居の集合体として計画された。したがって、そこには近代家族の特徴であるジェンダー秩序とジェンダー規範の再生産が想定されていた。しかし、人口構成の予想以上に急激な変化、急速な階層分化、ニューカマーの流入、住人たちの意識変革などの結果、容器の中身である家族が変化し、中身と容器のズレが生じている。そこにおいて、ジェンダー変容も徐々に進行している。そこには新たな社会問題が発生しているが、しかし、これまでにない人間関係形成の可能性も育まれている」[*4]と書いています。

ここでいうジェンダーとは「社会的文化的な性別役割」のことであり、ジェンダー変容とは端的にいえば、家庭と社会における男性と女性のあいだでの性別役割分担のあり方や、意識のありように変化が生じているということです。持ち家政策が推進された結果、多くの家庭が住宅ローンを抱え、それに子どもたちの高等教育の費用が加算されると、夫の年収では支出をカバーすることが難しくなりました。それまで専業主婦として家庭にいた団塊の世代と後続世代の女性たちが労働市場に参入してゆきます。前述のようにバブル崩壊後に各方面の経済活動が縮小し、倒産、リストラが始まると、家計補助労働であった妻のパートタイマーとしての収入が家計の主たる柱となる場合もめずらしくありません。家族という集団から、夫だけでなく妻が個人として姿をあらわし、発言を始めるのは当然のことでしょう。

バブル崩壊後の社会保障のあり方も徐々に変化を始めました。健康保険制度は家族単位的です。年金制度は、個人単位と家族単位の併用といえそうです。介護保険制度は原則、個人単位です。しかし在宅介護には配偶者と親族の存在が前提にされる傾向が依然として強いのです。社会の基礎単位は家族と個人のあいだを揺れ動きながら次第に個人単位の方向をさぐっているのが現状です。社会保障制度から見るとき、近代の社会保障は家族単位の傾向が強く、社会保障制度が未成熟なあいだ、家族制度そのものが後の時代には社会保障が負うべき義務を負い、未成年、高齢者、障がいのある人々の必要最小限の生活を支えていたことがわかります。家族を社会構成の基礎単位とみなした近代が終わり、個人が基礎単位となって構成される現代社会にあっては、個人単位の社会保障がさらに整備されてゆく必要があるでしょう。

ニュータウン設立時に一斉入居した団塊の世代は、すでに定年退職を迎え始めています。同時に、父祖の地で生きてきた団塊世代の親の世代の老年問題が深刻化しました。各地のニュータウンで発行される地域情報紙を通読してみると、最初はニュータウンのあるまちから、両親の住む父祖の地にかよう遠距離介護が話題になっています。次いで、さらに老いた両親の片方が村あるいは遠隔の地方都市に残されて、一人暮らしが成り立たなくなると、同じニュータウンの賃貸住宅棟の空き部屋にひきとるケースが増え、老いた親の介護をめぐる相互扶助のグループがニュータウン内に立ち上げられます。そして親たちを送り、父祖の地にある墓所の問題までを処理したとたんに、自分たちの老後の問題がひしひしと身に迫る。ある世代は、子どもたちに大学進学をふくむ養育投資をし、年金が十分に支給されない親たちの介護を行い、上下両世代の生活をサポートしたにもかかわらず、自分たちは親族からのサポートを期待することができない現実を発見します。そのころになってあたりを見回すと、住宅双六によるニュータウンの人口の回転はゆきづまり、ニュータウンが転換期にあることが明らかになりました。

4 個々の住民が始めるニュータウン再建——私領域／共領域／公領域の境界線の移動

わたしはニュータウンの共同研究に参加する以前に、個人研究として日本型近代家族の変遷を住まいモデルの変遷から考えてきました。京都文教大学で担当した講義のノートから生まれた『住まいと家族をめぐる物語——男の家、女の家、性別のない部屋』[*5]という本を書いています。ところが日本型近代家族の容器としてつぎつぎ創出された住宅モデルが、一九七五年前後に、3LDKの家族用住戸とワンルームマンションの個室住宅の組み合わせというモデルに到着するところを見届けた瞬間に、いくつかの逆説的な結論あるいは仮説に到達しました。

① 人は住宅に住むというよりは、まちに住む。住宅を改良するだけでは現代生活の諸問題を解決することはできないのではないか。

② 近代住宅史研究は「定住」よりもむしろ「移動」と「移住」を考察する結果となる。農村から都市へ、さらには植民地へ、経済進出先へと動いた人口の「移動」「還流」と、その大きな動きの後に残される荒廃もまた見なければならない。

③ 社会変動の口火をきり、その結論を出すのは、男性よりもむしろ女性の選択と行動であるかもしれない。人口移動にあっても女性の労働力の動きが大きな流れを左右し、さらには移動する女性たちがどこでどのように住まいを定め、あるいは住まいを定めることなく次世代を産み育てるかによって、ひとつの世代の移動の結論が出る。

これらの仮説に導かれて、わたしの研究対象と研究方法が変化しました。わたしは次第に住宅論から都市論へと研究対象を移し、都市論のなかでも郊外のニュータウンに焦点をあてて、社会学や文化人類学、心理学の研究者たち、建築家や都市計画の専門家たちの研究会に参加するようになりました。住宅の変遷をたどりながら「定住」よりはむしろ「移動」を見ることになり、日本型近代を型として静態で捉えるのでなく、そこで生きるひとりひとりが他者と交渉し変化し続けながら社会変動をつくる、その変化を動態において把握することに興味をいだくようになりました。国内の労働移動だけでなく、グローバルな規模の「移動」を考える手がかりは、ニュータウンの比較研究のなかにありそうです。

こうしてニュータウンの共同研究を実際に始めてみると、まずニュータウンにおいては、少子高齢化をはじめとする人口動態の変化が全国平均を約一〇年先んじて現れることが明らかになりました。ニュータウン創設期に同世代一斉入居があったため、後々まで同世代の一斉行動が統計に表出されるからです。ニュータウン内の小中学校の新設が続いた時期が昨日のように感じられるのに、今や各地のニュータウンではそろって小中学校の閉鎖や統合が検討されています。ニュータウン設立当時には存在しなかった各種高齢者施設がまちを囲む外周路近辺につぎつぎと建設されています。

社会全体においても単身世帯率が上昇していますが、入居開始の四〇年後、五〇年後になってみると、ニュータウン内に近代家族の容器として整然と建設されている各住戸に、今では夫婦二人あるいは独居の高齢者だけがとどまっている住棟が少なくありません。もともと家族居住を前提にして設計された3LDKですが、内部に入ってみると個室すべてが物置化し、高齢者はひとつの部屋の手の届く距離に生活必需品すべてをならべて暮らしているという光景が見られます。3LDKのワンルーム化であり、隔離空間に高齢者が孤立して住んでいるということは建物の外観からは、なかなかわかりません。両親と子ども一人か二人という標準家族が続いていると見えますが、実は成人した子どもの長期にわたる引きこもりを高齢になった親が必死に支えているという事例も増えています。

けっきょく人々は個室に追い詰められた、家族の個人化と個室の獲得こそが疎外を生み、ニュータウン問題の元凶がそこにあるのだというような短絡的な論評も、しばしば見られます。しかし「一世帯一住戸」のつぎに「一人一部屋」という目標が人々を動かし労働意欲さえかきたてたように、個人の自立、個人空間の獲得は、わたしたちが長い時間をかけてようやく実現させたものです。このささやかな空間と、ようやく手に入れた個の尊厳を簡単に手放すことはできない。良くも悪くも「自立と孤独」という現実から出発して個人の生活とニュータウンの建て直しをするほかないという住民の気持ちを、住民アンケート結果をまとめた第四章は「ニュータウンを生き抜く」と表現しています。

近代家族を基礎単位として構想されていた近代国家は、国家＞家族＞個人という、マトリョーシカ人形のような入れ子構造をとりました。国家は、家族をたばねてその責任をとる家長とまず契約を結びました。近代の家長は私領域に家族と財産を擁した威厳のある近代的個人であり、市民すなわち国民として公領域の政治に参加する原則です。日本のニュータウンも設計当時、国家戦略のなかで上からつくられる市民社会を標榜していたかもしれません。ニュータウンは絵に描いたような健全な家庭の容器が整然と建設される輝ける住宅地でした。しかし半世紀後に近代家族の括りがほどけ、そこからから出現した現代大衆社会の個人は、独居の高齢者であり、独身の母親であり、定職のない若者であって、いずれも近代的市民の威厳に比べれば至極ささやかな尊厳を自覚する個人であり、個室という小さな私領域を根拠にして生きてゆかなければなりません。

しかし、ここに閉じこもっているだけでは、これから先長く生きてゆくことは難しくなりそうです。じょじょに身に迫る危機感に動かされて今、住民は比喩的精神的に、さらには現実に、各住戸の重い鉄の扉を慎重に開き始めているのだと思います。扉を開くという行為から、私領域／公領域の境界線が動き始めていることに注目しましょう。

建築家の山本理顕は最近「個人と国家の〈間〉を設計せよ」という力作論文を発表しました。[*6]〈間〉とは、建築家である山本がこれまでも設計において使用してきた「私領域（private sphere）」と「公領域（public sphere）」のあいだにある「共領域（common sphere）」の意味範囲を、個室のある住宅の共通空間としてのリビング、あるいは集合住宅において住民が共通に使用する中庭といった限られた空間を指す以上に哲学的に拡大した、しかしあくまでも空間として実現しようとする試みだと思われます。論文の最終章では国家に対抗する「地域ごとの権力」が主張されています。

建築家や都市計画の専門家は、あくまでも鳥瞰図的な視野をもって空間と空間を区切るデザインを考えなければならないでしょう。しかし住宅やまちに住む人々が国家〉家族〉個人の入れ子構造から脱出し、自分の私領域から地を這う虫のようにして考え始めるときには、もうひとつ別のしなやかでしたたかな戦略をもち合わせて採用しています。中間集団あるいはコミュニティを強化するだけでなく、他方でコミュニティの境界からも抜けて外につながるネットワークを形成しておくという知恵です。終章で実例があげられているように、ニュータウンでは、住民が時間をかけて目に見えないネットワークを多数育てており、個人は複数のネットワークに多重に所属しながら生きています。自分たちが編み上げる組織・集団であっても、制度化が始まると、その組織・集団がいつ何時、自分たちを抑圧する存在になるかもしれないということを経験から知っている。だから複数の所属を用意し、そのことによって個人の主体性が分裂するのでなく、逆に主体性が確保されるのだという考え方があるのではないでしょうか。

放置されていた家族用住宅を改修して他人同士が住むシェア住宅も多様化し、都市部だけでなくニュータウンの敷地内にも、その可能性が大いにありそうです。他人同士が集まって住む試みとしてはコーポラティブハウスやグループホームなどがすでにあるのですが、シェアという概念には空間や道具の共有でなく共用という思想が強く感じられます。当事者たちが形成する集団は外部に対して必ずしも閉じていない、それだけ所属を強制する力は弱い。だからこそ浮遊しており弱そうにも見える個人の選択と決定が優先しているのではないでしょうか。

ニュータウン建設のとき、都市計画や建築家など、実際の建設にたずさわる人の直接のオーナーは地方行政でした。エンドユーザーである入居者は与えられた選択肢のなかから選ぶだけであって、計画に最初から参加することはありませんでした。開発時の輝く新都市の夢は与えられた夢でした。ニュータウン再建のときになってはじめて住民は再建の行為主体とならざるをえず、選択肢のなかから選ぶのでなく選択肢そのものの発明と創出を始めています。この本に記録した事例に、追い詰められた状況から生まれる主体性と創造性の物語を読み取っていただきたいと思います。

社会の先端部分であるニュータウンの研究は、今後さらに深刻化する社会問題と向き合うと予想されます。ニュータウン調査は研究者にとっても苦悩に満ちたものとなることでしょう。しかし絶望に向かいがちな苦悩を希望へと転換させる手がかりは、社会の先端部分であるニュータウンにおいて住民自身が社会問題を解決しようとする努力のなかに見出せるはずだと信じて、わたしは今後もニュータウン研究を続けたいと思います。

注

＊1　アンリ・ルフェーブル著、斉藤日出治訳『空間の生産』青木書店、二〇〇〇年、一九一頁。
＊2　西山夘三『これからのすまい——住様式の話』相模書房、一九四七年。
＊3　同上書、五頁。
＊4　研究代表者西川祐子『ニュータウンにおけるジェンダー変容』平成一三年度〜平成一五年度科学研究費補助金基盤研究（C）（二）（課題番号一三八三七〇三六）研究結果報告書、二〇〇四年三月、京都文教大学、二頁。
＊5　西川祐子『住まいと家族をめぐる物語——男の家、女の家、性別のない部屋』集英社新書、二〇〇四年。
＊6　山本理顕「個人と国家の〈間〉を設計せよ」『思想』二〇一四年第一号、第二号、第三号、第七号、第九号。

コラム

ニュータウンと「生きられた便所」

鵜飼正樹

父の運転する車で「千里のおばちゃん」の家に行ったのは、大阪万博が終わってまもない一九七一年か七二年のことだった。おばちゃんは、一九三七年生まれの、父の妹である。大手商社のサラリーマンと結婚して、千里ニュータウンの集合住宅に住んでいた。

おばちゃんの家の手がかりは「新千里西町」と「A2」という住所。車が新千里西町まで来ているのは確実なのだが、同じような建物が並んでいて区別がつかない。ようやく見つけた、壁面に「A2」と書かれた建物には、不可解なことにおばちゃん一家の苗字がなかった。迷いに迷い、公衆電話から電話を入れて、やっとのことでたどり着くことができたのだった。

そのおばちゃんの家で、私は生まれて初めて洋式便器を使って小用を足した。当時私は中学一年生か二年生で、日本にも洋式便器が存在していることは知っていた。そして「洋式便器の使い方を知らずに、土足で便座に乗り、しゃがみ込んで用を足した」という、はずかしい日本人の話もすでに知っていた。今風にいえば都市伝説なのかもしれないが、万博という、世界中から多くの人が日本にやってくるイベントの盛り上がりのなかで、田舎に住む子どもながらに仕入れた知識ではなかったかと思う。

ちなみに、当時の私の家は和式のくみ取り便所だった。男性用小便器も別に設置されていて、扉を開けると、まず男性用小便器があり、さらにもうひとつ先の扉を開けると、大便器があるという構造になっていた。田舎の家だったので、同じような便所が上と下の二ヵ所にあった。

千里のおばちゃんの家の便所の壁には、洋式便器の使用法が文字とイラストで示された金属製の小さなプレートが止められていた。そこに「男子小用」と「大便および女子小用」という文字があったことは鮮明に覚えていて、「大便および女子小用」に、かすかに性的な興奮をおぼえた。
それで、肝心の洋式便器初使用感はというと、実はまったく記憶にないのである。

＊

使用法を示したプレートがあったことからも、生まれて初めて洋式便器を使ったのがニュータウンの集合住宅だったという人は、私だけでないはずである。というより、日本人の便所経験史（西川祐子ふうにいえば「生きられた便所」）において、ニュータウンは画期的なものだったといえるのではないだろうか。

さしあたりどのように画期的なものだったのか、以下に論点を整理しておこう。なお、以下、「思われる」「だろう」「ではないか」「なかろうか」といった表現が頻出するが、これはひとえに私の怠慢ゆえに、きちんとしたインタビューなどの調査ができていないからであり、この点については他日を期したい。
①「自宅に便所を持つ」最初の経験だった。
ニュータウン入居前に住んでいたアパートや寮や長屋の多くは、共同便所だった。親元に住んでいた人は自宅の便所があったかもしれないが、それは「親の便所」である。だから、こうした人も「自分の家に便所を持った」という意識を、ニュータウンで初めて持ったのではなかろうか。この意識が、芳香剤や消臭剤、洗浄剤、便座カバーといった、便所関連グッズの普及につながっていったのではないか。
②「水洗便所」の初体験だった。
一九六〇年代の下水道普及率から見て、水洗便所初体験とまではいかなくても、「自宅にある水洗便所で毎日用を足す」のは初めてだった人は多いだろう。汚く臭いものが、実に簡単な操作で水に流され、目の前からどこかへ姿を消してくれて、掃除も簡単という水洗便所は、日本人の清潔感や身体観を大きく変えたと思われる。少々飛躍するが、目の前から汚れたモノが消えてしまえばいいという、水洗便所のクリーンさは、原発のクリーンさと通底するのではないかと、私は感じている。
③「洋式便所」の初体験だった。
初期のニュータウンの便所には、段差のある和式便器も採用されたが、一九六〇年ごろからは洋式便器が標準

となった。この時代の日本で洋式便器が存在したのは、おそらくホテルぐらいしかなかったのではないか。それが家庭のなかに入ってきた。入ってきたというより、はじめのころは、入居してみたら洋式だった、というのが正確であろう。慣れない洋式便器の使用については、当初はさまざまなトラブルがあったと思われる。しかしその後、洋式便器は日本の住居の標準装備となっていく。

洋式便器が、いかにニュータウン住民によって飼い慣らされていったのかは、非常に興味深い問題である。

④「縦横に積み重なる便所」がもたらす感覚。

ニュータウンの集合住宅は同じ形状の住戸が縦横に積み重なっている。ということは、一階の便所の上には二階、三階、四階……と、便所も積み重なっているということである。しかも、ニュータウン居住者は生活リズムも似ている。ということは、縦横に積み重なった便所で同時に排泄している住民がいるということである。自身も排泄をしながら、自分の頭の上や足の下でも、あるいは隣でも、同時に別の家庭のメンバーが排泄していると いう想像がかきたてられる。たとえば次の文章。筆者は女性で、一九八六年に書かれたものだ。

「わが家（公団賃貸、八階建の二階）のトイレは、便器のすぐ横を配水管が通っている。タマに、用足しをしている耳元で、上の階からの排水音が響くことがある。同じようなことを、上でだれかがやっているのかと思うと、のぞきみられているような奇妙な気持ちになって、落ち着かない」（『現代風俗'86』二五八頁）。

⑤「男性用小便器の消失」という体験。

スペースの問題がいちばんの理由であろうが、段差のある和式便器であれ、洋式便器であれ、ニュータウンの便所には、男性用小便器がなかった。ニュータウン入居以前に住んでいたアパートや寮、長屋は共同便所ではあったが、男性用小便器はあったはずである。その後、いわゆるnLDKのnの値は大きくなっても、男性用小便器が標準装備されることはなくなってしまった。男性用小便器がなくなったことは、家庭内政治学的にも大きな意味があるのではないか。

*

さて、以上のなかで私がもっとも気になるのが、「男性用小便器の消失」体験である。おもしろい文章があるので、紹介しよう。

「私は最近こう思うのです。『こんちくしょう』と、昔はあったのです。男用専用が。どんな小さな建売の住宅にでも、水洗でなくても、ちゃんとありました。……世の男性諸君。なんとも思わないのでいいのでしょうか。女性用？に間借りして用を足すなんて。男の世界が確実に一つなくなったのですよ。窓から見える庭の木、草に季節を感じながら立ったままで放水目標を気にせず用を足せる小便器の存在を守る事は、男子の存在を守る事にもなるのではないでしょうか」（『現代風俗’86』二五八―二五九頁）。

怒りをぶつけたような表現からただよってくるのは、喪失感であり、敗北感だ。高い倍率をくぐり抜けてようやく手に入れたニュータウンの集合住宅の便所は、日中は外で働き、夜は寝に帰るだけのオトーサンにとって、屈辱の場であったのかもしれない。一九八六年に発せられたこの叫びは聞き届けられることなく、男性用小便器が標準装備されることはないまま、三〇年後の今日に至っている。集合住宅だけではない。一戸建てでも、「男の隠れ家的書斎」を売りものにする住宅はあっても、「男性用小便器あります」を売りものにする住宅広告など見かけたことがない。

ただ、男性用小便器が消失したといっても、段差のある和式便器と洋式便器とでは、男性の感じる敗北感にちがいがあるように思う。

和式便器の方が洋式便器より、小便の命中率（飛び散らない率）は高い（と個人的には感じる）。また、かなり露骨で下品な表現であるが、男性が段差のある和式便器で立って小便をする姿勢からは、「同じ便器の一段高いところでパンツを下ろし尻を丸出しにしてしゃがみ込んでいる無防備な女性を背後から犯している」かのような妄想をいだかせなくもない。あるいは、段差のある和式便器であれば、尿が便器の外に飛び散っても、「俺の飛び散った小便を、女は自分の足で踏まなければ用が足せないのだ、ザマーミロ」という開き直りができなくもない（あくまで自宅ではなく、列車や喫茶店の便所の場合だが）。まあ、すべての男性がそういう妄想をいだいたり、開き直ったりしたかはわからないが、顰蹙を承知で告白すれば、私自身はそう感じたことがある。

しかし、洋式便器はこうした妄想や開き直りの余地がない。小便をするさいにはわざわざ便座をはね上げるという屈辱的なひと手間が必要になるし、尿を飛び散らせないためのコントロールもむずかしい。また、用を足した後に便座を戻すべきか戻さざるべきかも、悩むところである。そのままにしておくと、いかにも「おしっこしたままほったらかし」になるし、戻しておくと、おしっこなのにうんこしたと思われるのではないかという不安がよぎる。といって、どうするか迷っていると時間がかかってますますうんこしたと思われるし……。

つまり、男性用小便器がなくなっても、男女共用和式便器では、高さ三〇センチほどの段差が、かろうじて男性のプライドを担保していたのに対し、男女が同じ地平で用を足す洋式便器では、もはや男性のプライドは完全に失われてしまうのである。

最後に、ついに男性は完膚なきまでに敗北したのだということが、まざまざと感じられる最近の文章を紹介しておきたい。

「洋式便器　男は座って小用を

最近、同居している八六歳の父が自発的に洋式トイレで腰を掛けて小用を足すようになった。トイレの掃除をする身としては、尿が飛び散ることがなくなったので大助かりである。……トイレの掃除をしてもらっている男性は、せめて座って小用を足してほしいものだ」（二〇一四年八月二一日の朝日新聞（大阪本社版）の投書欄。筆者は五八歳、アルバイトの女性）。

＊

あらためて考えてみれば、便所とは不思議な空間である。家族のだれもが使用できるという点ではコモンスペースだが、一度に使用できるのは一人だけで、使用している姿は家族にも見られたくない秘密であるという点では、これほどプライベートなスペースもない。

ニュータウンにおける「生きられた便所」（とりわけ男性にとって）というテーマ、おもしろいと思うのだが、だれか研究してくれませんか？

参考文献

多田道太郎「思想としての水洗便所」鶴見俊輔編著『現代風俗通信'77～'86』学陽書房、一九八七年。

第2章

京都市の団地再生計画と地域再生

竹口　等

1　向島ニュータウンの半数が京都市営住宅

戦後、公営住宅・改良住宅・公団住宅などのいわゆる公共住宅が、都市にニュータウンとして建設され続けました。これらのニュータウンでは、年月の経過のなかで住宅の老朽化とともに入居者の少子高齢化などが急速に進み、地域の活力が衰退しています。これまでは、建物の耐用年数に応じて建て替えなどが進められてきましたが、地方自治体の財政悪化から、その方針が見直されています。向島ニュータウンには、四三〇〇戸ほどの公共住宅がありますが、その半数が京都市の市営（公営）住宅です。現在、京都市は「団地再生計画」によって地域再生とコミュニティの再構築を進めようとしていますが、この計画は、向島ニュータウンの将来や課題を考える上で大きな影響があると考えられます。本章では、その取り組みの一部を紹介しながら、「団地再生計画」の課題と地域再生の意義について述べます。

2　京都市市営住宅の現状と課題

京都市は第二次世界大戦のとき、空襲などによる家屋の焼失がほとんどなく既存住宅が存続しました。そのため、戦後、都心部では「改良住宅」と「公営住宅」という趣旨と経緯の異なった二種類の市営住宅が建設されました。[*1]

「改良住宅」というのは、住宅地区改良法に基づいて、不良・老朽・住宅が密集する地区を順次買収して壊し、その跡地に公的施設などとともに建設される住宅です。京都市の事業に協力した住民に対して、代わりの住宅を希望者に提供・入居させるという方式の建て替え市営住宅です。京都市の場合、改良住宅は、もっぱら同和地区の環境改善事業として建設されました。[*2]

一方「公営住宅」は、住宅困窮者を対象として、広く一般公募によって入居させることを目的に建設された住宅です。都心部では、用地不足のため、主として郊外（山科区・西京区・伏見区）での立地割合が高く、全戸数の約七五％におよんでいます。とりわけニュータウンとされる西京区の洛西エリアや伏見区の向島エリアを中心に、昭和四〇年代半ばから五〇年代半ばにかけて、年間千戸ペースで公営住宅が建設されてきました。その後は、毎年度約二〇〇～五〇〇戸の建設が続き、二〇一一年（平成二三）一二月末時点での市営住宅は、九九団地、七〇六棟、二万三七五二戸が存在します。改良住宅と公営住宅の建設戸数の割合は二対八となっています（図2-1）。

京都市によると、市営住宅などの現状や課題として、おおむね次の三点があげられています。

一点目は、市営住宅の建物の老朽化が進行していることです。築三〇年以上の建物が約六割に達し、耐震

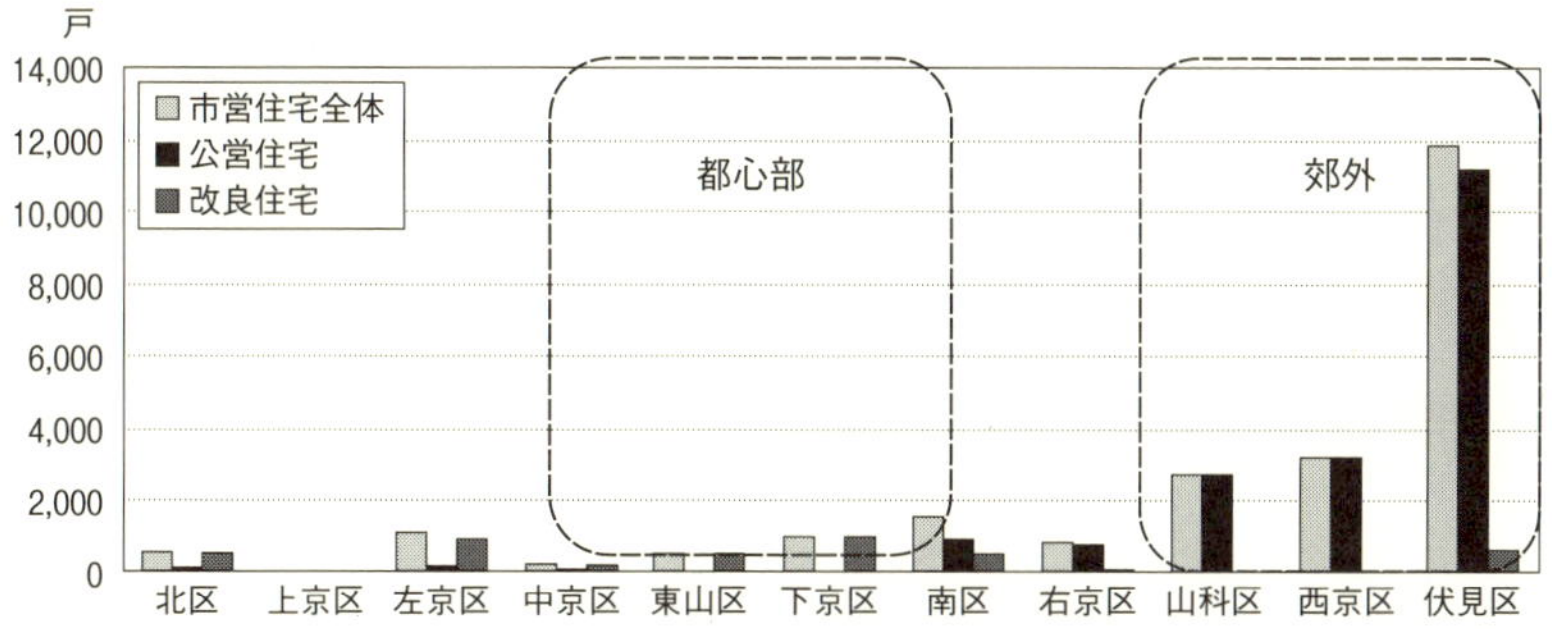

図２−１　行政区別市営住宅の管理戸数

注：＊３参照。

改修が必要な住戸が約四一％もあります。また、浴室設置住戸は約七〇％あるものの、エレベーターなどの設置は約五一％にとどまり、高齢者に対応した住戸内の段差が解消した住戸は約一八％しかありません。

二点目は、市営住宅ではコミュニティの弱体化が顕著になっている点です。六五歳以上の高齢者を含む世帯が約五〇％（京都市全体では約三一％）、一八歳未満の子どもを含むいわゆる子育て世帯が約一九％（京都市全体では約二〇％）、そして世帯人数が二人以下の世帯が約七三％（京都市全体では約六四％）となっています。少子高齢化と核家族化が京都市全体より厳しくなっている現状があります。その要因については、多くの側面が考えられますが、市営住宅では核家族を前提とした住居構造になっており、子どもたちが結婚すれば転出を余儀なくされるという事情があります。さらに市営住宅の利便性や入居者の所得に応じた家賃を支払う「応能応益」家賃制度が導入されたことにより、高家賃階層の転出が進み、高齢者などの低家賃階層が相対的に増えたことなどが考えられます。

三点目としては、右記の課題を抱えながら、京都市の財政状況が深刻化し、十分な予算を確保することができず、対応の遅れが生じている点です。平成一三〜二二年度においては、耐用年数がきた住棟に対して建て替えおよび全面的改修を中心に、ストックの水準向上を図りましたが、その一方で既存の入居者に対する移転などの対応に相当の時間を要し、そのあいだ財政難が深刻化し、一部住棟での実施にとどまらざるをえなかったことです。その結果、建物の老朽化とコミュニティの弱体化が、今後いっそう進行することが予想されています。[*3]

3 京都市の新たな市営住宅活用計画

京都市の住宅政策「京都市住宅マスタープラン」

京都市は、平成二三年度からの一〇年間で行う京都の未来像と主要政策を明示した都市経営「基本計画」を策定し、一一の重点戦略と二七の政策体系を公表しました。まちづくりの重点に「低炭素・循環型まちづくり戦略」を掲げ、既存道路や公共施設などのストックを有効活用するまちづくりを推進するため、住宅部門の基本方針・施策として「京都市住宅マスタープラン」(平成二二〜三一年度)を定めました。住宅政策では、「住み継ぐ」「そなえる」「支え合う」という三つのキーワードを設定し、重層的な住宅セーフティーネットの構築と、中・大規模の市営住宅団地のマネジメントを柱とする方向性を示しました。

先に述べた市営住宅の現状や課題に対する施策の方向性としては、①公営住宅の戸数は、現状程度にとどめること。②市営住宅の適切な更新と維持管理を図ること。③市営住宅の供給が少ない地域(都心部など)における住宅セーフティーネット機能を向上させるという三点の目標を定めました。

また、市営住宅のマネジメントに関しては、①多様な世代が居住する団地づくりの推進。②子育て施設や高齢者施設などの導入による団地内外の交流、コミュニティの活性化機能の充実を図ることを目標に定めました。

「京都市市営住宅ストック総合活用計画」

また、京都市は「住宅マスタープラン」の下位計画として、「市営住宅ストック総合活用計画」(平成二三〜三二年度、以下「総合活用計画」)も策定しました。「市営住宅ストックを長く有効に活用する」(しっかりと手入れして、長く大切に使う)というマスタープラン方針を、団地および住棟ごとに具体的に策定したものが、この「総合活用計画」です。これまで耐用年数が来れば、順次建て替えてきた政策から、改修などを柱とした継続活用へと京都市は方向を転換したといえます。

この総合活用計画では、市営住宅のほぼすべて(全九九団地の七〇六棟中七〇二棟、二万三七五二戸中二万二六一六戸)の住戸を、平成二三〜三二年度の一〇年間で(五年程度を目途に計画内容の見直しを図りながら)、次の四つの方針にそって有効活用を進めるとしています。

① 戸数の九〇%(二万一二八六戸)にあたる大多数の市営住宅は、長期活用にむけ、適切な維持管理と改善を図る「継続活用」方針の対象となりました。耐震改修、エレベーターなどの設置、住戸内の高齢者対応(住戸内のバリアフリー化)、浴室の設置、適切な維持管理(外壁修繕など)を実施して、継続活用を図るという方針です。向島ニュータウンの半数を占める京都市営住宅は、当面この方針の対象となっています。

② 戸数の一%(二八〇戸)にあたる耐用年限を経過した木造市営住宅などは、「用途廃止」方針の対象となりました。入居者の住み替えを行い、木造住宅などを除却して、その跡地を売却するという方針です。

③ 「建て替え」方針は、最小限の公営住宅にしぼり、戸数の三%(六一五戸)がその対象となりました。

④ 一方、主として改良住宅については、計画的な「集約化」を行う方針で、市営住宅の六%(一四三五

戸）がその対象となりました。都心部に多く存在する改良住宅は、建て替え市営住宅という性質上、その地区に居住していた住民に入居が限定されてきたことや、収入、子どもの成長などの状況によって、転出する層も増えました。さらに、政策的な低家賃制度が廃止され、公営住宅と同様の「応能応益」家賃制度が適用されたことも拍車となって、改良住宅では公営住宅よりも人口減少と少子高齢化が急速に進みました。そこで、既存住宅の改善とそこへの住み替えによる住棟の集約化を図るという方針です。そこで京都市は、③と④の対象となる一六団地に、両方針を複合させた形の「団地再生計画」を策定し、総合的な事業を実施するとしています。

現在、向島ニュータウンの京都市営住宅は、「団地再生計画」の対象となっていませんが、将来入居世帯が減少し、空き屋戸数が多くなれば、京都市は、土地の有効活用などの理由から、向島ニュータウンにもこの「団地再生計画」を導入することが予想されます。

京都市の「団地再生計画」とは

この団地再生計画は、市営住宅を地域資源と位置づけ、団地内外の課題に対応した住戸の転用と敷地の活用を行うというもので、民間活力導入などの検討も視野に入れるというものです。

具体的には、図2-2のように既存住棟に対する耐震改修、エレベーター設置、浴室設置など、「改善」を行い、改善住棟内の空き住戸に、人口が減少する除却予定住棟（集約住棟）などからの住み替えを行います。その結果、団地内敷地に生まれた余剰地をコミュニティの活性化を図るために活用するか、活用予定のない場合は売却をします。さらに改良住宅団地では、生じた余剰地に公営住宅などの建設や多様な住宅の供給（たとえば定期借地権を設定した住宅用地への転用）をも図り、都心部の利便性を生かして、市民からの人

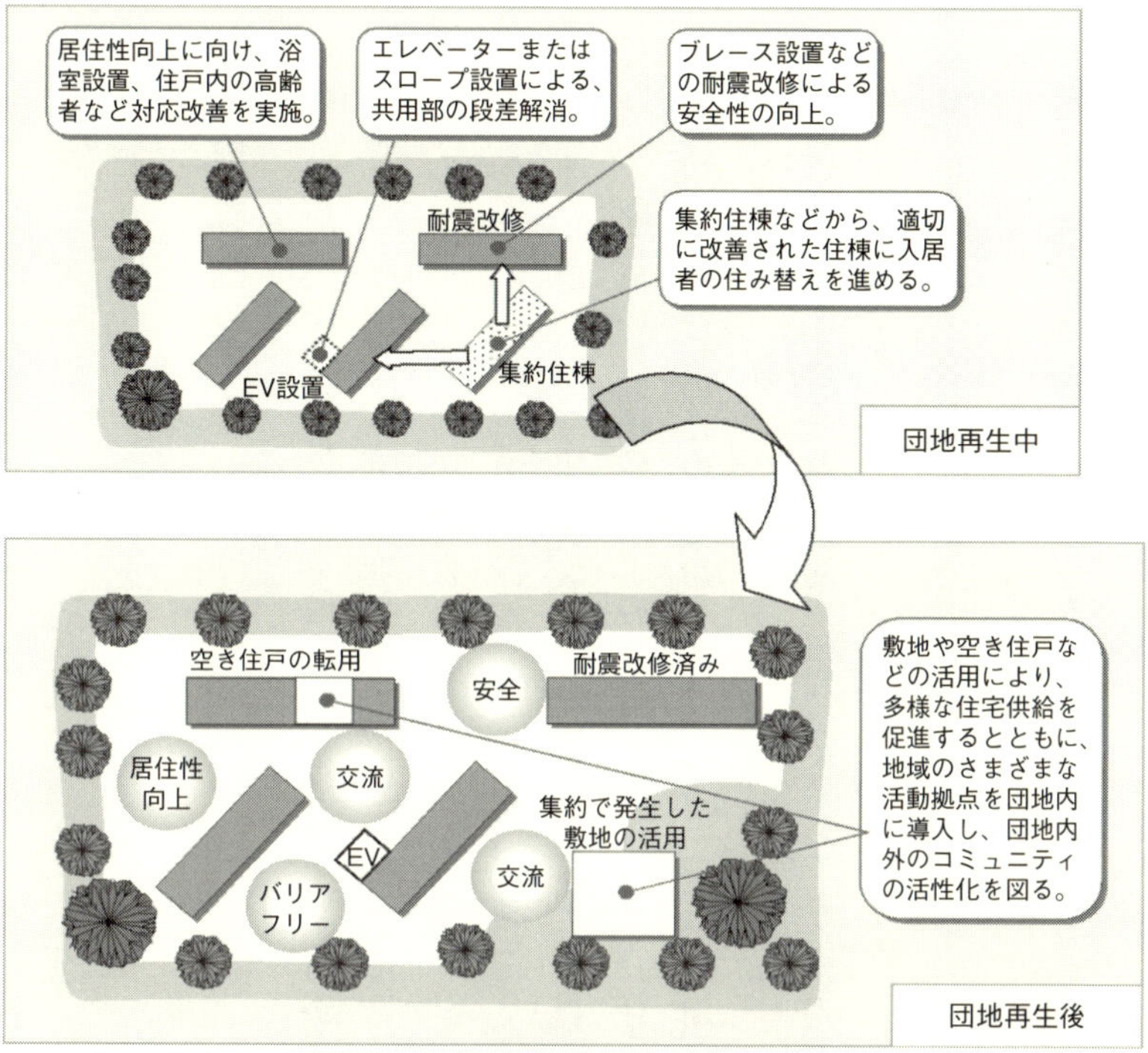

図２−２　「団地再生計画」のイメージ

注：＊３参照。

口流入を促進させ、地域の再生・活性化を図ろうとする計画なのです。

この団地再生計画では、このようなハード面の集約化やコミュニティ活性化施設の導入によって、地域の再生を図るという側面だけでなく、団地再生計画策定過程に住民を参画させて、地域のまちづくりを通してコミュニティの活性化を図ることをねらいとしています。つまり、団地再生計画を進めるにあたって、地元住民の意見などを集約していこうというもので、その点で、ハードとソフトの両面的・重層的な集約化をねらいとしています。

さらに、市営住宅だけの団地では、入居者の所得階層が応能応益家賃制度の導入により偏りが顕著になっているなか、それ以外の住宅供給への道を開いて、多様な所得階層を団地内に呼び込むことによって、コミュニティの活性化につなげたいというのが団地再生計画のねらいとされています。

団地再生計画の事例

現在、京都市には団地再生計画を進めている団地がいくつかありますが、事例を二つ取り上げます。

①京都市が主導した形の団地再生計画です。S団地は、伏見区にあり、比較的交通の便がよく、有名な社寺や病院・学校・児童公園が近隣にある全九住棟（管理戸数一三二、入居戸数九八、二〇一一年一月現在）からなる公営住宅と市単費住宅の併設団地です。まず、団地内にある二階建ての七つの棟（計一三入居戸数）を除却し、その敷地に旧四階建一棟（一八入居戸数）の建て替え棟として六階建ての新棟（四一戸と集会所）を建設し、その新棟に計八棟の入居者の住み替えを行います。住み替え後、旧四階建て一棟は除却し、駐車場とコミュニティ活性化のために活用します。残る三つの棟は耐震改修とエレベーターを設置して継続活用するという計画です。

S団地については二〇〇七年に基本構想を策定していた経過があり、それを発展させた形で、京都市が団地再生計画（案）を策定しました。いわゆる、トップダウンの形で計画（案）が進められましたが、その後、この計画案をもとに基本計画を具体化するにあたっては、地元とワークショップを四回開催し、意見の反映に努め、上記計画がまとまりました。

②居住者と京都市が協議を重ね作成した下京区にある改良住宅地区内のDエリア団地再生計画です。この改良住宅地区には事業の完了していないエリアEが残っていますが、ABCDの四エリアは事業が終了して

います。地元にはまちづくり推進委員会があり、その傘下にブロックごとの委員がいて、行政とパートナーシップで事業が展開されています。比較的建設年度の新しいCを除くA・Bエリアでは、老朽化したいくつかの住棟を集約する建て替え新棟を建設し、旧棟からの住み替え後に除却するという従来方式でAエリアに新一棟、Bエリアに新一・二棟が建設されました。Dには狭いエリア内に七つの住棟が密集していたため、まず周辺のEエリアに新棟を建設するなどの従来方式による計画が協議されていました。ところが、京都市が「団地再生計画」方式に変更したため、この計画を変更せざるをえなくなりました。京都市の方針変更に入居者は納得できないとしながらも、住環境改善は止めるわけにはいかないと、ワークショップなどを開催し、耐震改修とエレベーター設置による継続活用を核とした団地再生計画（案・省略）を完成させました。新棟建設は、事業未完了エリアEの展望が未確定であることを理由に、宙に浮いていましたが、二〇一三年京都市立芸術大学がこのEエリアの一部への移転計画を京都市に要望したのを契機に、Dエリアからの移転と新棟建設が検討され始めています。

4 「団地再生」の課題

新しい「まちづくり」の提唱

一般的に市街地密集住宅や公共住宅団地の再生については、いわゆる「まちづくり」の観点から、まち・地域の社会福祉施設、住宅規模や住居施設、商店街というハード面に関する課題や方向性についての事例研究もあり、一方ではその計画を策定し、実現していくプロセスにおける主体・協力などの手法に関するソフト面の事例研究もいくつか紹介されています。公共事業を中心とする従来の地域経営が破綻に瀕している現状にあって、住民主体や地方自治体とのパートナーシップ、NPOなどの連携のなかで「地域コミュニティの再生」に主眼をおいた営みが注目されています。[*4]

後者について、内田雄造は、①いわゆる公共事業中心の地域計画・都市計画から、まちづくり・むらおこしへ転換し、施策のソフト化を推進するとともに、これをコミュニティ・デベロップメントとして位置づけなおし、各パートによるコミュニティワークの発展を図ること。②コミュニティワークを担う主体としてNPOを重視し、NPOと自治体行政のパートナーシップやコラボレーション（協力）を追求すること。コミュニティワーク、コミュニティ・ビジネスを地域経済の視点から評価・育成し、地域再生の手がかりとすること。③空間的に分断され、自治体の領域内にとどまっているまちづくり・むらおこしの施策をパースペクティブに捉えなおし、各地コミュニティワークのネットワーキングを図り、活性化を図ること。④コミュニティワークを活用したまちづくりの可能性として、大阪を中心とした同和地区のまちづくりに着目し、「コレクティブタウン」の典型事例として紹介することを提唱しています。[*5]

内田が先進事例として注目する同和地区のまちづくりでは、参加・交流・パートナーシップをキーワードとした「人権のまちづくり」と位置づけ、①幅広い住民の積極的な参加によって貢献する一方、住民の総体であるまちが、一人ひとりのために援助する精神。②まちづくりは、参加する住民が学び合い、それを知的、経済的、文化的に高めていくことの必要性。③まちづくりは、それぞれの地域の実情をふまえた個性ある形成の必要性を提唱しています。

京都市「団地再生計画」推進のハードル

このような先進事例や知見に学びながら、京都市の「団地再生計画」推進を進める必要がありますが、そこには既存の入居者の生活があるため、その実現には、いくつかのハードルがあります。先に紹介した下京区にある改良住宅地区のまちづくりの経緯から、それを整理すると、次の点があげられます。

第一は、団地内では、エレベーター設置や浴室など住宅改善への強い関心や要望があります。しかし、誰もが求める要望であったとしても、一朝一夕には実現しません。要望が幅広く強いほど、実現には、予算面でも、順位面でも、時間がかかります。しかも、住民の要望は年齢など多様な要因によって、考えの相違や温度差もあります。行政からのトップダウン形式ではなく、住民参画型のボトムアップでやろうとすればするほど、手間暇かかります。つまり、「住宅の集約化」の前段となる「要望の集約化」というハードルです。

とりわけ、団地再生計画における要望の集約化でとくに難しいのが、従来の建て替え方式との整合性と住み替え手順です。

団地再生計画のほとんどは、建て替え新棟が少なく、主に「既存住棟の改善」を行い、その新棟または改善棟の空き部屋に入居者を順に住み替えさせて、集約化を図るという方針ですから、要望の集約がより複雑となります。入居者が生活している住棟の改善では、どの棟から、どの部屋から改善を図るかが問題となります。

住棟の建て替え順番を心待ちにしていたのにその計画が突然中断された上、「既存住棟の改善」には新棟のような魅力が乏しいので、新棟入居と改善棟など入居の振り分け基準やどの棟の誰から入居させていくかなどの手順の点で判断が難しくなります。抽選でというわけにも行かず、障がいや年齢などの住み替え緊急度の基準づくりも必要となります。

このように、再生化計画の実施には、住民の協力が不可欠となり、協力を得るためのルールづくりが重要な課題となります。

第二は、「自治組織の活性化」というハードルです。改良住宅団地の場合には、住宅地区改良法に基づく事業協力者向きの建て替え住宅という性質と地区全体のクリアランスを図るための用地買収や附属施設などの建設計画が必要ということから、自ずと地元の自治会や団体、入居予定者との協力が欠かせませんでした。その点で、自治組織と協力しながら、計画を進める基盤がありましたが、近年の急速な少子高齢化や人口激減によって地元自治組織の弱体化が進んでいます。

公営住宅団地の場合は、入居前には面識もなかった世帯が公募によって入居し、そこに新たな地域コミュニティを形成していくわけですから、入居者の強い熱意と協力・合意がないと、団地・住棟の自治組織が誕生しにくいという側面があります。当初できた自治組織も、役員の高齢化や後継者不足、転出入や居住者の生活が困難化するなかで、形骸化しているところも生まれています。ニュータウンのような大規模団地では、住棟・ブロックごとだけでなく、連合組織となりますと、組織化や運営がいっそう難しい現状があります。

「自治組織の活性化」は、要望の集約化の主体という点で、地域再生の最重要課題となっています。

第三は、「関係機関の連携」というハードルです。団地再生をはじめとする市営住宅の活用計画の実施には、何といっても行政側の取り組み、予算が不可欠となります。住民側の要望があっても、行政には起案から関係部署での協議、さらには予算配分などの手順があります。事業計画から実施にいたるまでは、複数年度にわたります。

ところが、その担当行政職員は、おおむね三〜五年で人事異動になり、計画の継承がしばしば中断することがあります。しかも、まちづくりなどの経験が少ない職員が配属されると、連携がうまくいかないことも起こります。異動してきた担当職員が計画策定協議の経緯や内容を正確に継承するのには、時間がかかる上、職員の意識の温度差によって、タイムラグが生じることもあります。

一方、自治組織は、住民の要望を集約するなど、計画協議の継続性では力となりますが、専門性に欠ける弱点があります。やはり、計画を検討する知識や生活を抱えたなかでの取り組みとならざるをえないなどの制限がつきまといます。その点で、まちづくりに精通した研究者・コンサル会社やデベロッパーなどの協力が必要となりますが、経費負担がネックとなります。

以上のようなハードルをいかに克服するかが、団地再生計画の成功の鍵となり、あわせて地域再生の展望につながるのではないかと考えます。その点で、最も現実的でその突破口になる力は、これらの地区やその歴史に精通し、地区再生の明快なビジョンと熱意と実行力を兼ね備えたスーパーバイザー的存在である地元リーダーとボランティア団体やＮＰＯ組織との協働ではないかと考えます。*6

これらのハードルは、「団地再生計画」推進の課題だけではなく、ニュータウンのような公共住宅が密集する地域のまちづくりを推進する上で共通した課題でもあります。

5 協働とパートナーシップによる「みんなが主人公のまちづくり」

京都市は、そのほとんどの市営住宅を長期活用するとしていますが、将来的には人口・世帯推移や京都市内の住宅総数七八万戸のうち一四％にあたる一一万戸が空き家となっている現状を見すえながら、新たな対応を検討することが予想されます。いずれにしても住宅確保要配慮者への政策の核となる市営住宅団地の再生は、民間市場に委ねられるべきものではなく、人権保障の観点からも、地域の活性化の観点からも、「団地再生計画」の推進と同様の課題に直面することが予想されます。向島ニュータウンの市営住宅についてもこれらを見すえた上でのまちづくりを進めていく必要があります。

「団地再生計画」は、住宅などの物的施設の建設という「タテ軸」と、支えあい、安心できる生活づくりという「ヨコ軸」とのあいだにある「家賃制度」「住宅の多様性」「商業と営業」「外部施設導入」「福祉」「教育支援」などの座標を視野に入れた複合的な取り組みです。団地というハード面の再生を目指しつつも、その一方で入居者の生活セーフティーネットなどの側面から、団地内外のコミュニティの再生と結びつかなければ、仏つくって魂を入れ忘れることになります。団地・地域を住民自身が行政と一緒になってつくりあげる過程を通して、自分たちのまちであるという自覚と誇りをもち、地域を愛する仲間をつくっていくという「みんなが主人公のまちづくり」とすることによって、コミュニティの再生となるからです。

この点について益川浩一は、地域・まちにおける生涯学習、社会教育実践とコミュニティ・ガバナンスの構築による「新しい公共性」の獲得との視点から、「協働」が、管理や統治の「補助」「補完」(行政の合理化や下請化)として吸収されるものではなく、それらに代わる新しい社会編成原理として「新しい公共性」(「自律的公共性」「市民的公共性」)の獲得を試みる概念と位置づけています。こうした「新しい公共性」の獲得は、個人や家庭だけでは解決困難な問題が増大している今日において、地域・まちでの人と人とのつながりを広め、人々のあいだに安全・安心感・信頼感に支えられた人間関係を生み出すこと。それらを媒介にして地域・まちの抱える問題解決の方向性を模索するなかで、地域・まちの活力を生み出すともいわれています。また、地域・まちの社会的・歴史的・文化的・経済的基盤を基底としたそれぞれの地域・まち独自の「新しい公共性」が獲得されることにより、それが地域・まちの個性を生み出すことにもつながること。こうした地域・まちの個性を形成することで、そこに住み、働く人々が、地域・まちに関心や愛着・誇りをもち、そこに住み、働き続けたいと思い、次の世代にも誇りうるような地域・まちだけでなく、新たに人を引きつけるような地域・まちを創造する地域・まちづくりの取り組みとなると示唆しています。[*7]

同和地区・改良住宅団地のまちづくりは、どのようなまちを作るかはあくまで手段であって、人権・民主主義社会実現の主体者の形成を目的とすることが基本的な活動のひとつであると位置づけてきました。先に紹介した京都市下京区のまちづくりでは、地元団体の対立を祭り囃子や鉾の復元活動を契機に克服し、まちづくり推進委員会を結成してきました。「みんなが主人公のまちづくり」「まちづくりは人づくり」というスローガンを掲げ、地元再発見のタウンウォッチングや春・夏祭りなどの活動を重ねてきました。そのような活動を背景に、地元の要求をコンサルタント会社などとともにまとめ、行政と話し合いを定期的に行っています。[*8]最近は地区周辺の団体や関係者とともにエリアマネージメントが開催されています。市立芸大移転に対しても、短期間で地元要望を取りまとめ、その受入れと課題解決にむけての要望書を京都市に提出することができたのも、地道で粘り強い活動の積み重ねによるものと考えられます。

現在向島ニュータウンでは、その活性化にむけてさまざまな取り組みが進められていますが、地域再生の営みは、その地域や居住者の生活再生に決してとどまらず、新しい民主主義社会のありようとそれを推進する主体者のありようをも提起しています。地域は、決して固定的な空間ではなく、流動的な側面をもつものであるかぎり、地域に居住する人間にとっての共有財産であるだけでなく、社会全体の共有財産でもあります。それは、単に建物や施設などのハード面における共有財産にとどまるだけでなく、まちづくりの過程を通して、人々が信頼関係を基盤にして民主主義社会の主体者であり、実行者となって、その利益の享受者となるという共有財産をも獲得する営みでもあります。その意味で、地域再生・まちづくりは、「人民の、人民による、人民のための」（リンカーン）民主主義社会を実現する「身近な地元の学校」でもあります。

ただし、この「学校」には、指導する教師もいませんし、定められたプログラムも設定されていません。まちづくりの創造・再生には、行政、市民、ボランティア・NPO団体（市民活動団体）、企業など、多様な主体が相互に協働関係をもちながら、地域の問題解決にむかって役割を担い合うという社会関係資本（つながる力）の育成と蓄積が大きな原動力となります。新しいまちづくりの推進においても、地域のスーパーバイザーを核とした地域住民の粘り強い継続した取り組みとともに、市民によるボランティア団体やNPO組織との協働を、行政に重ねていくエネルギーが重要となります。

このようなエネルギーは、一朝一夕にはできません。向島ニュータウンで取り組まれているいろいろな活動は、当面する身近な課題の解決だけでなく、いずれ迎える街区の大規模な変革という大きな課題をも解決する「源泉力」になっていくのではないかと考えています。

わたしのコミュニティ活動での経験からいえることは、どのような活動にも「つながる力」を推進するために役立つ三種の必需品・携帯品があります。ひとつは「旧式の無線機」（糸電話）です。意見を言った後には「どうぞ」と言って、次は聞き手になるというコミュニケーション方式です。ていねいな言葉で、ゆっくりとした双方向の会話と議論の積み重ねです。次は、新品でない「運動靴」です。フットワークの軽い、「行きましょうか」「またね」「あきらめたらアカン」の声かけでつなぐ誘い合いです。最後は、さわやか「タオル」です。しんどいけれど楽しく、肩をこらずに、無理をしすぎないで、いい汗をかくという経験です。ときには「飲みケーション」「お茶ケーション」が元気の栄養剤になります。これらの携帯品によって、信頼でつながる力の培養を図ることができるのではないかと考えます。

注

＊1　瀬戸口剛「公共住宅とまちづくり」（佐藤滋編著『まちづくりの科学』鹿島出版会、一九九九年）など。

＊2　建設省住宅局長稗田治監修『住宅地区改良法の解説――スラムと都市の更新』全国加除法令出版、一九六〇年。

＊3　京都市の市営住宅政策やデータ・図版は、二〇一二年一月二四日研究会における京都市都市計画局住宅室部長平井義也「京都市営住宅の団地再生計画」発表資料に基づいたものである。

＊4　黒崎羊二他編『密集市街地のまちづくり――まちの明日を編集する』（学芸出版社、二〇〇二年）、伊藤滋『都市の再生、地域の再生』（ぎょうせい、二〇〇四年）などがある。

＊5　内田雄造編著『まちづくりとコミュニティーワーク』解放出版社、二〇〇六年。

＊6　リム　ボン「同和地区における社会資本の蓄積と都市政策の新たな可能性――崇仁地区を事例として」リム　ボン他『躍動するコミュニティ――マイノリティの可能性を探る』晃洋書房、二〇〇八年。

＊7　益川浩一編『人々の学びと人間的・地域的紐帯の構築――地域・まちづくりと生涯学習・社会教育』大学教育出版、二〇〇七年。

＊8　拙稿「崇仁地区の新しいまちづくり――その前夜　祭囃子に引き寄せられて」（京都文教大学人間学研究所『人間学研究』二、二〇〇一年）、「音を復元する」（鵜飼正樹他編『京都フィールドワークのススメ』昭和堂、二〇〇三年）。

コラム

京都の団地の始まりとリノベーション

小林大祐

戦後京都のまちづくりは、終戦直前に五条通、堀川通、御池通などで行われた建物疎開の跡地整備に始まりました。一九五〇年（昭和二五）から五三年（昭和二八）にかけて、京都府によって堀川通西側に鉄筋コンクリート三階建てでつくられた堀川住宅は、京都の団地の始まりといわれています。日本で最初の下駄履き集合住宅（一階が商店）として地域の戦後復興の大きな力となりました。建築から約六〇年を経て、二〇〇九年から再生にむけた具体的な取り組みが始まりました。一階店舗の堀川京極商店街と共同して、交流スペース「まちカフェ」や高齢者のためのデイケア施設をはじめ、アトリエやギャラリー、ショップなど新しい用途や住宅へと、大胆にリノベーション（改修）しながら再生への取り組みが進められています。

一九五六年（昭和三一）には、日本住宅公団（現在のUR都市再生機構）が京都府で初めて公団嵯峨団地を建設し、入居が始まりました。鉄筋コンクリート二階建て庭付のテラスハウスが九棟、四階建てが二棟建てられ、一三八戸が賃貸住宅で、二六戸が分譲されました。

向島ニュータウンのある向島から宇治川にかかる観月橋を渡った桃山の地は、昭和三〇年代の初期団地のメッカといえるところです。鳥羽伏見の戦いで幕府軍の陣がおかれた伏見奉行所の跡は、戦後、進駐軍に接収されました。返還後、この地を中心に京都市営桃陵団地と桃山・伏見合同宿舎が、伏見城の南側を流れる山科川のほとりに公団桃山住宅が建てられました。豊臣秀吉の初代伏見城である指月城（隠居所）の跡地と推定されるところには、公団観月橋団地と裁判所宿舎、桃山東合同宿舎が建てられました。

京都市営桃陵団地は、一九五八年（昭和三三）に京都初の大規模団地として五九六戸が建設されました。現在約半数は建て替えられていますが、京都では数少ないスターハウス（星型住宅）が六棟すべて現存し、団地景観のアクセントとなっています。スターハウスは北欧スウェーデンで一九四六年に建てられたものが最初とされ、三つの住戸が階段室を取り囲む「Y」字形の住棟形式です。国内最初のものは、一九五四年（昭和二九）に建てられた茨城県営釜神アパート三号棟（現存せず）だといわれています。昭和三〇年代に全国に建てられた特異な形態をもった集合住宅で、団地マニアのあいだで絶大な人気をもつ形式です。桃陵団地では一九八八年（昭和六三）と一九九一年（平成三）の建て替えに際して、伏見奉行所跡という歴史的な場所であり、酒造りの町・伏見を象徴する酒蔵の外観（切妻屋根に焼板風外壁）を再現したデザインとする工夫も見られます。

公団桃山住宅は、一九五八年（昭和三三）に一七六戸の賃貸住宅団地として一五棟の庭付きテラスハウスと三棟の四階建てアパートが建てられました。四階建ての棟のバルコニーには透かしコンクリートブロックが積まれたものが建築当時のまま残っています。築五〇年を経て空き家が多くなっていましたが、近年、大規模な改修工事が行われ、昭和の団地の景観がよみがえりました。

公団観月橋団地は、一九六二年（昭和三七）に竣工した五階建て階段室型の一四棟に、五四〇軒が入居しました。桃山丘陵の南の端に位置し、向島の背後に広がる巨椋池（現巨椋池干拓田）を望む月の名所で、豊臣秀吉が最初に指月城（隠居所）を築いた場所にあたります。一九五一年に開発された「公営住宅標準設計C51型」と呼ばれる公団住宅のプロトタイプとなった住宅形式で建てられ、各住戸は約四〇㎡の2Kで、浴室は小さく、洗濯機や冷蔵庫を置く場所もないものでした。建築から約五〇年を経た昭和の団地には空き家が目立つようになり、二〇一一年から「観月橋団地リノベーションプロジェクト」としてURと民間企業、建築家が関わりながら、現代生活にマッチした再生が始まりました。画一的な2Kの間取りをワンルームや1LDK、2DKなど多様な間取りに大胆に改造し、「観月橋団地」からKANGETSU-KYO DANCHIに再生し、若者たちの申込が殺到、入居待ちの人が数多くいる人気の物件になりました。

このように昭和三〇年代に建てられた昭和の団地は、建築後五〇年を経て生活スタイルの変化や老朽化によって一時は入居者が減りましたが、緑豊かな環境や建築がもつ可変性を活かしたリノベーションの取り組みを通して変わろうとしています。古くからの住民に加えて新しい居住者を迎え、良好なコミュニティをつくろうとしています。

（右段上から）

写真１　京都戦後初の団地、堀川住宅（昭和29年、平成24・25年）

写真２　UR観月橋団地のリノベーション（昭和37年、平成23年）
2011年グッドデザイン賞（サスティナブルデザイン賞）受賞

（左段上から）

写真３　京都市営桃陵団地、酒蔵風デザインで建替え（昭和63年、平成３年）

写真４　京都市営桃陵団地のスターハウス（昭和34年）

第3章

向島の歴史
――古代巨椋地からニュータウン建設まで

小林大祐

1 古代巨椋池と伏見

伏見の地は、京都東山から連なる桃山丘陵の最南端に位置し、南に広がる巨椋池《おぐらいけ》には宇治川や木津川、山科川が流れ込み、古代以来、京都や奈良、大坂をつなぐ水運の要衝でした。古くは「伏水」とも記され、広大な巨椋池の北岸に芦原が広がる水郷地帯でした。

『万葉集』に「柿本朝臣《あそん》人麻呂之歌集」所出の雑歌として、

「巨椋《おほくら》の　入江響《とよ》むなり　射目人《いめひと》の　伏見が田居《たい》に　雁渡るらし」

とあり、これが「巨椋」の名の初出とされています。

冷泉為伊《ためただ》が撰じた『詠千首和歌』のなかに、

「おほくらの入江の月の跡にまた光のこして蛍とぶなり」

と巨椋池の月が詠われています。巨椋池を望む風光明媚な丘陵一帯は、観月の場として名高く、平安貴族の別業《べつぎょう》[*1]が設けられ、狩猟や花見、観月の拠点となっていました。平安京を開いたことで知られる桓武天皇は、大和につながる巨椋池を望むこの地を愛したといわれ、大同元年（八〇六）崩御され、当初は葛野郡宇太野を山陵の地と定められていましたが、都で度重なる異変から改めて桃山丘陵（比定地は諸説ある）に大規模な陵墓を築造し葬られました。

平安時代中期には藤原氏の荘園となり、延久年間（一〇六九〜七四）には藤原頼通の四男で歌人としても知られる橘俊綱が、伏見山荘を営み、その大きさから伏見長者と呼ばれました。その後、後白河法皇が別業として「伏見殿」を築き、行幸がたびたび行われることとなりました。南北朝時代には伏見殿に北朝の光厳・光明・崇光の三天皇が隠棲したといわれます。現在も伏見宮貞成親王（後崇光院太上天皇）の御陵が南浜小学校の北に祀られています。

宇治川や山科川が巨椋池に流れ込む場所には砂州が形づくられ、槇島や上島、下島など多くの島が点在し、中世には人の居住する島もありました。

2　豊臣秀吉と伏見城

巨椋の入江（巨椋池）と伏見の景観を大きく変貌させたのは、豊臣秀吉が文禄・慶長期に行った一大土木建築事業でした。

・伏見城の築城（指月隠居屋敷と指月伏見城、木幡山伏見城）
・伏見城下町の建設
・槇島堤と淀堤の築堤による宇治川の流路変更と伏見の港湾整備
・小倉堤（太閤堤）築堤と豊後橋架橋による新大和街道の建設
・伏見の対岸における伏見城の支城としての向島城の築城
の五つに要約できます。

天正一〇年（一五八二）六月、本能寺の変の後、明智光秀を討った豊臣秀吉は、翌天正一一年（一五八三）に石山本願寺の跡地に壮麗な大坂城を築城しました。天正一三年（一五八五）一一月には関白に、天正一四年（一五八六）一二月には太政大臣に任ぜられ、豊臣政権を確立しました。翌天正一五年（一八五七）九月には京の屋敷として聚楽第が完成し、秀吉は、大坂城と聚楽第のあいだを頻繁に行き来するようになります。天正一七年（一五八九）三月、淀川の川船に乗り換える港である淀の地に淀城を築いて宿所を設け、五月に茶々（淀君）が嫡男鶴松を生んでいます。天正一九年（一五九一）八月、大坂城で鶴松が夭逝すると、秀吉は秀次に関白の位と聚楽第を譲り太閤と称しました。翌文禄元年（一五九二）八月、『多門院日記』[*2]に、

「二十四日、（中略）一、京都伏見に太閤　隠居之を立つ。体篇の地之をとると云々」

とあり、『兼見卿記』[*3]に、

「今日、太閤大坂より伏見に至り御上洛云々。伏見御屋敷普請縄打ち仰付らる」

とあって、伏見指月に隠居屋敷を着工、前田玄以に普請奉行を命じています。翌文禄二年（一五九三）九月

には指月隠居屋敷はほぼ完成していたと考えられ、伊達政宗と対面、家康、前田利家と茶会を催しました。

文禄二年（一五九三）八月に秀頼が大坂城で生まれ、秀頼を跡継ぎにして大坂城を譲り、小西行長に進めさせていた朝鮮の役の講和交渉を有利にするために明の使節との謁見の場として、翌文禄三年（一五九四）に指月隠居屋敷を自身の居城として本格的な城へ改築を始めます。佐久間政家が普請奉行に命ぜられ、朝鮮に出兵していない大名に一万石につき二四人の軍役を課し、動員された人足は二五万人ともいわれています。石材は京都近郊だけでなく小豆島や讃岐から運ばれ、木材は伊賀や甲賀をはじめ木曽、土佐、秋田からも調達されました。四月には廃城となった淀城から天守や櫓を移築し、一〇月には殿舎がほぼ完成しました。九月には前田利家に槇島堤の普請を命じて、宇治川の流れを利用して伏見の港としての機能を強化し、年末からは城下町の整備にも着手、並行して向島城の築城を進めていたと考えられています。

文禄四年（一五九五）七月、「秀次事件」[*4]が起こり、秀次は高野山へ追放・切腹させられ、八月には聚楽第が破却され、多くの建物が指月伏見城へ移されました。

文禄五年（慶長元年、一五九六）閏七月一三日深夜、慶長伏見大地震が襲い、指月伏見城は天守閣をはじめ主な建物の多くが倒壊しました。

『義演准后日記』[*5]には、

「一三日、霽　今夜丑剋大地震　伏見の事、御城・御門・殿以下大破し、或いは顛倒す　大天守悉く崩れて倒る　男女御番衆数多く死し、未だその数を知らず（中略）前代未聞、大山も崩れ、大路も破裂す。只事にあらず（中略）一四日、霽。地震未だ休まず　諸人安堵せず　家を去って道路に臥す（中略）之に依り今日同じく伏見山に御綱を張る云々」

と記され、地震の翌日には木幡山に縄張りが命ぜられたようで、『伊達秘鑑』によると、

「大小名組々ヲ分ケラレ、普請ノ場所ヲ分定メテ、当年極月二十日限リ、惣成就、御移徙アルヘキ旨仰出サレケレハ、夜ヲ昼ニ転シ、松明灯シ連レ石ヲ転シエヲ荷ヒ、行通フ人歩万身ヲ労シ」

とあって、諸大名に命じて一二月二〇日をめどに昼夜兼行で普請にあたらせ、一〇月には本丸が完成し、翌年五月には天守閣と殿舎が完成して、五月五日には秀吉が伏見城に入り、一〇月には茶亭が完成しました。秀吉は晩年の多くを伏見城で過ごすこととなりました。

慶長三年（一五九八）八月、秀吉が伏見城で亡くなると、遺言によって翌年正月に秀頼が五大老の一人前田利家をともなって大坂城に移っています。三月に前田利家が大坂で没し、朝鮮から帰朝した諸将が石田三成を襲う事件が起こります。伏見に逃げてきた三成と諸将間の仲裁を徳川家康が行い、三成を佐和山城へ蟄居させて決着を見ます。家康は三成を佐和山城へ追放した後、留守居役として伏見城に入るも、九月には大坂城に移りました。島津義弘は「諸大名悉く大坂へ家居以下引越され候、伏見の儀は荒野に罷り成る可き躰に候」と、主と諸大名が去った伏見の荒廃ぶりを記しています。

徳川家康は、前田利家の死と石田三成の失脚によってトップの地位に躍り出ました。有力大名と結びつきを強めてゆくなか、豊臣恩顧の勢力とのあいだに対立が深まってゆきました。慶長五年（一六〇〇）六月、家康が上杉景勝を討伐すべく会津に出兵すると、翌七月に石田三成は毛利輝元、宇喜多秀家、大谷吉継など反家康勢力を集めて伏見城を攻めます。伏見城の留守を任されていた鳥居元忠が善戦しましたが落城、秀吉の木幡山伏見城と城下町は焼失してしまいます。これは関ヶ原の戦いの前哨戦である「伏見城の戦い」と呼

ばれています。
関ヶ原の戦いで勝利した家康は、慶長六年（一六〇一）三月に伏見に入り、伏見城の再建を始め、翌年六月に藤堂高虎を普請奉行に命じて工事を進め、一二月には伏見城に入っています。慶長八年二月に家康の将軍宣下が伏見城で行われ、その後二代将軍秀忠、元和九年（一六二三）に三代将軍家光まで伏見城で将軍宣下を行っています。[*6]
元和五年（一六一九）、「一国一城令」によって伏見城の廃城が決まり、向島城も解体され、伏見城の天守閣は二条城へ移され、殿舎や石垣の多くは淀城や福山城へ移されています。こうして文禄二年（一五九三）に秀吉が指月隠居屋敷に入ってから約三〇年の伏見城の歴史が終わることとなりました。

3　秀吉による巨椋池周辺の河川土木工事と向島城

秀吉は、文禄三年（一五九四）九月、前田利家に槇島堤（宇治堤）の普請を命じ、宇治川の流路を北向きに変更し、淀堤を築いて横大路沼を巨椋池から分離して、淀から伏見への舟運の流路を確保し、船曳き土手を建設しました。この工事によって大坂から伏見へ川船で直接いたる川道が整備され、伏見は港湾都市としての機能をもつこととなりました。

文禄五年（一五九六）には、秀吉は、島津義弘・毛利輝元・加藤清正に命じて小倉堤（太閤堤）を築いて、大和への街道を移しました。この際、秀吉は豊後大友吉統に伏見から向島のあいだに長さ約二〇〇m[*7]の架橋を命じ、この橋は豊後橋といわれました。

「宇治里袋」に

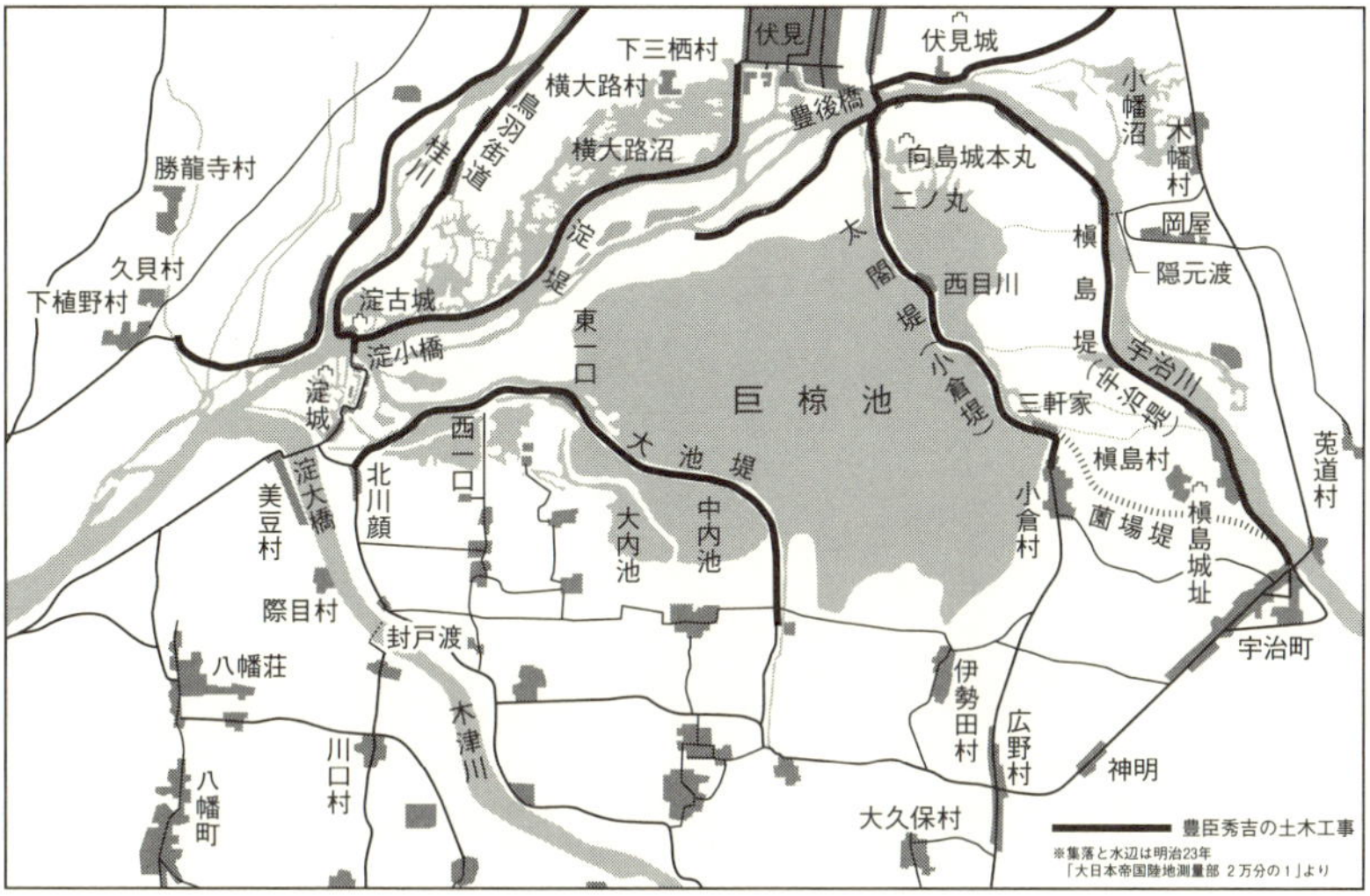

図３－１　豊臣秀吉による巨椋池周辺土木工事

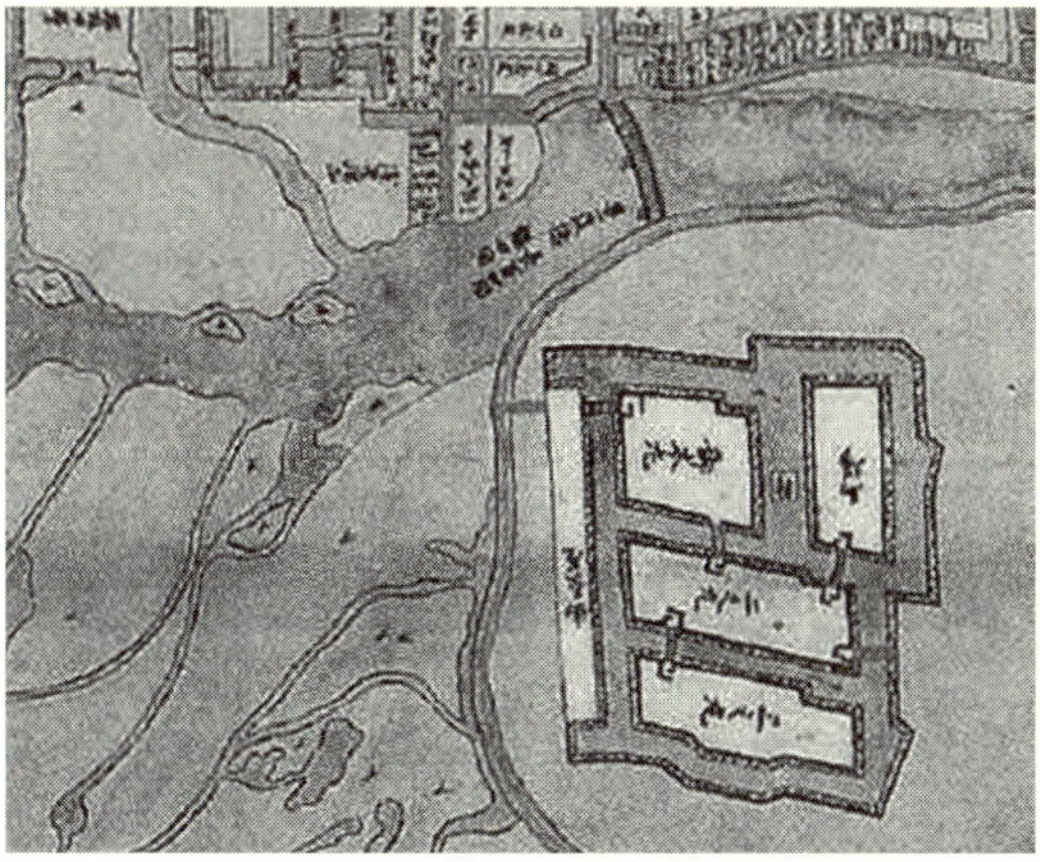

図３－２　伏見御城榔并屋敷取之絵図（部分）

出典：京都市歴史資料館所蔵。

「文禄三年大椋《小倉》より伏見まで新堤築き為され候　御奉行岐阜中納言殿、其節宇治はしを伏見へ御引き取りなされ候事」

とあります。小倉堤（太閤堤）の築堤は文禄五年であるので「文禄三年」とするのは誤りであろうが、宇治橋を落として豊後橋へ移設したことがわかります。豊後橋の架橋と堤道の施設、宇治橋の撤去によって、それまでの大久保から宇治、六地蔵を経て山科・髭茶屋追分から京へいたる大和からの道を、大久保から小倉堤を北上し、向島から豊後橋を渡り伏見へ入る大和街道へ付け替えました。伏見城防御の観点から巨椋池と湿地のあいだに通る堤道は、伏見城からの監視もしやすく、軍勢の逃げ場もなく、有効であったと考えられます。さらに豊後橋の南詰めは、支城である向島城が守りを固めることとなりました。

『駒井日記』[*8] 文禄四年（一五九五）四月五日に「一、五月五日迄伏見向島植木之覚」の記載があり、四月一日に向島の堤に桜を植えることが命ぜられ、大名から御側衆、小姓まで、それぞれの分担長さと本数、出来具合が書かれており、五月五日までに合計三一八〇本の桜が植えられるとしています。文禄四年といえば「醍醐の花見」が行われた翌年にあたり、小倉堤が築かれる前の年にあたることから、伏見城から眺めることを想定して、槇島堤に三千本を超える桜が植えられたものと考えられます。

向島の名が歴史に現れるのは文禄三年九月のことで、徳川家康が向島の私邸に秀吉を招いて観月の宴を開いたとされるので、伏見城築城に際して家康が対岸の向島に屋敷を設けていたと考えられています。伏見から船で向島に渡った秀吉は、観月の宴をいたく気に入り、当初伏見城の支城として建設中だった向島城を遊興の場としての城へと性質を変えたといわれています。この城は、文禄三年冬には着工していたと考えられています。

『慶長年中卜斎記』[*9]には、

「文禄三年、伏見向島に城を御取立、指月の城より川に橋を掛けてと被仰出候。城も大方構ハ出来、御殿は未タ成。四年の八月、大雨洪水城へ宇治川の水のり候故、御止」

と記され、文禄四年八月の大雨によって洪水の直撃を受け、工事中の向島城が被害を被っています。

『伊達家文書』文禄五年四月一日に、

「一、太閤様去廿七日舟にて御下向候刻、普請場ニ相待申候処ニ、（中略）船中より御扇ニ四股而被招、其上小船ヲよせられ、以御使御果子なと被下、（後略）」

とあり、秀吉が船上から向島城の普請を視察して、工事を命ぜられていた伊達政宗に菓子を下されています。

文禄五年七月一二日の慶長伏見地震で向島城も被害を受けていますが、翌慶長二年（一五九七）にはほぼ完成していたようで、『義演准后日記』慶長二年六月二七日に、

「伏見向嶋瓜見トシテ、諸門跡不残、従太閤御所御召請、御舟ニテ嶋へ相渡了。（中略）所々茶屋在之。茶屋にて種々御振舞、数刻之後、太閤御所ノ本ノ茶屋へ御同道、（後略）」

とあって、向島城に公卿や諸門跡を招いて「瓜見の宴」を開いて、向島城に設けられたいくつかの茶屋で接待したことがわかります。

こうして見てくると秀吉の向島城は、文禄三年に伏見城の支城として豊後橋の南詰を固める目的で築城が始まりましたが、水害や大地震で被害を受けながらも慶長二年には御殿や茶亭も完成し、槇島堤には三千本もの桜が植えられ、遊興の場としての色彩が強い城であったようです。

秀吉が亡くなった翌年の慶長四年（一五九九）三月、『徳川幕府家譜』[*11]に「同月廿六日伏見向島御屋敷え御移」とあり、また『武功雑記』によれば、

「内府様、……向島ノ御下屋敷トソバナル太閤ノ御遊所トヲ一ツニ被成候テ」

と記されており、秀吉が遊興の場とした向島城と隣接していた家康の下屋敷を一体として改修し家康の屋敷としたことがわかります。また、慶長二年（一五九七）五月には千姫が徳川屋敷で生まれ、父秀忠が千姫誕生を祝って御香宮に神輿を寄進し、現在に伝わっています。この千姫が生まれた徳川屋敷が伏見城大手近くの上屋敷であったのか向島の下屋敷であったのか、明らかになっていません。

4　近代の向島——豊後橋から観月橋へ

元和五年（一六一九）の伏見城の廃城とともに向島城も解体され、豊後橋の南詰の向島の地は伏見奉行所の支配下に入りました。明和八年（一七七一）の『地方町方百姓家数人数改帳』によれば、向島村は家数一一七軒（六〇九人）とあり、町家が四八軒（二一〇人）、百姓が六九軒（三九九人）でした。

『都名所図会』[*12]（一七八〇）には、

「巨椋の入江は、豊後橋の南、向島より渺々《びょうびょう》たる水面なり。中に大和街道ありて五十町の堤なり。夏は蓮華河骨生じて炎暑を遮るの江なり、冬は水鳥おほく集りければ、漁猟をなす」

と記され、古代以来、観月で有名であった向島は、江戸時代には蓮の花で知られ、巨椋池の漁業と狩猟、農業を主な生業とする農村と大和街道に町家が並ぶ景観となっていました。

イギリス人外交官アーネスト・サトウは、旅行記『中央部・北部日本旅行案内』[*13]（一八八一年初版）で、

「伏見までは連綿と家屋が続く。伏見の手前の藤ノ森で左に折れすぐに宇治川に架かる豊後橋に向かうとよい。（中略）宇治方面を望む上流の風景は大変美しい。橋をわたって右に折れ向島を抜けて右に大池、左に小さい池を見て土手をたどり小倉へ至る」

と、豊後橋から巨椋池、宇治への美しい景観を書き残しています。

伏見と向島のあいだに架かる豊後橋は、公儀橋として江戸時代を通して八回の架け替えや修復の工事が行われてきましたが、鳥羽伏見の戦いで焼失しています。宇治川の流れが早く工事が難航し、明治六年（一八七三）になって橋脚や欄干を鉄製とした橋が再建され、観月で名高い場所に架けられていることから、「観月橋」と名前を変えることになりました。

明治維新後の京都府の京都復興事業として、向島には明治六年に官営模範工場として近代的な鉄具の製作

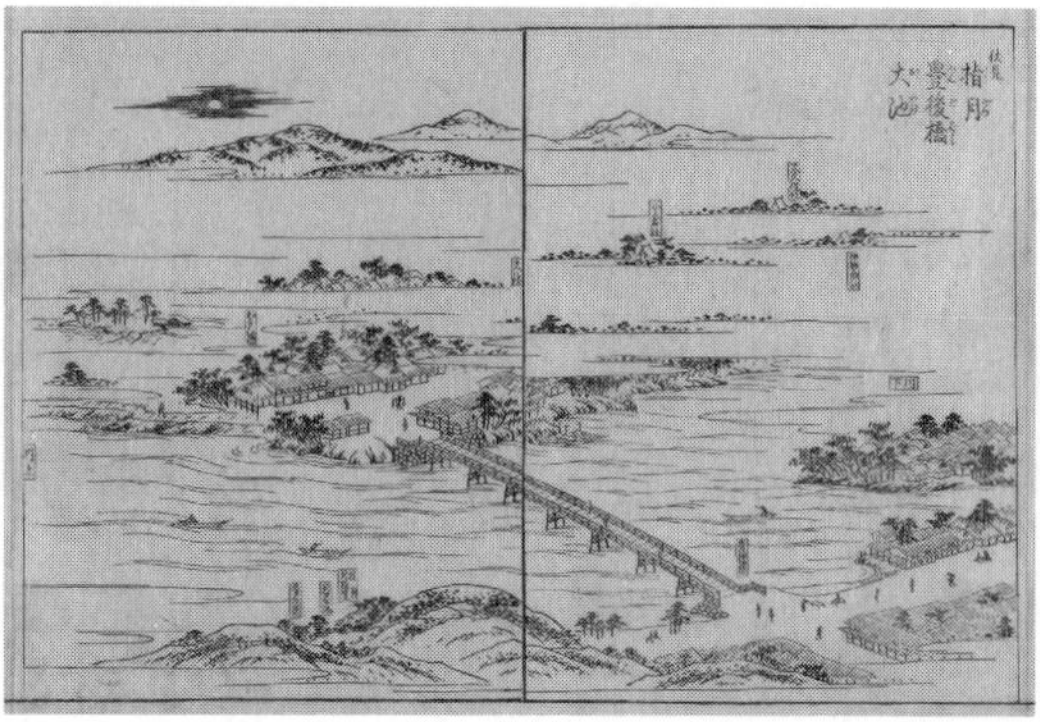

図３－３　都名所図絵（伏見　指月　豊後橋　大池）

出典：書秋里籬島・画竹原春朝斎『都名所図会』天明６年（1786）再版、国際日本文化研究センターデータベースより。皇都書林吉野屋。

工場府営「伏水製作所」が設置されました。鋳型・木型・鍛冶の作業場があり、西洋から輸入した工作機械を買い入れ、宇治川の水を利用した直径六mの水車を用いて、旋盤や削平盤を使い、織機や印刷機、農具などをつくっていました。当時の四条大橋や観月橋の欄干もここでつくられたといわれています。また、明治一〇年（一八七七）に深草の練兵場を視察した際に明治天皇がこの工場に立ち寄られ、「明治天皇御駐輦所製工場阯」と刻まれた石碑が立てられています。

観月橋の南橋詰の一帯は、昭和八年（一九三三）から昭和一六年（一九四一）の巨椋池の干拓工事によって大きく変貌をとげました。戦前の食料増産を目的として国営第一号の干拓事業が行われました。

観月橋は昭和一一年（一九三六）には下流に一〇mほど移動して、鉄筋コンクリート製で新造されています。昭和五〇年（一九七五）には、国道二四号線観月橋の慢性的な交通渋滞を緩和させるために、観月橋の上に京阪電車をまたいで新観月橋が竣工し、旧向島城本丸北辺の高台が削り取られてしまいました。現在、向島城の跡地には二ノ丸北東角に江戸時代に遡ると考えられる石垣が残っている以外は、民家が建ち並んでいます。また、「向島本丸町」「向島二ノ丸町」などの地名と微地形に痕跡をとどめていますが、向島城の跡が微高地として残っており、京都市が作成した「ハザードマップ」にくっきりと見て取ることができます。

5 京都市における戦後団地建設と向島ニュータウンの建設

第二次世界大戦により全国で二一五の都市が空襲を受け、市街地の五〇万haが焼失し、失われた家屋は二三一万戸から二四四万戸と推計されています。戦地からの復員や外地からの引き揚げによる世帯の増加もあって住宅不足は約四二〇万戸ともいわれました。昭和二一年（一九四六）に国は「特別都市計画法」を制定し、戦災復興と都市の整備に取り組み始めました。復旧が一段落してくると、著しい住宅不足に対して総合的な住宅の供給の体制が必要となり、昭和二二年（一九四七）の都営高輪アパートを皮切りに、その後、全国各地でぞくぞくと公営住宅が造られ、木造住宅だけでなく、大都市においては鉄筋コンクリート造のアパートなど、都市の不燃化と大量供給のために標準設計が採用されるようになりました。一方、昭和二五年（一九五〇）に住宅金融公庫が発足し、各地で地方公共団体による住宅協会（後の住宅供給公社）が設立され、金融公庫の資金をもとに住宅建設が始まり、翌二六年（一九五一）には公営住宅法が施行され、低所得者むけの住宅供給システムが確立されました。また、戦前の市街地建築物法が改められ、昭和二五年（一九五〇）には建築基準法が制定されて用途地域制度の考え方によって地域地区が新たに設けられました。昭和三〇年（一九五五）には、戦前の同潤会、住宅営団、戦後の公営住宅建設の経験を合わせて日本住宅公団が設立され、高度経済成長期の急速な人口増加、とりわけ大都市圏への人口集中に対する住宅供給を目的に近隣住区理論を基に、今日の団地の形が徐々に形成されていくことになりました。

京都市は、大規模な空襲被害こそありませんでしたが、戦争で疲弊した都市再生のために昭和二〇年（一九四五）に「京都市振興対策」を策定し、復興に取り組み始めることとなりました。戦時中に空襲に備えて行った建物疎開の跡地を利用して、御池通、五条通、堀川通などに道路や公園などをつくりました。昭和二五年（一九五〇）には京都府住宅協会が設立され、堀川通建設と並行して鉄筋コンクリート三階建ての堀川団地が建てられました（昭和二五年度から二八年度）。

向島地域では、江戸時代から続く堤防集落と向島城跡の高台の旧集落の周りに湿地が広がっていましたが、戦後の住宅不足と高度成長期の住宅需要を賄うため、この湿地は埋め立てられ、民間の住宅建設が無計画に広がっていきました。木造借家や建て売り住宅、文化住宅に銭湯などが建てられ、商店が建ち並び、「向島銀座商店街」として賑わいました。こうしたなか、向島の景観を大きく変えるニュータウンの計画がもちあがります。

また、昭和四〇年（一九六五）、地方住宅供給公社法によって、都道府県および人口五〇万人以上の政令指定都市において住宅供給公社が設立されて、積立分譲による住宅供給を行うようになりました。京都市では昭和四〇年（一九六五）に京都市住宅供給公社が設立され、宅地分譲、戸建分譲、団地建設、賃貸住宅建設などを行い、平成二五年時点で分譲住宅九四〇〇戸、賃貸住宅四〇〇〇戸以上の供給を行ってきています。

昭和四四年（一九六九）に洛西新住宅市街地開発事業（洛西ニュータウン）が、昭和四六年（一九七一）に一団地の住宅施設（向島ニュータウン）が都市計画決定され、二つのニュータウンが並行して建設されることになりました。向島ニュータウンでは、昭和四六年から用地買収が始まり、昭和四九年（一九七四）までに造成工事が終わっています。昭和四九年から二街区を皮切りに住宅建設が始まり、昭和五二年（一九七七）から入居が始まりました。各街区住戸の竣工年を見ると、二街区（昭和五一年一二月）、四街区（五三年二月）、六街区（五三年二月）、五街区（五三年一二月）、一街区（五四年二月）、七街区（五五年一一月）、三街区（五七年二月）、八街区（五七年二月）、九街区（五八年二月）、一〇街区（五九年三月）、一一街区（六三年八

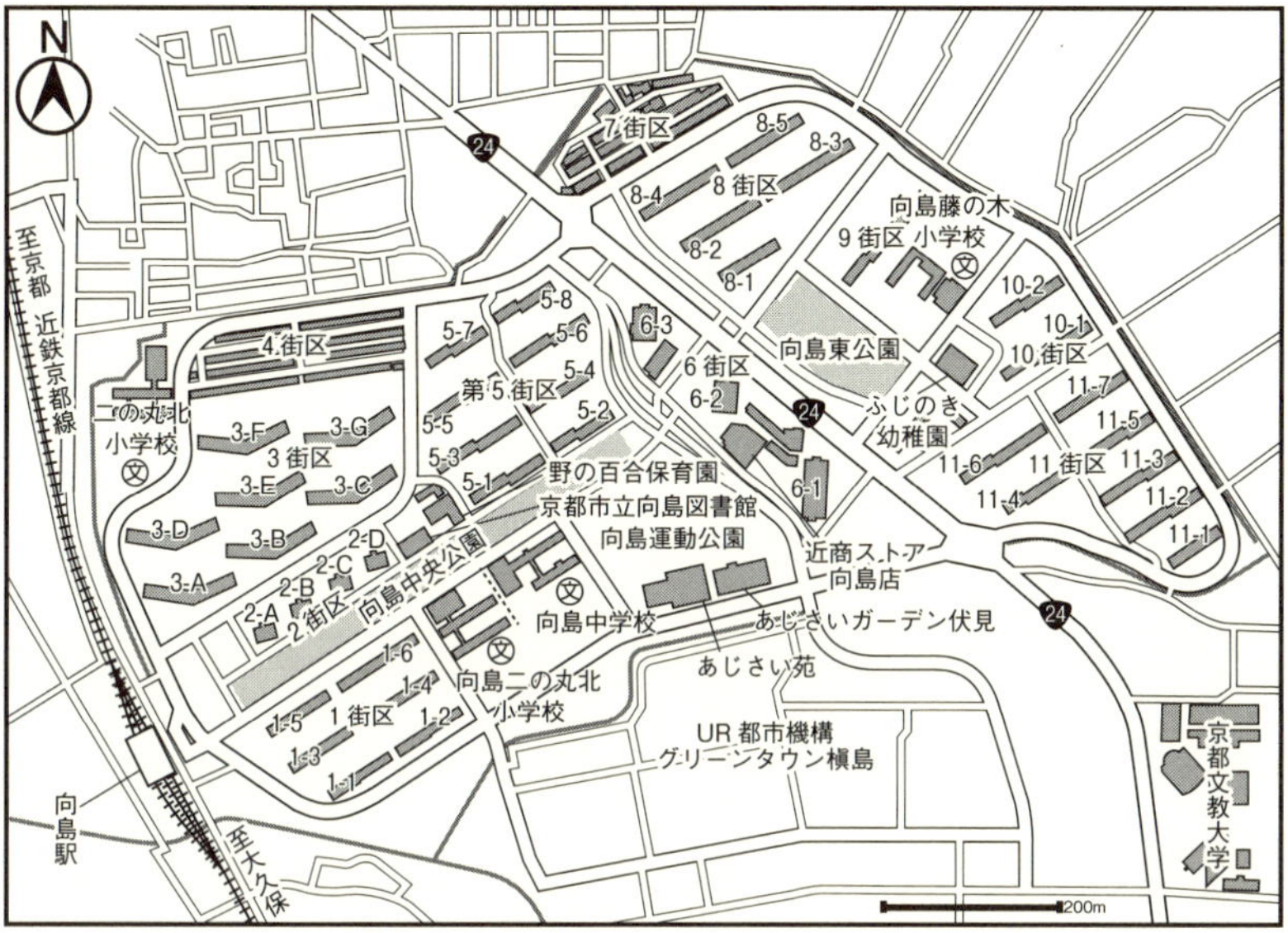

図３−４　向島ニュータウン配置図

月）となっています。昭和五三年（一九七八）三月に商店街が開業し、五四年（一九七九）三月に向島駅が開業、六一年（一九八六）三月に市立向島図書館が開設されました。

全体計画を見ると、向島の南部の湿地を埋め立てて国道二四号線を挟む形で西側に一街区から六街区と商店街、東側に七街区から一一街区となっています。既存集落に隣接するニュータウンの北側の外周道路に面した四街区と七街区には、低層のテラスハウスが配置され、その他の街区は高層住宅となっています。二四号線の西側の六街区は公団（現UR）賃貸住宅で、ツインコリダー型高層アパートが三棟建っています。当初、分譲住宅を主に供給する計画でしたが、第一次オイルショック後の不景気もあって、全体計画が二度にわたって変更されています。とくに昭和五三年（一九七八）の見直しでは、二街区A～D棟と三街区A～G棟、四街区、七街区の分譲、六街区一～三棟（公団賃貸）を除く街区をすべて市営住宅とすることが決定されました。同時に当初計画になかった近鉄向島駅の建設が決定されましたが、駅前施設は設けらませんでした。公共施設としては、二四号線の西側に、緑地帯である中央公園と向島運動公園、向島中学校と向島二の丸小学校、外周道路を挟んで北西に二の丸北小学校を設けています。二四号線の西側にタウンセンターとして向島センター商店会と郵便局、銀行などが配置されています。二四号線の東には向島東公園を設け、スポーツ施設と向島藤の木小学校、京都市留学生会館が建てられています。学校区で見ると向島中学校区は向島二の丸小学校（一・五・六街区）と二の丸北小学校（二・三・四街区）が、向島東中学校区が向島藤の木小学校（七～一一街区）とニュータウン外の向島小学校となりました。

戦後の民間開発による建売住宅や木造アパートは、一〇年ほど前から建て替えが目立つようになってきました。一方、最初の入居から三七年を経過した向島ニュータウンは、全国の他のニュータウンと同様の問題を抱えています。建物の老朽化や超高齢化、少子化以外にも、障がい者や、貧困、中国帰国者との文化摩擦、商店街の衰退、買い物難民化、単身高齢者の増加と孤立死や児童減少による小学校の統廃合問題など、多くの問題に直面しています。

注

＊1 別業とは「べつぎょう／なりどころ」と呼ばれ、天皇や貴族が都の郊外に構えた別荘のことで、風光明媚な場所で遊興・狩猟の場であった。

＊2 戦国から江戸初期、興福寺多門院院主が記した日記。『増補続史料大成』第三八～四二巻、臨川書店、一九七八年。

＊3 吉田神社の宗家である吉田兼見の日記。『史料纂集』第四、続群書類従完成会、一九七一年。

＊4 秀次は秀吉の姉・日秀の子で、秀吉の養子となり関白の位を継ぐが、秀頼が産まれると文禄四年に謀反の疑いをかけられ高野山に追放、切腹させられた。

＊5　醍醐三宝院座主・三宝院義演の日記。文禄五～寛永三年（一五九六～一六二六）。『史料纂集』第四、続群書類従完成会、二〇〇六年。

＊6　伏見城は元和五年（一六一九）に廃城が決定されたが、解体されていなかった御殿を改修して元和九年（一六二三）に家光の将軍宣下が行われた。

＊7　「元禄覚書」には「伏見豊後橋　長百三間五尺、幅四間」とある。

＊8　秀次の祐筆・駒井中務少輔重勝の日記。文禄二～同四年（一五九三～九五）。文献出版、増補版、一九九二年。

＊9　徳川家康の侍医・板坂卜斎の日記。文禄三～慶長九年（一五九四～一六〇四）。甫喜山景雄、一八八二年。

＊10　大日本古文書　家わけ文書　第三　東京大学史料編纂所、一九六九年。

＊11　続群書類従完成会、一九七〇年。

＊12　安永九年（一七九〇）　秋里湘夕　竹原春朝斎。

＊13　アーネスト・サトウ『日本旅行日記二』、東洋文庫、平凡社、一九九二年。

参考文献

足利健亮『中世都市の歴史地理――町・筋・辻子をめぐって』地人書房、一九八四年。

巨椋池土地改良区編『巨椋池干拓誌　追補再版』一九八一年。

京都市編『史料京都の歴史一六　伏見区』一九九一年、平凡社。

近畿地方建設局編『淀川百年史』一九七四年。

向島城関連年表

年（西暦）	できごと
文禄元（一五九二）	九月三日、指月の隠居屋敷の工事開始、普請奉行は前田玄以
文禄二（一五九三）	八月、秀頼が大坂城で生まれる 九月二〇日、秀吉が指月伏見城に入る
文禄三（一五九四）	九月、秀吉が伊達政宗と面会、徳川家康・前田利家と茶会 隠居屋敷から本格的な指月伏見城へ、普請奉行は佐久間政家 四月、淀城から天守・櫓が移築、一〇月殿舎完成 九月九日、家康が向島の私邸において観月の宴（正客は秀吉） 九月、秀吉が前田利家に槇島堤（向島～宇治）の普請を命じる（一〇月ごろから工事） 年末、城下町の整備開始
文禄四（一五九五）	秀吉、宇治橋を解体、宇治橋を移設して豊後橋を架橋 五月、槇島堤に桜三一八〇本植えられる 七月、秀次事件 八月、聚楽第破棄決定、殿舎を伏見城へ移築
文禄五（一五九六）	一月一六日、秀吉が島津義弘・毛利輝元・加藤清正らに小倉堤の普請を命じる 七月一二日、慶長大地震で指月伏見城倒壊、秀吉が向島城に移る 七月二二日、木幡山で縄張り始まる
慶長二（一五九七）	四月一一日（五月二六日）、千姫、伏見徳川屋敷で生まれる 五月五日、秀吉が秀頼とともに向島城から木幡山伏見城へ移る（天守閣と殿舎完成）

	六月二八日、秀吉が向島城に公家や門跡らを招いて「爪見の盛宴」
	九月、徳川秀忠が御香宮に神輿（現存）を寄進
	一〇月、秀吉が伏見城で茶会
慶長三（一五九八）	三月一五日、秀吉が醍醐で茶会
	八月一八日、秀吉死去
慶長四（一五九九）	秀頼が大坂城へ移る
	三月一三日、家康が伏見城へ留守居役として入る
	九月、家康ほか諸大名、大坂へ移る
慶長五（一六〇〇）	八月一日、関ヶ原の戦いで伏見城焼失
	九月一五日、関ヶ原の戦い
慶長六（一六〇一）	三月、家康が秀忠とともに伏見城に入り再建を始める、普請奉行は藤堂高虎
慶長七（一六〇二）	一二月、家康が伏見城に入る
慶長八（一六〇三）	二月一二日、家康が伏見城で将軍宣下
	七月二八日、千姫が七歳で秀頼と結婚、大坂城に輿入れ
慶長一〇（一六〇五）	三月、家康が朝鮮通信使と伏見城で謁見、和議
	四月一六日、秀忠が伏見城で将軍宣下
慶長一一（一六〇六）	駿府城の作事のため伏見城の作事は停止
元和五（一六一九）	伏見城の破却が決定、向島城も破却
元和九（一六二三）	七月二七日、家光が伏見城で将軍宣下

第II部 ニュータウンを開く／拓く

第4章

ニュータウンを生きぬく

――まちづくりアンケートからみえる暮らし

小林大祐

二〇一四年三月二〇日、向島ニュータウンの二の丸北小学校で二八回目の卒業式が行われ、九人の子どもたちが学び舎を巣立ってゆきました。一九八六年に向島二の丸小学校から分かれて開校した時の児童数六〇五人から、二〇一三年には七五人まで減少しています（表4-1）。向島ニュータウンには三つの小学校がありますが、他の向島二の丸小学校、向島藤の木小学校も同様に児童数が激減しており、「子育て世代の一斉入居」というニュータウン特有の状況によって生じる極端な少子化を示しています。こうしたなかで、二〇一四年二月には向島中学校と同校区にある向島南、向島二の丸、二の丸北小学校の四校のＰＴＡから向島中学校区小中一貫校の早期創設にむけた決議が行われ、七月に市教育委員会に要望書が提出されました。二〇一九年開校を目指して新しい学び舎が生まれようとしています。

向島ニュータウンは、一九七七年に二街区、五街区から入居が始まりましたが、病院建設計画が頓挫し、不景気の影響から数次にわたって当初計画が大きく変更されました。向島藤の木学区は当初、分譲住宅で計画されましたが、七街区[*1]を除く八街区から一一街区までが市営住宅へ転換されました。入居時期も一九七七年から一九八八年までと一一年の差が生まれました。向島ニュータウン全体では六三六七戸が建設され、賃貸が七三・五％（市営住宅六三・七％と公団UR九・八％）で、分譲が二六・五％と、分譲が約四分の一と少なく、六割以上が市営住宅という構成になりました（表4-2）。このような居住形態の違いは住民組織にも反映し、管理組合のみのところ、自治会のあるところとないところ、自治会加入率が低いところなど、複雑な住民組織になっています。また、三つの小学校区と二つの中学校区にまたがり、街区や住棟ごとに独立性が高く、共通のコミュニティ施設がないなど、分断された状態で、向島ニュータウンとしてまとまった住民組織が存在しない状況になっています。

今回アンケートを実施した向島二の丸・二の丸北学区を見てみると、向島二の丸学区は一街区と五街区が市営住宅、六街区が公団（現在のUR）で、すべて高層の賃貸となっています。二の丸北学区では高層の二街区・三街区とテラスハウスの四街区が京都市住宅供給公社による分譲でした。総戸数四三一五戸のうち、賃貸が六三・二％（市営住宅四八・八％と公団UR一四・四％）、分譲が三六・八％となっています。

1 向島駅前まちづくり協議会によるアンケート調査

二〇一〇年の国勢調査をもとに向島ニュータウンのおかれている状況を見てみましょう。小学校や中学校に通う子どもたちの人口を推計できる「五歳から一四歳人口」は、ニュータウン全体で一〇五一人（七・七％）、向島二の丸学区で四二八人（七・八％）、二の丸北学区が一四五人（四・三％）、向島藤の木学区が四

表４－１　向島ニュータウンの小学校児童数

小学校	1985	1990	1995	2000	2005	2013
二の丸北	1, 836	563	422	202	120	75
向島二の丸	—	740	479	314	271	212
向島藤の木	542	824	763	469	407	221
合計	2, 378	2, 127	1, 664	985	798	508

注：2009年第４回京都市住宅審議会資料と平成25年度京都市教育調査統計より作成。

表４－２　小学校区・街区別入居開始年

小学校区	街区・住棟	入居開始年	戸数	種別
向島二の丸 2, 729戸	５街区	1977（昭和52）	1, 245	市営高層
	６街区	1978（昭和53）	624	公団高層賃貸
	１街区	1979（昭和54）	860	市営高層
二の丸北 1, 586戸	２街区	1977（昭和52）	217	高層分譲
	４街区	1978（昭和53）	144	ＲＣテラス分譲
	３街区Ｆ・Ｇ棟	1979（昭和54）	350	高層分譲
	３街区Ｃ・Ｅ棟	1980（昭和55）	350	高層分譲
	３街区Ｂ・Ｄ棟	1981（昭和56）	350	高層分譲
	３街区Ａ棟	1982（昭和57）	175	高層分譲
向島藤の木 2, 052戸	７街区	1981（昭和56）	99	２×４テラス分譲
	８街区	1982（昭和57）	787	市営高層
	９街区	1983（昭和58）	219	市営高層
	10街区	1984（昭和59）	328	市営高層
	11街区	1988（昭和63）	619	市営高層

注：総戸数6, 367戸（公社テラス分譲243戸3. 8％、公社高層分譲 1, 442戸22. 6％、公団高層賃貸624戸9. 8％、市営高層4, 058戸 63. 7％）。

表4－3　向島ニュータウンの現状

	人口	世帯数	世帯人数	65歳以上	高齢化率	65歳以上単身者世帯	高齢単身者率	5～14歳人口	5～14歳人口率
全国	1.28億	5195万	2.5	2929万	22.9%	479.1万	9.2%	1151万	9.0%
京都市	147.4万	68.2万	2.2	33.9万	23.0%	7.1万	10.4%	11.6万	7.9%
伏見区全体	27.9万	12.4万	2.3	6.2万	22.1%	1.3万	10.6%	2.5万	8.8%
向島ニュータウン全体	13,660	5,966	2.3	3,575	26.2%	849	14.3%	1,051	7.7%
向島二の丸学区	5,493	2,454	2.2	1,642	29.9%	371	15.1%	428	7.8%
二の丸北学区	3,394	1,481	2.3	893	26.3%	179	12.1%	145	4.3%
向島藤の木学区	4,773	2,031	2.4	1,040	21.8%	299	14.8%	478	10.0%

注：2010年10月国勢調査より。

七八人（一〇%）となっています。一方、高齢化率を見ると、京都市伏見区全体では二二・一%であるのに対し、向島二の丸学区が二九・九%、二の丸北学区が二六・三%と、高齢化の進行も顕著になっています。入居時期が遅れる向島藤の木学区では二一・八%と比較的低い数値を示していますが、二〇二〇年には約三割になり、向島二の丸・二の丸北学区は約四割になると推計できます。総世帯数五九四七のうち、一人暮らしが一七三一世帯（二九・一%）を占め、六五歳以上の一人暮らしが八四九世帯（一四・三%）になっています（表4-3）。国勢調査からも少子高齢化が急速に進んだ状況がわかります。

全国的に、地域の見守りや支援が得られないで孤立死するケースが大きな社会問題になっています。向島ニュータウンにおいても高齢者の一人暮らしや障がいのある人の引きこもり、孤立した子育てなど、さまざまな「孤立」が大きな問題を生み出しています。こうした「孤立」を克服して地域全体で支え助け合うまちづくりが、必要になってきています。

今回のアンケートは、向島駅前まちづくり協議会が「向島駅前まちづくり憲章」に定めている「健康福祉のまちづくり（誰もが健康で、いつまでも暮らし続けることができるまちづくり）」を実現するために、

① ニュータウンの暮らしのなかで、どんなSOSがあるのか、また課題を解決・支援する力がどのようにあるのかを把握すること

② 協議会が進めてきた取り組みについて、評価や意見を聞いて今後の活動に活かしていくこと

の二つを目的に、向島二の丸・二の丸北学区でアンケート調査を実施しました。

二〇一三年一月に向島ニュータウン約六千世帯のうち、向島二の丸・二の丸北学区（一街区から六街区まで）の四三一五世帯を対象に、自治会および管理組合を通じて調査票を配布・回収しました。別途、ニュータウン全域の中国帰国者約三〇〇世帯を対象に中国帰国者京都の会を通じて調査票を配布・回収しました。回収率は、向島二の丸・二の丸北学区が三四・四％、中国帰国者が二〇％で、街区ごとでは五九％から一三％と大きな差がありました。

なお、このアンケート調査は、向島駅前まちづくり協議会が実行委員会を組織し、二〇一三・一四年度京都市伏見区区民活動支援事業の補助を受けて、京都文教大学ニュータウン研究会の協力で実施・集計を行いました。

2　家族の状況と環境評価

アンケート結果から向島ニュータウンの特徴を見ていくと、二五年以上住んでいる人が半数以上を占めています。一人暮らし世帯が二二％を超え、二人世帯が四七％を占めています。世帯主の年齢を見ると六五歳

以上が五三%、七五歳以上が一八・二%を占めており、三〇代以下は五%で、四〇代が七・五%という結果となりました(図4-1)。全世帯の一〇・七%が六五歳以上の一人暮らし世帯で、一〇軒に一軒は高齢者の一人暮らしという結果となっています。[*2] 親との同居をしている世帯は六・五%に過ぎませんが、高齢世帯主と年配の子どもとの同居のケースも多くあり、実質はもう少し高いものと推定されます。

ニュータウン内の生活環境の評価では、「十分」と「まあ十分」を合わせると五七%でしたが、「やや不十分」と「不十分」が二九%にのぼっています。七割以上の人が良いと評価したものは、「緑の多さ」や「空気のきれいさ」「静かさ」のほか、「小中学校」や「図書館」「公園」など公共施設をあげています。一方、評価の悪いものは「商店の数や種類」が六割を超えており、約半数の人が「区役所への交通手段」を、約四割が「病院や診療所」「交番の数」「防犯活動」を、三割強の人が「買い物や通院の交通手段」「駐車場の整備」「防災活動」をあげています。商業施設や医療施設、買い物や通院などの交通手段(市バスが通っていない)に不満が強く、防犯や防災に関心が高くなっています。

3 人々のつながりと定住意識

近隣とのつきあいの程度を見ると、「挨拶をする」七九%や「立ち話をする」六〇%が多く、「緊急時助け合い」一六%や「家にあがる」一四%、「宅配の受取り」一四%、「食事を一緒にする」八%と低くなっています。「つきあいなし」と答えた人が一四%に上り、「緊急時助け合い」が低い点は注意を要します。高齢単身者を見ると「挨拶」や「立ち話」が一〇%減っていますが、「緊急時助け合い」一九%や「家にあがる」二三%、「宅配の受取り」二〇%、「食事を一緒にする」一一%などが高くなっています。「つきあいなし」

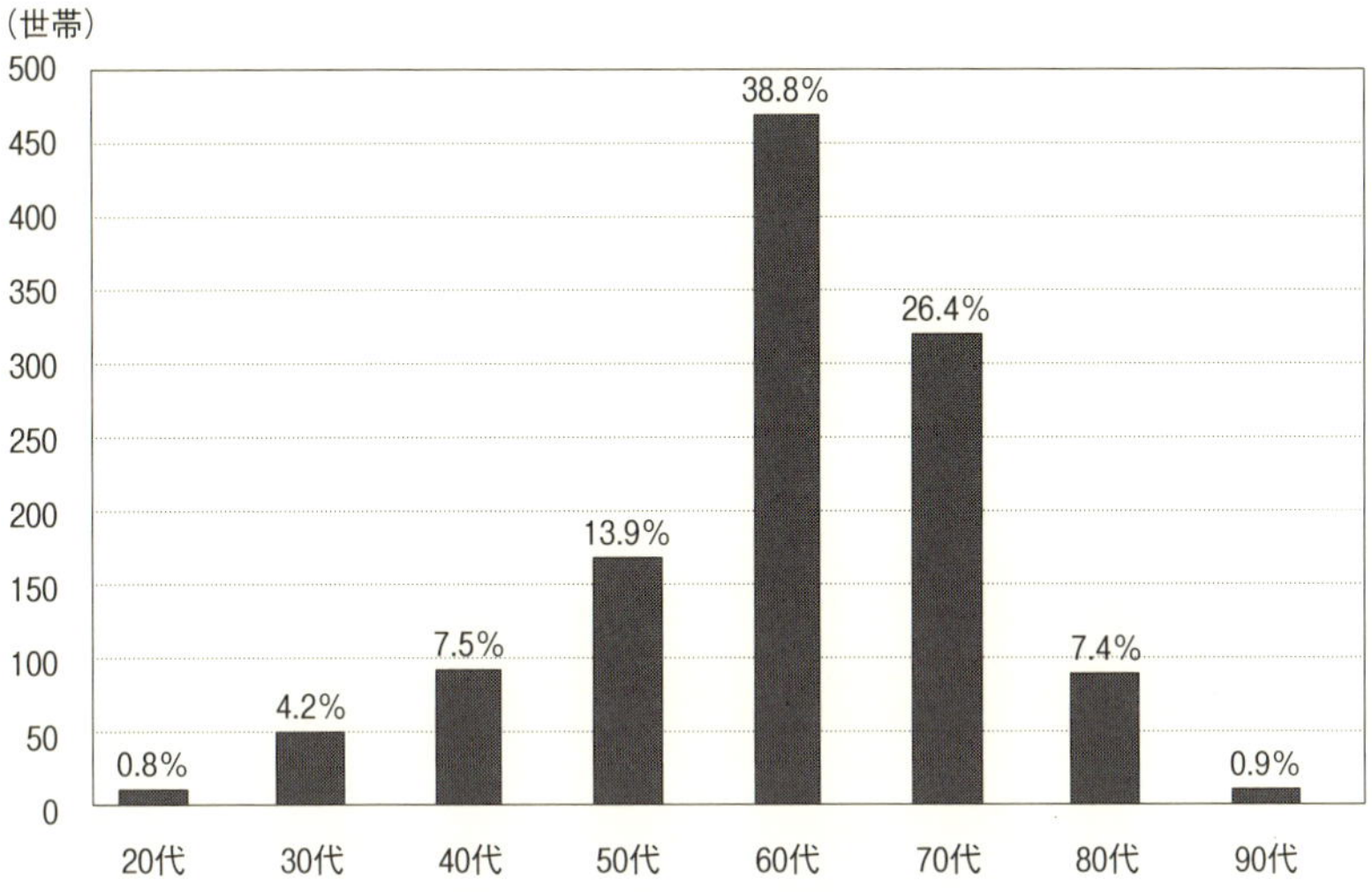

図４－１　世帯主の年齢構成

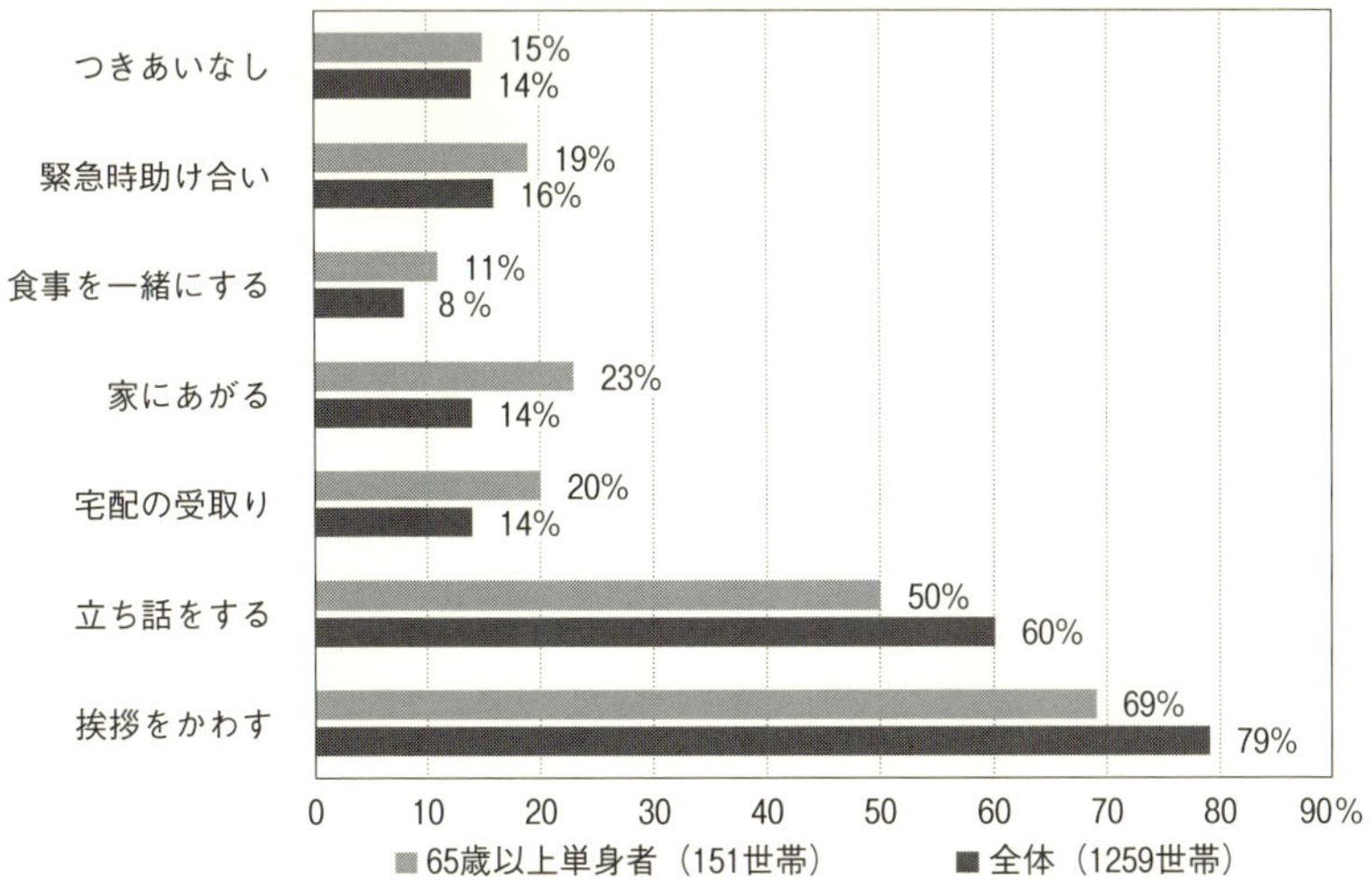

図４－２　近所づきあいの程度（全体と65歳以上単身者、複数回答）

の人が一五%おり、気になるところです（図4－2）。

孤立感や閉じこもりについて見てみると、「だれとも話さない日がある」が世帯主二八%に配偶者一五%、「一日中出かけない」が世帯主・配偶者ともに約半数に上り、「さびしいと思うことがある」では世帯主一八%に配偶者一二%とやや世帯主が高くなっています。「やる気が起きないことがある」は世帯主・配偶者ともに三○%、「だれにも相談できない」は世帯主・配偶

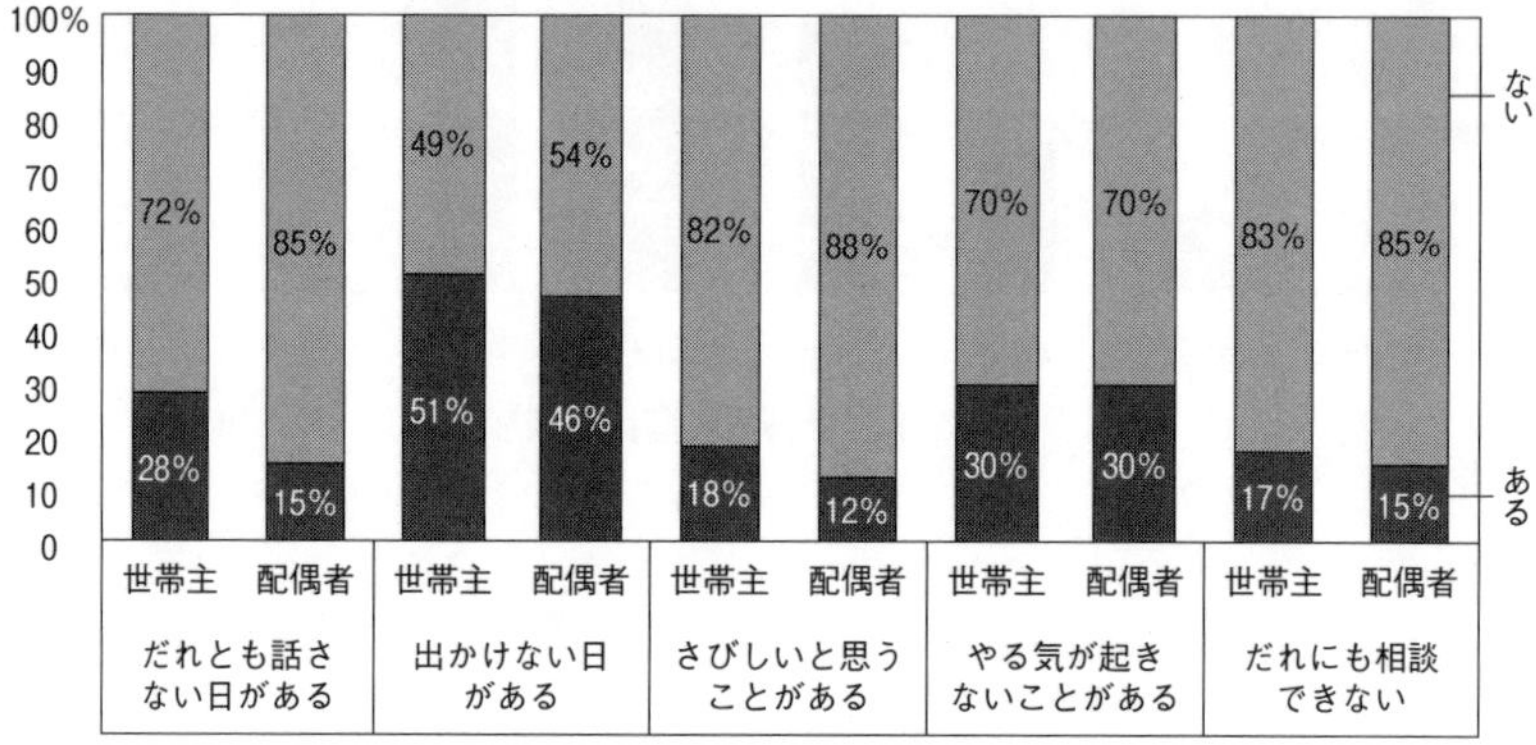

図4－3　孤独感

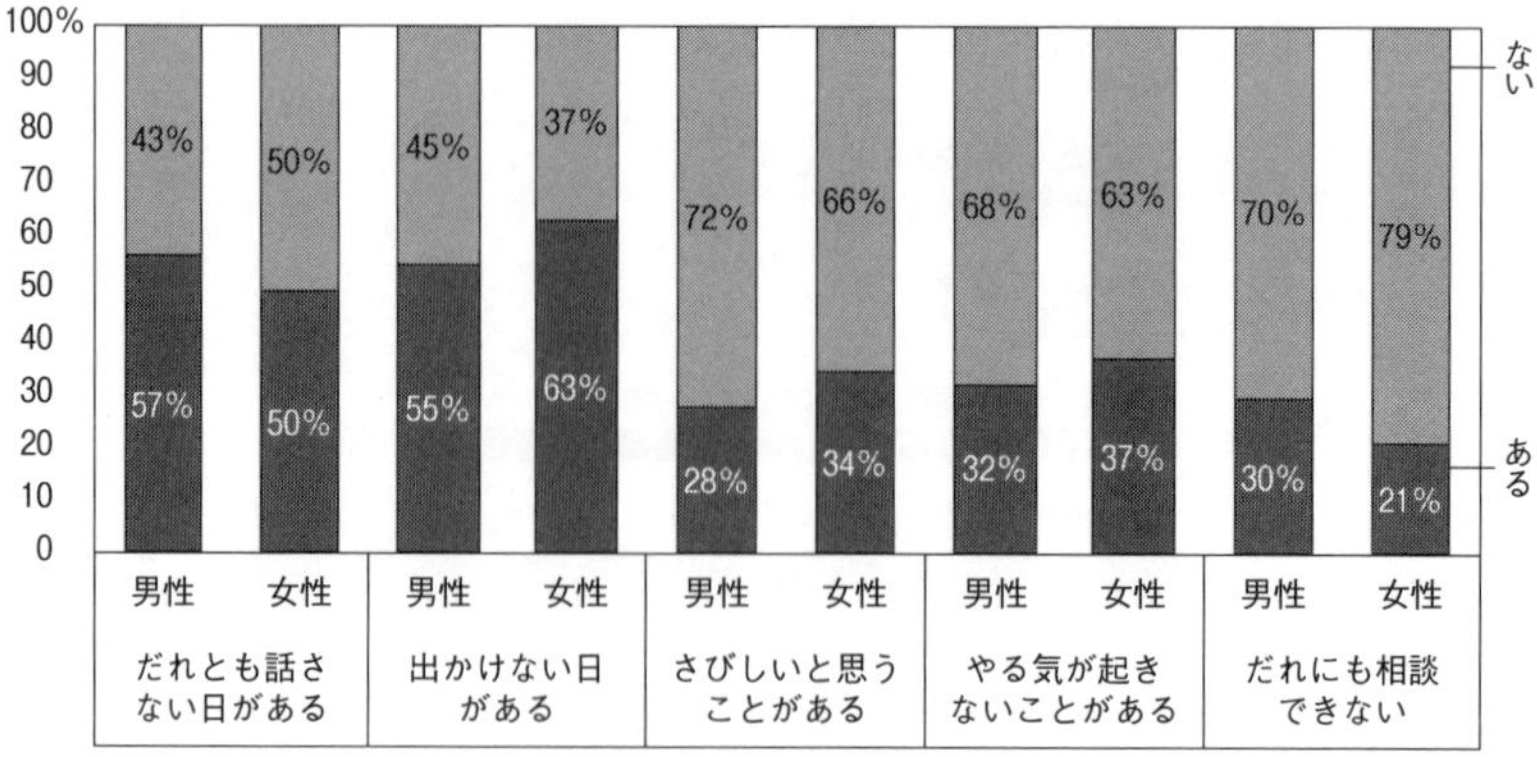

図4－4　孤独感

注：65歳以上単身者。

者ともに一五%を超えています（図4-3）。

六五歳以上で見ると、「だれとも話さない日がある」が男女ともに五割を超えており、「一日中出かけない」が男性が五割半ばで女性は六割を超えています。「さびしいと思うことがある」では男女ともに約三割ですが、女性の三人に一人になっています。「やる気が起きないことがある」は男性三二%、女性三七%と三割を超えており、「だれにも相談できない」では男性の三割、女性の二割と高くなっています（図4-4）。高齢者では女性の単身者率が高く、孤立感や閉じこもり状態が強くなっており、閉じこもりにならない仕組みづくりや気軽に出かけて楽しく過ごせるサロンのような居場所づくりへの取り組みが必要になっています。

定住意識では、「住み続ける」と「当面住み続ける」を合わせると八八%を超えており、「近く引っ越す」と「いずれ引っ越す」を合わせても六・四%にとどまっており、定住意識が高いことがわかります。定住理由としては「生活の利便性がよい」が三一%、「住環境がよい」一三%、「通勤に便利」七%となっています。「人間関係が豊か」や「子どもの教育によい」はきわめて少なくなっています。その他の記述を見ると「高齢で住み慣れているから」や「経済的な理由で引っ越せない」など肯定的ではない理由も多く見られる点を考慮する必要があります（図4-5）。

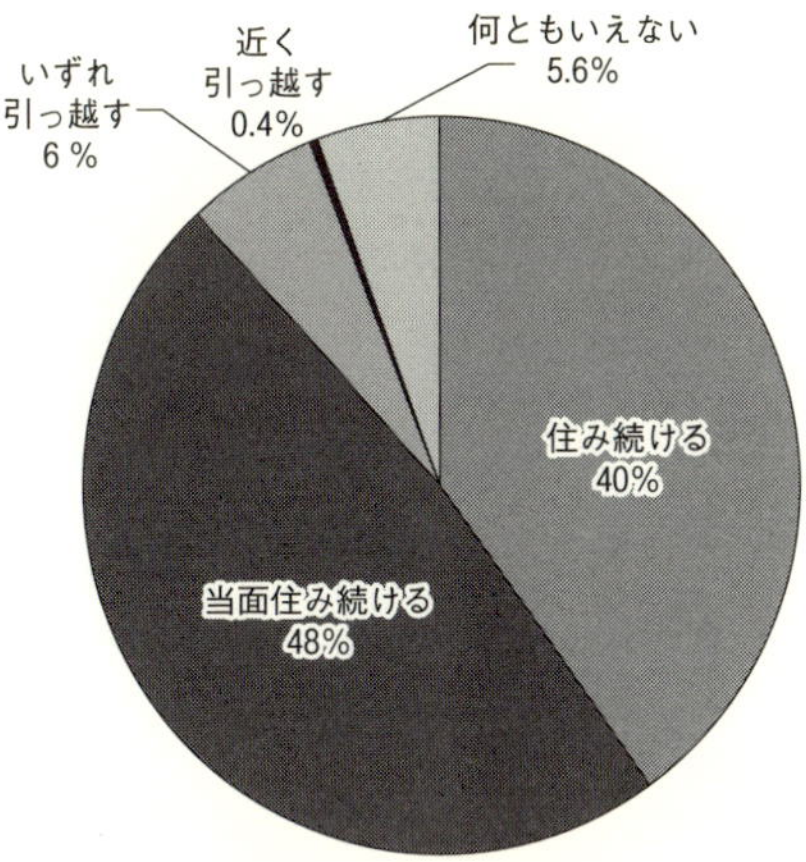

図4－5　定住意向

4　人々の健康と福祉

病気の自覚症状の有無について、「ある」と答えた人が世帯主で四六％、配偶者で四八％と半数にせまっており、全国平均（二〇一〇年国民生活基礎調査）の六五歳以上四七％に拮抗しており、かなり高い数値を示しています。通院状況では「通院している」人が世帯主で六二％、配偶者で六〇％と六割を超えています。通院先を見ると、世帯主では向島地域外の病院・診療所が四五％で、向島地域内が三三％（病院一六・七％、医院一六・三％）にとどまっています。配偶者では向島地域外の病院・診療所が四〇％で、向島地域内が三六・一％（病院一六・五％、医院一九・六％）と、世帯主に比べ地元の比率がやや高くなっています。世帯主・配偶者ともに複数通院している人が八％を超えています。

通院手段を見ると、電車が二六％で最も多く、次いで自家用車一七％、徒歩一六％、自転車一四％、タクシー八％と続きますが、バスが二・四％と少なくなっています。高齢化がさらに進んでゆくとタクシーの比率が大きくなることが予想され、公共交通とりわけバスの整備、コミュニティバスの運行や何らかの送迎支援が必要になると予想されます。

かかりつけ医の状況では世帯主・配偶者ともに約五七％が「ある」と答えており、向島地域がそれぞれ五一％、五六％となっています。要介護者のいる世帯は約一割にとどまっていますが、今後増加してゆくものと考えられます。要介護者の受けているサービスを見ると、デイサービスが四一％、訪問介護三五％、福祉用具のレンタル三〇％の順で多くなっています。入院や老人保健施設、福祉施設に入っている人が一五％を超える状況です。医師の往診が八％弱、配食サービスが六％弱にとどまっていますが、配食サービスについては一食あたり七〇〇～八〇〇円と高めであるため本来ある需要に比べ利用者が少ないものと考えられます。

今後さらに高齢化や単身化が進み、要介護者が増加することが予想され、通院の交通手段の確保や在宅医療・介護の拡充、生活支援の地域ぐるみの組織づくりが必要となってきており、地域包括支援センターのはたす役割が大きくなってきています。

5　生活の困りごととできる援助

生活をしていくなかで、さまざまな困りごとをだれに相談しているのかを質問したところ、子ども、友人知人、兄弟姉妹、近所の人、親、親戚、自治会・管理組合の人、かかりつけの医師の順となっています。相談する人がいないと答えた人が五％いることは注意を要します。

困りごとの内容を見ると全体の約二割から回答があり、「家電や家具の簡単な修理」四二％、「病院への送迎」二三％、「買い物支援代行」一八％、「留守中の見守り」一七％、「共用部の清掃」一二％、「ゴミ出し」一一％の順で、五％ではありますが「話し相手」をあげた人がいることも無視できない状況です。最も多かった「家電や家具の簡単な修理」では電球の取り替えや家具の模様替えなどに困っているようで、重量のかさむ食品（米や醤油など）の買い物に困っている人も見られます（図4-6）。「その他」の記述では「浴槽のエプロンが高すぎて入りにくい」や「トイレや玄関に手すりがほしい」といった住宅改善に関するものが目立っています。

一方、困っている人にどんな支援ができるかを聞いたところ、六四％から回答を得られ、未回答を含めても約半数の人が何らかの支援ができると答えています。支援内容では「見守り声かけ」が七一%、次いで「災害時の援助」三七%、「話し相手」二九%、「買い物支援代行」一九%、「家電や家具の修理」一一%、「金銭的支援」一〇%、「病院への送迎」八%の順となっています。

民生委員さんからの話では電球の取り替えを自分でできない高齢者が多く、「電球が切れたままで、風呂には明るいうちしか入れない」人もいるようです。家電や家具修理ができると答えた人が七四件ありましたが、一方で「業者でない知らない人が家に入ることに抵抗がある」や「費用が明確にわかれば頼みやすい」との声もあり、人材活用のための仕組みづくりが必要となっています。

6 中国帰国者

向島ニュータウンでは、中国帰国者につながる中国系の住民が増えています。個人情報の壁もあり行政からは正確な数を示されませんが、二〇〇九年設立の「NPO法人中国帰国者京都の会」からの話では、約三〇〇世

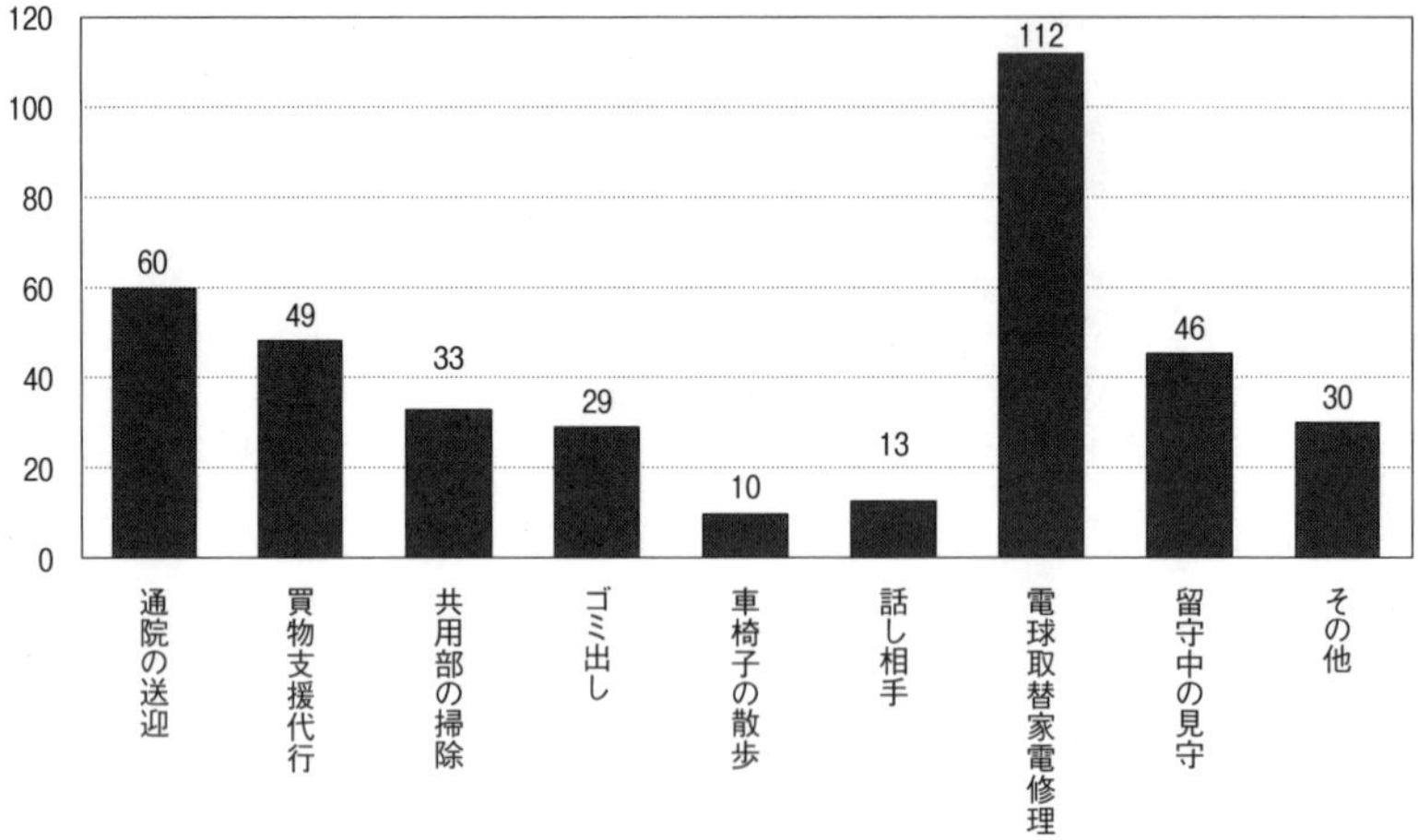

図4－6　生活の困りごと

注：複数回答可、回答265世帯（19.6%）。

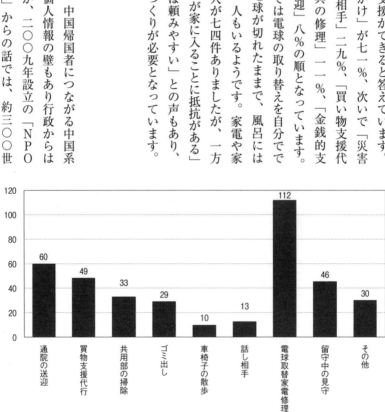

帯、約千人が向島ニュータウンに住んでいるとのことでした。一世のほかに縁者の入居もあり、二〇一四年の調査では千軒を超え、ニュータウン全体の約二割にのぼっています。

中国帰国者に対するアンケートは、回収数が低く（四〇／二〇〇）、傾向を正確に読み取ることができませんが、近所づきあいの面で約四割の人が「挨拶をする・立ち話をする」と答え、「つきあいがない」と答えた人が二割を超えており、きわめて高い数字を示しています。くわしくは第五章にゆずりますが、定住意識では約八五％が「住み続ける」「当面、住み続ける」となっています。向島駅前まちづくり協議会の活動に関しては「秋の祭典に参加して近所の人と挨拶をするようになった」との記述も見られましたが、「住民相互の交流を進める催しを増やしてほしい」や「日本語があまりできないので緊急時に助けてほしい」などの要望が見られました。これからのまちづくりに関しては、「地域包括ケアのまちづくり」「健康福祉のまちづくり」「多文化共生」を求める人が半数を超えており、公的支援への期待と多文化共生への関心が高くなっています。

中国帰国者の方々が入居した市営住宅では、帰国者の入居に関する情報が自治会に提供されず、日本名の表札のかかった日本語のわからない住人が突然隣人として入居してきました。入居時に配布されたパンフレットは日本語のみで書かれたもので、生活習慣の異なる中国帰国者が生活ルールを共有することは難しく、ゴミ出しのルールが守れないことや共有スペースを汚すこと、自治会活動に参加しないなど、生活習慣や日本語が壁となった摩擦が生まれていきました。

現在では当初入居した市営住宅だけでなく、分譲住宅にも中国系の住民が増えてきています。こうしたなかで一世の人たちの高齢化が進み、日本語でのコミュニケーションが難しい世帯の介護の問題が大きくなってきています。また、年金や生活保護に頼る暮らしによる貧困が大きな問題を顕在化させています。一方、二世の人では日本語能力に起因して就労機会を失うケースも多く見られています。一世のみを対象とした行政による日本語教室だけではなく、二世を含めた幅広い層への日本語習得の支援が必要になっています。

7 向島ニュータウンが目指すべきまちづくり

これから目指すべきまちづくりについての質問では、

①「防犯防災のゆきとどいた安心安全のまちづくり」四一％

②「高齢者がいつまでも元気で活躍できるまちづくり」三七％

③「地域包括ケアのまちづくり」三七％

④「要介護者や障がい者が安心して暮らせるまちづくり」三五％

と防犯防災に関心が高く、健康や福祉のまちづくりが求められています。また、「子どもがいきいきと輝き、活動できるまちづくり」を求めるものが二八％あり、少子化のなかでも子育てへの関心が示されています。日々の買い物の場である「商店街が活性化し、安心して買い物ができるまちづくり」を約二割の人があげています（図4-7）。

自由記述のなかで目立ったものとしては、

①駅前や商店街の活性化

②防犯や防災

③バスの運行改善や公共交通の整備（市バス・市営地下鉄が走っていない）

④医療・福祉・文化施設の整備拡充

⑤ペットの飼い方の改善や公共マナーの向上
⑥駅前にあるコンビニの迷惑駐輪の改善

がありました。このなかでペットの飼い方に関しては、ペット禁止の住宅でペットを飼うことによるトラブルが数多く指摘されていますが、単身高齢者の増加にともなって「ペットに求める癒し」効果も注目されており、ルールの見直しやマナーの向上も検討されるべき時期になっているのかもしれません。

8　これからのまちづくりと協議会の役割

二〇〇五年に設立された「向島駅前まちづくり協議会」は、駅前の葬儀場計画への反対運動に始まりました。その後、「まちづくり憲章」を制定し、「健康・福祉」や「安心・安全」「子育て」「商店街の活性化」を目指して「秋の祭典（当初は春の祭典）」「中央公園の清掃や水質向上」「防犯パトロール」などの活動を続け、現在五割を超える人々に認知されています。こうした活動を続けるなかで京都文教大学の学生や教職員、さらには

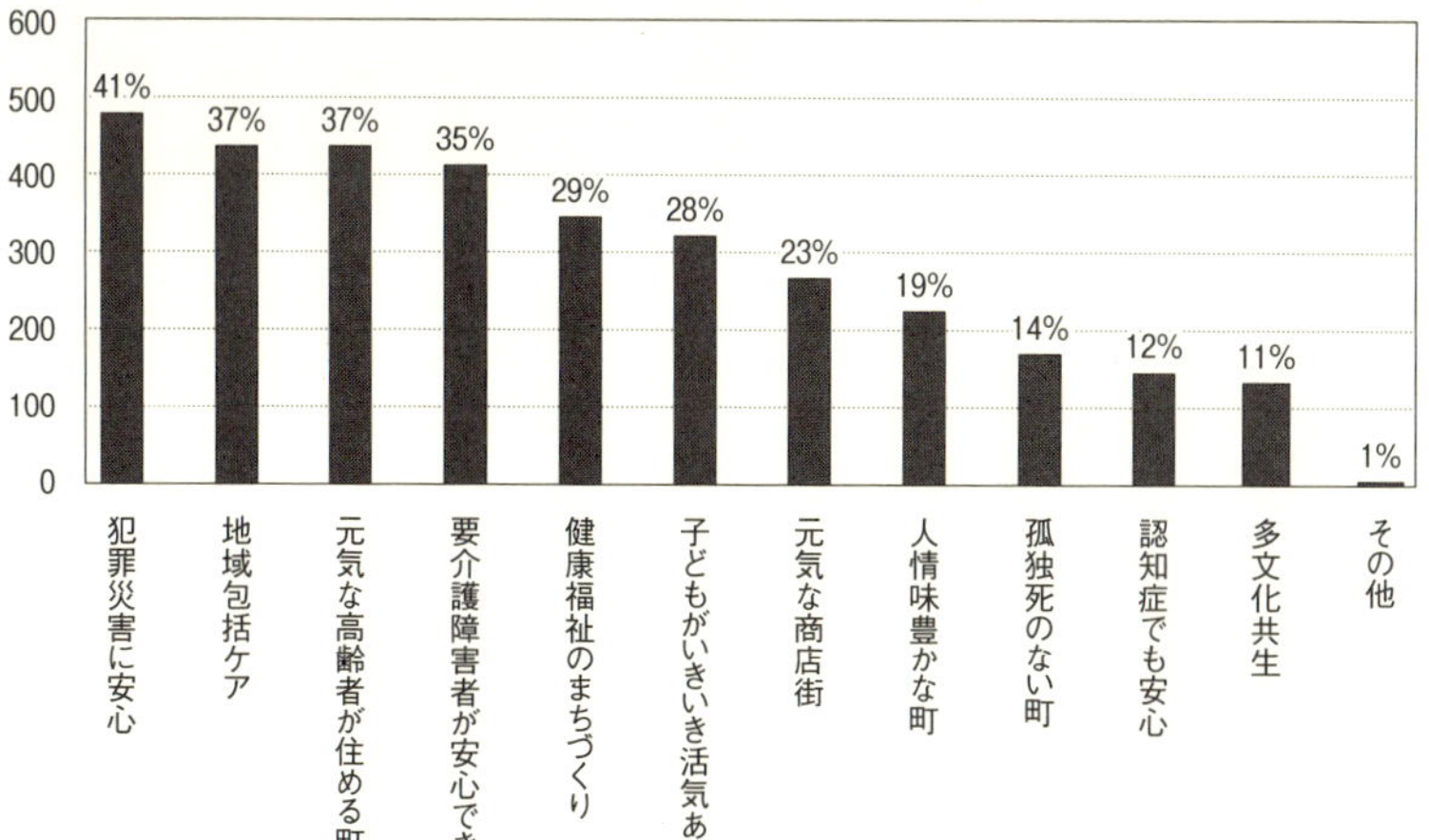

図4−7　目指すべきまちづくり

注：複数回答。

地域のさまざまな住民組織とも連携を進めてきています。

向島駅前まちづくり協議会は「向島駅前秋の祭典」を通して、ニュータウンのさまざまな団体や中国帰国者の人々の交流を図り、共通のまちづくり課題に取り組む場を生み出しました。街区や住棟ごとにバラバラであった住民組織をまとめ、二〇〇九年には「向島二の丸・二の丸北あんしんネットワーク」が設立されました。

①向島二の丸民生児童委員連絡協議会
②一・五街区自治会
③二の丸北各種団体連絡協議会（向島駅前まちづくり協議会を含む）
④二の丸北学区社会福祉協議会
⑤伏見消防署向島消防出頭所
⑥向島地域包括支援センター
⑦京都市南部障がい者地域生活支援センター「あいりん」
⑧向島二の丸学区社会福祉協議会（二〇一四年六月設立）

で構成されています。こうした状況のなかから具体的な活動が始まり、行政の支援や大学を巻き込んで実施したのが今回のアンケート調査といえます。

二〇一三年一月には京都文教大学と京都市住宅供給公社、向島センター商店会と地域住民の連携により「京都文教マイタウン向島」（ＭＪ）が開設されました。

少子化、高齢化、貧困などによって大きな問題を抱えた向島ニュータウンで、「向島二の丸・二の丸北あんしんネットワーク」と京都文教大学、地域医療を担う病院や行政などが連携・協力を深めることが重要です。こうした連携・協力のなかで住民自らの手で「いつまでも住みやすい町」「住んでいる人々の幸せ」を目指して、一度きりのイベントではない継続的で「できることから始めるまちづくり」を行うことこそが、「ニュータウンを生きぬく」ことになるのではないでしょうか。

注

＊1　七街区は二戸一（セミデタッチドハウス）のツーバイフォーで建てられ、近年切り取り建替えが進み始め、外周道路の外側に位置していることも合わせ、ニュータウンとの一体感は感じられなくなってきている。

＊2　二〇一〇年の国勢調査では、向島二の丸・二の丸北学区では一人暮らし世帯が一一六二世帯（二九・五％）で、向島二の丸学区で三軒に一軒、二の丸北学区で四軒に一軒が一人暮らしとなっている。一人暮らし世帯の約半数の五五〇軒（全体の一四％）が六五歳以上の一人暮らし世帯となっている。

コラム

多文化共生のまち——保見団地から

石川真作

保見団地は、トヨタ自動車のお膝元、愛知県豊田市の中心市街地から北西の丘陵地に立地しています。六九〇〇人ほどの居住者のほぼ半分が中南米やアジア諸国からやってきた外国人で、外国人集住団地ともいえるニュータウンです。ここに居住する外国人は、ほとんどがトヨタ自動車や関連会社に勤務する労働者とその家族です。彼らは一九九〇年代初頭から、団地の空き部屋が勤務先企業や派遣会社の借り上げ住宅となったことをきっかけとして、人口を増やしてきました。しかし近年では、日本人・外国人ともに人口減少が加速しています。

かつてこの団地は、「保見団地事件」(一九九九年に一部の外国人住民と右翼・暴走族関係者とされるグループが引き起こした暴力沙汰)や、「ゴミ団地」などと揶揄されたゴミ処理ルールをめぐるトラブルなど、不名誉な出来事を通してその名を知られました。しかし実際の保見団地は市内でも犯罪の少ない地域で、むしろ静けさが目立ちます。その背景には、外国人住民の受け入れや生活環境の改善にむけた、地域住民やNPOによる長年の努力があります。

団地は、URの賃貸および分譲、県営、そして一戸建分譲の三形態で構成されており、県営と一戸建てがそれぞれ一自治区を構成し、URは二つの自治区に編成されています。これら四つの自治区が外国人を含めた地域住民の生活環境の構築に取り組んでいるのです。

九〇年代の終わりに、住民および市によって地域の住環境整備ならびに外国人住民との関係構築にむけた取り組みが展開されました。これをきっかけに、いくつかのNPOが組織され、「多文化共生」にむけた取り組みを展開しています。代表的なものとして四つの団体を、設立年代順に紹介しましょう。

①保見が丘国際交流センター

一九九八年に団地内で日本語教室を開設して以来、日本語教室をはじめ、自治体の委託事業を中心に、旧来の地域住民と外国人住民をつなぐ活動に継続的に取り組んでいます。

②NPO法人子どもの国

二〇〇〇年以来、外国人むけの学童保育と学習支援事業、特に放課後学習支援事業「ゆめの木教室」（市の委託事業）を中心に活動しています。

③NPO法人トルシーダ

二〇〇〇年に豊田市国際交流協会の事業として始まった不就学児童支援事業を引継ぎ、市からの委託で不就学児童の日本語教育および学習支援を行っています。

④保見ヶ丘ラテンアメリカセンター

二〇〇二年にNPO法人格を取得しました。外国人児童・生徒に対する教育活動支援事業として、「パウロ・フレイレ地域学校」を運営しています。

当初、自発的に生じたこれらの取り組みが、自治体の助成や委託の対象になり、さらに総務省による多文化共生推進プログラムのモデルとなっていったことを指摘しておきます。また近年、ブラジル人居住者による自助組織「保見ヶ丘ブラジル人協会」も設立され、他のNPOとの協力関係も築かれています。

住民有志のグループによる団地の活性化にむけた活動も行われています。代表的な活動として「ほみにおいでん」があげられます。これは、豊田市中心部で毎年七月に行われる「おいでん祭り」の一環として開催されています。「おいでん祭り」は市内から公募された「踊り連」が踊りを競い合う形式で行われており、その予選という位置づけの「マイタウンおいでん」が、二〇〇七年から市内の各地域で行われるようになりました。「マイタウンおいでん」は、市の実行委員会による公募において、一定の条件を満たした実施団体によって開催されます。保見では、住民が「ほみにおいでん実行委員会」を組織して、二〇一一年から「ほみにおいでん」を開催しています。また二〇一三年には、前述の「保見ヶ丘ブラジル人協会」と連携して、外国人住民や団体による催し物を行う「国際フェスティバル」を同時開催しました。ブラジル風焼肉などの外国人の業者や住民による模擬店も毎年出店されています。この枠組みをさらに発展させて、団地のみならず周辺地域の活性化のための活動に広げていこうという動きも見られます。

この活動には上記NPOのメンバーも一部含まれています。これまでのNPOの活動は、外国人支援に主眼が置かれ、地域住民以外のメンバーが多く関わってきました。これに対して、「ほみにおいでん」をはじめとする一連の活動は、多文化共生および外国人住民支援の枠組みを越え、地域づくり活動として位置づけられ、地域の住民が中心になっているという特徴があります。

このような活動が行われる背景には、「保見団地事件」以来いまだに払拭されない地域イメージを何とか改善したいという住民の意思があります。メディアでは「外国人問題」を抱える団地として描かれがちで、我々研究者を含め周囲からのまなざしはそのストーリーをなぞりがちです。しかしいまや、外国人住民が多いことは「問題」ではなく、地域の特色となる人的「資源」として考えるというような、発想の転換が求められています。実際「ほみにおいでん」では、他の地域では見られないバラエティに富んだ催しが見られます。このことは、衰退期に入ったニュータウンの活性化と地域における多文化共生、これら両面での新たな方向性を示唆しています。

写真1　「ほみにおいでん」に華をそえるサンバチーム（2013年）

第5章

ニュータウンの記憶
——絵はがき展から考える

山田香織

1　はじめに

向島ニュータウンは今年で三〇周年を迎えます。向島駅前まちづくり協議会、京都市向島図書館、京都文教大学人間学研究所「リバイビング・ニュータウン」研究会はこれを記念して、ニュータウンの思い出絵はがき展を開催することにしました。

ここに展示している作品の大半は、向島ニュータウンにお住まいの方たちからご提供いただいた写真を絵はがきにしたものです。ニュータウンにお住いの方には懐かしい場面を収めたはがきが多数あると思います。

この展示が、みなさんがニュータウンにまつわる出来事を思い出す機会となれば幸いです。

京都文教大学人間学研究所共同研究プロジェクト「リバイビング・ニュータウン」（以下「ニュータウン研究会」と称す）は、二〇一〇年第四回向島駅前秋の祭典のころ、向島駅前まちづくり協議会（以下「まちづくり協議会」と称す）会長の福井義定さんから、向島ニュータウン建設から三〇年目を迎える二〇一一年に記念イベントをおこないたいので協力をしてもらえないか、と相談を受けました。これを受けて実現したイベントのひとつが「ニュータウンの思い出絵はがき展」です。冒頭の文章は、展示会場となった京都市立向島図書館（以下「向島図書館」と称す）に掲示した展覧会趣旨説明文です。

三〇年という月日は、人の営みでいうと一世代分といわれます。三〇年分の自らの経験や記憶を思い返してみると、誰しも、さまざまな出来事や思い出の場面を思い浮かべることができるのではないでしょうか。では、「まち」という単位ではどうでしょう。人は、まちの三〇年のあゆみや、まちでの暮らしをどう捉えるのでしょうか。しかも、それまでまちとしての歴史をもたないニュータウンにおいて、まちの記憶、まちにまつわる思い出はどう蓄積されていくのでしょう。

ニュータウンの建物を眺めているだけだと、その大きさと均質性に圧倒されて、ニュータウンというまちの暮らしまでもが無機質で均質的であるかのようなイメージを抱いてしまいかねません。しかし、そこには、戸数の数だけ家族の営みがあり、三〇年という歳月の流れのなかで、少しずつ蓄積されたまちの記憶があるのではないでしょうか。それをかたちにしてみよう。そんな思いから実現したのがこの絵はがき展覧会です。この章では、絵はがき展にいたるプロセスと、この展覧会に展示された作品を見ることで、向島ニュータウンの記憶について考えます。

2 絵はがき制作のはじまり——ニュータウンで／を学ぶ、そして表現する

向島ニュータウンとグリーンタウン槇島にまつわる絵はがき制作は、京都文教大学文化人類学科の西川祐

子ゼミの学生たちが、一九九八年に、大学とその周辺の社会的文化的環境を調べ始めたことに端を発します。その成果は四年後に、報告書『向島　国道二四号線』としてまとめられました。[*1] そして五年目の二〇〇二年には、宇治市の男女共同参画事業にし、「これからの家族って……?」というテーマで絵本をつくるプロジェクトを実施しました。西川ゼミでは、このプロジェクトを発展させるかたちで、二〇〇四年から二〇〇五年にかけて、グリーンタウン槇島と向島ニュータウンの風景写真や建物写真を使った絵はがきづくりに取り組みました。教員の西川は、二〇〇五年度ゼミ活動報告書にこのプロジェクトの背景を次のように解説しています。

全国のニュータウンは一九六〇年代の終わりに企画され、その多くは一九七〇年代に建設されました。わたしたちのなかにも現に各地のニュータウンに住んできた人、現在も住んでいる人が数多くいます。だのに、たとえば日本百景が選ばれるとき、ニュータウンの風景がとりいれられることは少ないです。団地やニュータウンが舞台となった絵本を探してみましたが、これもあまりない。名所旧跡の絵はがきはたくさん売られていますが、ニュータウン風景はなぜ絵はがきにならないのだろう。モダンデザインのまちであるニュータウンはカメラアイにとっては、季節や時刻によってさまざまな表情をかえる魅力的な被写体です。

絵はがきづくりは、デジタルカメラで撮影した写真をパソコンに取り込み、専用ソフトを使って編集加工、それをはがきサイズの用紙に出力するという工程を経ています。[*2] 単に撮影した写真を用紙に出力するだけではない点が、このプロジェクトのポイントのひとつです。

絵はがき制作一年目の二〇〇五年、ゼミ生たちは、インスタントカメラで写真を撮るところから始めまし

写真５－１　ゼミ生が作成したイラスト入り絵はがき

写真５－２　ゼミ生が作成した写真入り絵はがき

た。そして、春学期末に絵はがきをつくりあげ、秋学期が始まると、新たな作品づくりに着手しました。学園祭のゼミ発表で「絵はがき展」をして、訪れた学生やニュータウンの住民に好きな絵はがきを選んでもらって人気投票をしました。第一位は、小学校の校門に咲く桜の絵はがきでした。向島ニュータウンの住民たちの多くが、この絵はがきに自分の思い出を重ねたようです。また、京都文教大学人間学研究所の主催で公開シンポジウム「ニュータウンの未来像」が開催されたときにも、併設会場で特別展示「ニュータウンの絵はがき」を実施しました。写真5-1、2は、ゼミ生が絵はがき展のために仕上げた作品の一部です。

さて、二〇一〇年、京都文教大学の実践人類学実習授業のひとつ、杉本実習では、受講生が撮影したニュータウンの写真を絵はがきにして、第五回向島ニュータウン秋の祭典で販売する試みをおこないました。京都文教大学ニュータウン研究会の活動の一環として筆者が中心となって企画した二〇一一年の向島図書館開設二五周年記念ロビー特別展「ニュータウンの思い出絵はがき展」は、このような学生たちの絵はがきプロジェクトの後継と位置づけることができます。

3 向島図書館での絵はがき展——住民目線の記憶のかたち

「ニュータウンの思い出絵はがき展」の準備は、住民の方々にニュータウンにまつわる写真をお借りするところから始まりました。二〇一一年二月初めに、向島図書館に、絵はがき展の概略と「向島ニュータウンでのいろんな『思い出写真』を貸してください」と記した張り紙をした写真投函用ポストを設置させていただきました。まちづくり協議会会長の福井さんのご協力を得て、写真募集の告知ポスターをニュータウンの各棟掲示板にも掲示していただきました。その結果、約一ヵ月の募集期間に、九名の方と二つの管理組合から計八四枚の写真をお借りすることができました。また、京都市住宅供給公社が保管する向島ニュータウン住宅販売当時のパンフレットや間取り図などもお借りすることができました。ニュータウン研究会では借用した写真をすべてスキャンし、はがきサイズの用紙に印刷をしました。写真に加工編集はいっさい加えませんでした。

各絵はがき写真には、写真提供者の方にお寄せいただいた写真の思い出と撮影時期をキャプションとして

写真５－３　「ニュータウンの思い出絵はがき展」の展示の様子
(2011年３月、筆者撮影)

つけました。作品は右上から時計回りに撮影時期順に並べ、中央には向島ニュータウン年表を配置しました（写真5-3）。紙幅の関係上、個々の思い出絵はがきをここで紹介することは難しいのですが、絵はがき写真からよみとれるニュータウンの変化を振り返ってみましょう。本書巻末のニュータウン年表は、写真が撮られた各時代背景を押さえる手がかりになるでしょう。

展示は、入居募集時のパンフレットに収められている向島ニュータウンの立地、土地区画、インフラの整備状況を紹介する写真や居住者の声のページなどを使った絵はがきから始まります（展示総数七点）。当初、子育て家族の入居が想定されていたことがよくわかります。ニュータウンへの入居が進んだ一九七〇年代の写真（展示数六点）からは、まちの機能が整備されていった様子が窺えます（写真5-4）。一九八〇年代の写真（展示総数一三枚）では、ニュータウンの子どもを収めたものが多かったです。三街区B棟の前でラジオ体操をする子どもの人数の多さが印象的でした（写真5-5）。一九九〇年代の写真（展示総数一六枚）からは、一九八〇年代に多かった子ども向けイベントに加えて、七夕祭りのように大人と子どもが一緒になって楽しめるイベントが、街区ごと、あるいは街区のいくつかの棟で企画されていたことがわかります。また、敬老会といったニュータウンに暮らす高齢者の催しの写真が初めて登場しました。二〇〇〇年代の写真（展示総数二〇枚）を見ると、一九八〇、九〇年代に実施されていた老人クラブのグラウンドゴルフ大会のようなイベントや集まりが、この時期も継続的に実施されていることを窺い知ることができました。また、二〇〇〇年代後半になると、向島駅前春の祭典や向島駅前秋の祭典の様子を伝える写真も数多くありました。

展覧会の会期は当初、二〇一一年三月初めから一ヵ月間の予定でしたが、好評だったことから約一ヵ月延長しました。会期中、会場には観覧者が感想を自由に書き込むことができるノートや、各絵はがきにコメントを書き込めるよう付箋を準備しました。数はそれほど多くありませんでしたが、子どもたちが付箋に感想を書いて絵はがきに貼ったり、来館者がノートにコメントを残してくれたりしました。ノートに記された感想をいくつかを紹介しましょう。

向島ニュータウン三〇年。三〇年は歴史だなーと感慨ひとしお。写真は何もいいませんが、一目で移り変わりがうかがえます。

図書館の隣にある愛隣館から遊びに来ました。今とは違う昔の向島の写真に、皆で「おぉー、こんなんやったんやー」と驚いて見ました。

この街の成長は図りしれません。昔は野原だったのに、マンションや団地などの集合住宅と教育施設、スーパーなどの商業

写真５－４　二街区ベランダ側から見た建設中の向島ニュータウン（1975年９月、若林浩氏撮影）

写真５－５　３Ｂ棟ラジオ体操（1985年７月、福井義定氏撮影）

施設、高齢者や、身体の不自由な人が入所、通所する福祉施設。憩いの場の公園。道路や水道などのインフラ施設。そして最も忘れてはならない医療機関や消防・警察の施設。人々が快適に暮らす為のさまざまな施設がありますが、やっぱり街づくりの主役は、ほかならない住民のみなさんであり、今までも、そしてこれからも命を育み、災害や事故から守り助け合っていくことができる街になることを願っています。

二〇一一年一一月に開催された第五回向島ニュータウン秋の祭典では、春の絵はがき展で展示した絵はがきと、向島図書館が所蔵する向島周辺の航空写真の展示ブースを設置しました。好天に恵まれたこともあり、多くの来場者が足元の航空写真を覗き込み、パネルに展示した絵はがきを興味深そうに眺めてくださいました。

4　おわりに――ニュータウンのまちの記録を紡いでいく

西川ゼミの絵はがきは、学生の学びの成果をかたちにしたものです。教員の西川も活動報告書のなかで言及していますが、ゼミ生の絵はがきは、ニュータウンを考えることから生まれた芸術作品、アートです。これに対して、図書館展示の絵はがきは、展示絵はがき全体がニュータウンの三〇年の歴史、住民の三〇年の記憶をかたちにしたものということができるでしょう。この点は、学生のつくった絵はがきと住民の方の写真をもとにつくった絵はがきの違いです。また前者には、肖像権の問題があるため、ここに暮らす人びとの顔写真はほとんど収められていません。これに対し後者には、ここに暮らす住民の顔、彼らが営む生活、ことにニュータウンというまちの営みが収められています。前者は「アウトサイダー」の視点、後者を「インサイダー」の視点と捉えることができ、この点も双方の違いということができます。この二つの異なるニュータウンへのまなざしにはもちろん優劣はありません。いずれもそれぞれの視点を活かしたニュータウンの切り取り方です。

この違いはまた、大学と地域の関係の年月をかけた深化をも表しています。京都文教大学のニュータウン研究はかたちを変えながら二〇年に及ぼうとしています。前半一〇年は準備期間であり、アウトサイダーの目線をとらざるをえませんでした。[*3] 後半になってようやく、とくに学生たちの活動を介して、大学も地域の一部となって、外からだけでなく内からも見る複眼的視線を得ることができるようになったのではないでしょうか。

さて、冒頭で掲げた問いに戻りましょう。ニュータウン開設から三〇年という歳月が流れるなかで、向島ニュータウンではまちの記憶が蓄積されたのでしょうか。

向島図書館での展覧会で展示した絵はがきからは、まちの記憶になりうる事象がいくつもあることが窺えます。たとえば、一九七〇年代のニュータウン建設当時の絵はがきから八〇年代、九〇年代の絵はがきと、時代を追って見ていくと、ニュータウンがハード・ソフトの両面において徐々に充実していったことがわかります。また、八〇年代、九〇年代、二〇〇〇年代の多くの絵はがきから、ニュータウンに暮らす人びとが、街区や棟の協同で行事を例年おこない、ご近所づきあいをしていることが読み取れます。そこに、人びとの暮らしがあり、ニュータウン開設以来、住民がこの空間に魂を吹き込み、まちを創造してきたことを想像させてくれます。

最後に、絵はがき展での大学（ニュータウン研究会）、まちづくり協議会、向島図書館の連携に触れます。これら三者は以前から、向島駅前秋の祭典や、向島図書館での勉強会で顔を合わせることがありました。しかし、三者が協同でひとつの事業を実施したのは、この絵はがき展が初めてでした。展覧会は、住民による資料提供、図書館による場所の提供、大学による撮影技術・加工技術・データ整理技術・機材の提供というように、それぞれが得意分野で力を発揮し、補完し合ったことで実現にいたりました。

今後はたとえば、特定の写真に対する記憶・思い出をニュータウンに暮らす人たちに語ってもらったり、写真には収められていない出来事を記録していったりという作業を通して、大学が学術的教育的資源を活かしながら、住民の方たちとともに「まちの記憶」の蓄積・検証をおこない、その成果を図書館などの公共機関に収め、開かれたかたちで成果を社会還元していきたいと思います。

注

＊1　各号で取り上げられたテーマは、大学を取り巻く環境や大学周辺の歴史、ロードサイドビジネス、ニュータウンについてであり、年を重ねるごとに各テーマとも問題意識が深化した。とくにニュータウンに関する記述は厚みを増し、最終号となった第三号では、ニュータウンの暮らしに関する聞き取り調査の報告が紙幅の大半を占めた。

＊2　絵はがき制作の技術は、すでに千里ニュータウンの絵はがき制作に取り組んでいた大阪大学理工学部の鈴木研究室に学んだ。

＊3　ニュータウン研究会では、この前半期に、住民の方々に使い捨てカメラを渡して写真を撮ってもらい、そこに映った風景にまつわる記憶を語ってもらうという試みも始めている。

参照文献

チャカル編集室（京都文教大学人間学部文化人類学科）二〇〇二「文化人類学演習報告　絵本をつくる　家族の多様性を描き、考える」『チャカル』第四号。
一九九八年度西川ゼミ　一九九九『国道二四号線　向島バージョン一』（一九九八年度京都文教大学「ジェンダーと文化演習」報告書）。
一九九九年度西川ゼミ　二〇〇〇『国道二四号線　向島バージョン二』（一九九九年度京都文教大学「ジェンダーと文化演習」報告書）。
二〇〇〇年度・二〇〇一年度西川ゼミ　二〇〇二『国道二四号線　向島　バージョン三』（二〇〇〇年度「ジェンダーと文化演習」、二〇〇一年度「ジェンダーと文化演習」報告書）。
二〇〇五年度西川ゼミ　二〇〇六『文化人類学演習Ⅱ　町の絵ハガキ作りますプロジェクト報告書』。

コラム

子どもの遊びとニュータウン

松井愛奈

田んぼでレンゲの蜜を吸い、シロツメクサをひたすら長く編んでいく。カエルやバッタを捕まえては逃がし、ツクシを摘んで帰って佃煮にしてもらう。イタドリをかじりながら山に入り、でこぼこ道をすりぬけて探検気分を味わい、わざわざ小川のなかを通って、少し離れたお寺まで遠出する。水辺でジュズダマを採り、母に教わりながら、ピンセットで芯を抜き取って、針と糸とビーズでネックレスをつくる。ピーピーマメ（カラスノエンドウ）を袋いっぱいに集めて、ピーピー鳴らしながら帰る。残りのマメの大半は、ごっこ遊びに使う一部を除いて、そのうち乾燥して真っ黒に……。

自然に囲まれたニュータウンで一歳前から一二歳まで過ごした約一二年間、子ども時代を彩る数々の遊びの記憶は、そのままわたしの原風景です。折しも第二次ベビーブームのさなかで、ニュータウンには多くの子どもたちが住み、同じ小学校に通っていました。上級生は下級生の面倒をみながら、棟内でグループに分かれて集団登校をし、自ずと異年齢のつながりが生まれ、一緒に遊んでいました。

各棟の前には駐車場や道としてのスペースがあり、棟の裏側に回る細い道もありました。その構造が子どもの遊び場として意図されたものだったのかどうか定かではありませんが、子どもたちは存分に活用していました。三輪車や自転車、ボール遊びなどができる広さはあるし、棟の周りを循環できることや階段もあることで、かくれんぼや鬼ごっこは、よりいっそう面白いものになりました。そして、就学前後の幼い子どもたちも「〇〇ちゃんは、たまごね」といわれて、特別免除ルール（鬼にならないなど）で参加を許され、いわゆる伝承遊びから地方特有のものまで、さまざまな遊び（はないちもんめ、ことしのぼたん、ポコペン、ゴムとび、げんないし、めがね、じゃんけん王様など）が受け継がれていったのです。

一階の部屋のベランダの下は砂地で、まるで低い屋根つきの砂場のようになっていました。そのため、小さな子どもたちがしゃがんで遊ぶのにちょうどよく、また、泥だんごづくりの仕上げには、駐車場の前のふきだまりにある、つる粉（と呼んでいた、さらさらの砂）を両手ではたくようにかき集めて使っていたものです。

外の景色が見えづらくなる階段の踊り場は、宝物をもちよって見せ合ったり、ないしょ話をしたりと、秘密共有の場でもありました。わたし自身は三階に住んでおり、自分が普段通らない四～五階に上がるとき、その場を包む雰囲気と居心地が何ともいえず変わっていった感覚を思い出します。それが別の棟に出かけるとさらに際立ちます。一歩、別の棟の敷地に足を踏み入れて知らない人に会えば、お互いに「誰？」という視線が交わされるし、大げさにいえば異文化に踏み込む「よそ者」としての、ちょっとした緊張感が走るのです。そして、自分の棟に戻ってくると、ほっとひと息つくような安心感を覚えたものでした。

写真１　シロツメクサを編む

各棟は五階建てであったため、誰かが外で遊んでいれば自分の部屋まで声が届き、窓から見下ろせば誰が何をしているか、すぐにわかりました。遊びに参加しなくても、窓の柵から足を投げ出して眺めるのも一興でしたが、階下にむかって声をかけることも珍しくありませんでした。それは、子どもにとっても、子どもを見守る大人にとっても、便利な構造だったのではないでしょうか。

また、ニュータウン近辺には、置かれた遊具が異なる公園や広場がいくつかあり、その日の気分や遊びの内容で選ぶことができました。坂の多い土地でしたが、車の往来もまだ少なく、道路も安全で、坂道だからこその楽しみもあったように思います。冬になって雪が積もる

写真２　松の木の上で

と、そり遊びが簡単にできたのも坂道のおかげでした。

以上のように、子どもの遊び場として多種多様なものを含むニュータウンでの日々を過ごしていたのですが、中学一年生の冬に父の転勤で引っ越すことになりました。そして数年後、懐かしいニュータウンを訪れた際、開発によって様変わりした姿に大きなショックを受けたことを、今でも鮮明に振り返ることができます。ジュズダマを採った川はコンクリートで固められてただの溝と化し、バスしかなかった「まち」にモノレールが走り、「街」として整備され、もはや「自然豊かな田舎」ではなくなっていたのです。久々に足を運ぶ高揚した気持ちが、あっという間に、大切なものを壊された寂しさに塗りかえられたことを思い出します。

それから現在にいたるまで、再訪したことは一度もありません。わたしの年齢を少し先行くあのニュータウンは、いったい今どのような姿を見せ、そこで子どもたちはどのように生きているのでしょうか。のぞいてみたいような、みたくないような複雑な心持ちです。

「あのときのまま」の姿を失った喪失感は否めませんが、わたしの子ども時代そのものであり、自然のなかで友達と連れだって遊びまわる、貴重な時間と経験を与えてくれたニュータウンには本当に感謝しています。もしかすると、わたしが「子どもの遊び」を研究テーマのひとつに掲げているのも、あの子ども時代があるからなのかもしれません。

ときを隔てて、同じような場所に同じようなニュータウンをつくったとしても、かつてと同じ状況が生まれるとは限らないでしょう。しかし、そこに人が集って住むということ、子どもたちが生きるという状況は変わりません。ニュータウンには確かに、人がつながる仕組みを生み出す力が秘められているのではないでしょうか。

第6章

ニュータウンの子育て支援

ママさんサポーター活動の試み

三林真弓

1 はじめに

高度経済成長期に開発された向島ニュータウンとグリーンタウン槇島は、京都や大阪などの企業密集地域のいわゆるベッドタウンとして機能してきました。供給開始当時のターゲットは、まさしくこれから新しい家族をつくりあげていく、若夫婦世代でありました。近代的な間取りや機能的な台所・浴室などは、自分たちの人生と相まって夢と希望に満ちあふれたものであったことでしょう。あちこちからニュータウンを目指して人が集まり、家族が増え、人と人との関係ができ、コミュニティを形成していきました。まさにニュータウンの成長は、家族の、なかでも子どもの成長とともにあったといえます。入居の年齢が同世代であれば、子どもを出産する時期もまた似通っていたでしょうし、「ママ友」として仲良くなることも当然あったでしょう。その数が多ければ多いほどパワーもアップし、ひところはニュータウンで、幼稚園のお母さん同士で立ち上げた地域文庫活動がさかんだったといわれています。[*1]もちろん楽しくにぎやかに過ごせることばかりではなかったはずです。ちょっとしたいさかいや、もめごとなどもあったかもしれません。同じ敷地内に住む者同士、ひとたび関係が悪くなれば、集合住宅以外に住居している者には遠く思いもおよばないほど、住み心地が悪くなったかもしれません。しかし、そんなときでも子育て世代では、そこに「子ども」が介在してくれます。みんなで未来ある子どもを育てるのだからという意識があれば、いやがおうでも関わりをもたねばなりませんし、どちらからともなく関係を修復しながら、またうまくやってゆくことができるのです。まさに社会で子どもを育てる姿がそこにありました。ひとつの大きな家族のように。

しかしながら、当然のように月日は流れます。子どもたちは成長し、巣立ちを迎えます。歳老いた夫婦だけが団地に取り残されます。こうして、子どもたちの生き生きした声は消え去って、「古き良き時代」は思い出として語られるにとどまり、ニュータウンはまるでその役目を終えんとしているかのようなたたずまいを見せています。この先、ニュータウンに未来はあるのでしょうか。京都文教大学人間学研究所の共同研究プロジェクト「リバイビング・ニュータウン――住民主体のコミュニティ再活性化にむけた研究」では、ニュータウンの課題や疑問を当該地域住民と連携した諸活動の実践を通して、ニュータウンのコミュニティの再活性化と地域における大学の役割について考えてきましたが、本章では、とくに「子育て支援」という観点からお話ししたいと思います。

2　少子高齢化が進む日本の現状について

図6-1からわかるように、日本では、二〇一二年の出生数が一〇三万七一〇一人となり、前年の一〇五

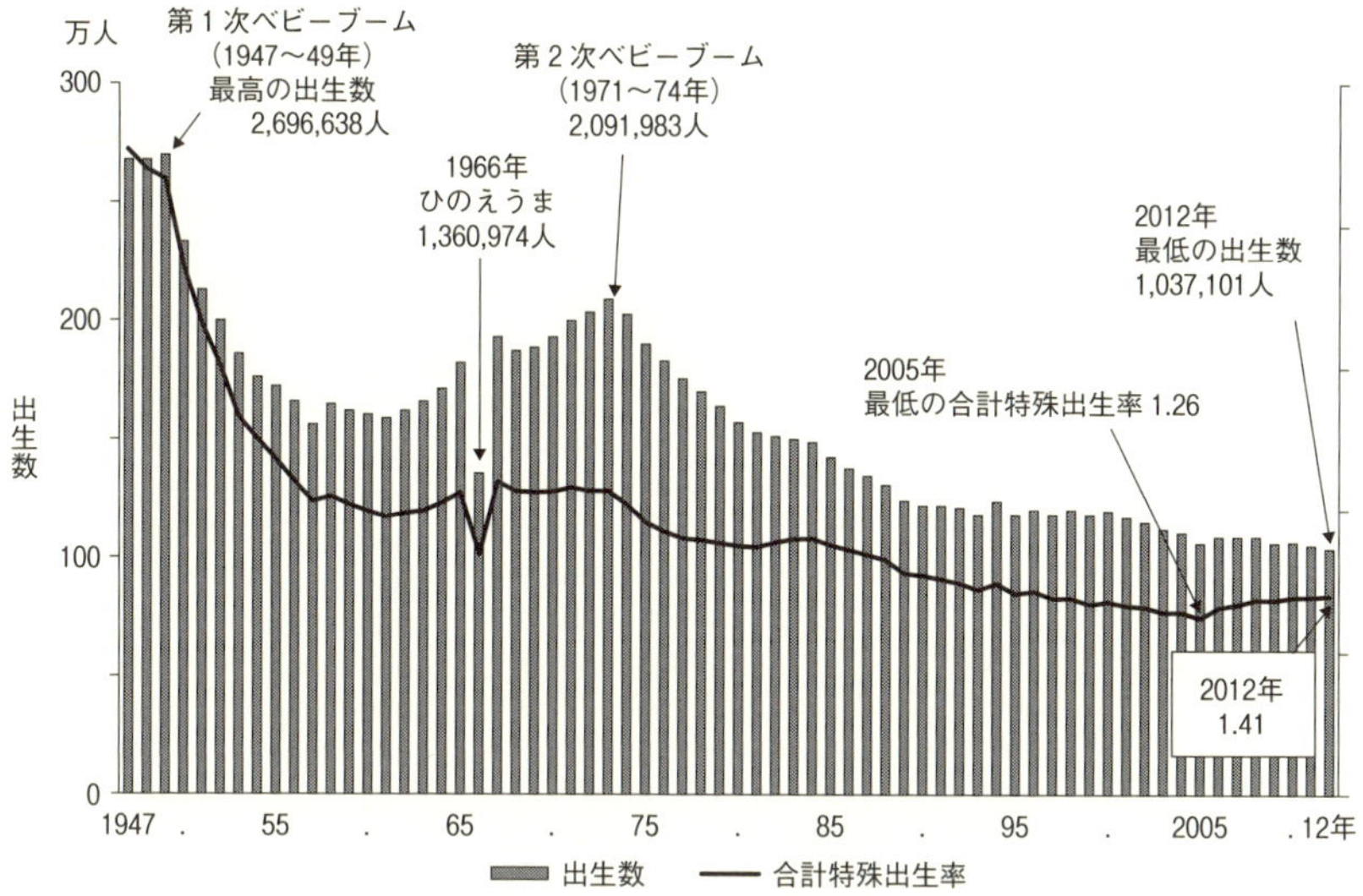

図６－１　出生数および合計特殊出生率の年次推移

出典：厚生労働省「平成24年（2012）人口動態統計の年間推計」
（http://www.mhlw.go.jp/toukei/saikin/hw/jinkou/suikei12/）

万六九八人より一万三五九七人減少し、少子化の一途をたどっています。第一次ベビーブーム期（一九四七～四九年）に生まれた女性が出産したことにより、一九七一～七四年には第二次ベビーブームとなり、一年間に二〇〇万人を超える出生数でした。しかしながら、一九七五年以降は毎年減少し続け、一九九二年以降は増加と減少を繰り返しながら、ゆるやかな減少傾向でしたが、二〇〇一年からは五年連続で減少しました。二〇〇六年は六年ぶりに増加しましたが、二〇〇七年以降は、わずかな減少と増加を繰り返し、二〇一二年はこれまでで最低の出生数を示しました。また、ひとりの女性が一生のあいだに産むとしたときの子どもの数に相当する合計特殊出生率は、二〇一二年の全国平均は一・四一でしたが、京都府は一・二三と東京都に次いで全国第二位の低さでした。

　このように、少子化対策がますます重要な課題になるなか、内閣府の少子化担当部局は、少子化に関する国際意識調査を行いました（二〇〇五、二〇一〇）。対象国は、合計特殊出生率の低い国として日本と韓国が、比較的出生率の高い国として米国とフランス、スウェーデンが選ばれています。「あなたの国は子どもを生み育てやすい国ですか」という問いに、米国とフランスでは七～八割が、またスウェーデンでは約九七％の人たちが「そう思います」と答えているのに対して、日本は五割前後にとどまり、韓国では一六・二％（二〇一〇）と非常に低くなっていました。

また、こうした生み育てやすさと大きな関わりがある子育て制度の充実度を調べる目的で、各国に「子育てのための制度をどのくらい利用したことがありますか」という質問も行っています。取り上げられた制度は、幼稚園、保育所、企業託児所といった施設サービスのほか、ベビーシッターや放課後児童クラブといった民間や行政のサービス、育児休業制度、産前・産後休業制度、父親休暇制度といった企業の出産子育て休業制度でした。その結果、日本と韓国では、幼稚園や保育所を除くと、各制度とも二割以下しか利用者がいませんでした。また、「とくに利用したことはありません」も二～三割であるのに対して、米国、フランス、スウェーデンでは、ベビーシッターなどのサービスや産前・産後休業制や育児休業制度など種々の制度が三割以上も利用されていました。とくにスウェーデンではおおかたの制度が六～七割以上の利用率となっていて、その他の国とは著しい対照を示しています。スウェーデンは、近年の世界幸福度ランキングでもつねに上位に位置している国です。

これらのことから、地域・社会で子どもを育てている国では、子育てがしやすく周囲からも支援されていると感じられ、子どもをもちたいと積極的に思え、そうでない国では、子育てのしづらさを感じたり、せっかくある制度であっても利用せずに子育ての苦労を丸抱えしてしまっていたりすることが推測できます。

3　データから見るニュータウンの子育て世代

次に、ニュータウンにおける子育てについて、データから検証しましょう。

向島ニュータウンでは、一九九〇年以降、人口が減少していますが、一方で世帯数は、二〇〇〇年まで減少したものの、二〇〇五年から増加に転じています（図6-2）。これは、年齢階層別人口の推移（図6-3、4）や、小学校児童数の推移（図6-5）からも窺えるように、単身の高齢者世帯が大幅に増えたことを意味しています。このような人口・世帯数の推移は、地域や経済の活力に大きな影響を与えかねません。

では、このようなニュータウンのなかで二〇～三〇代の夫婦が子育てする環境をどう捉えたらよいでしょうか。バランスの取れた定住人口を確保していくためには、まず住宅政策の面からの「子育て支援」が必要ではないでしょうか。近年、京阪神郊外で注目されているのが、「子育て支援マンション」と銘打った高層集合住宅群です。広い敷地に緑豊かな遊び場や広い駐輪場を備え、共用部にはキッズルームやパーティスペースを配置するなど、子育てに適した環境を整えています。そこでは、身体に優しい低ホルムアルデヒド建材を使用したり、子どもが転倒してもケガをしにくいクッションフロアを採用したり、台所などの危険箇所に子どもが入り込まないようにするチャイルドフェンスが設置されていたり、感電防止のため子どもが手の届かない位置にコンセントが置かれたりといった、住戸内の使用や管理運営の面で数々の工夫がなされ、さらに近隣幼稚園や保育園、小児科との連携といった提案が行われています。部屋のリフォームの際、このような子育て世代を取り込む呼び水になるような地域の子育て支援の整備などの工夫を検討せねばならないのかもしれません。また、「子育ち」という観点で、子どもをもつ家庭がどれぐらいの住環境を確保できて

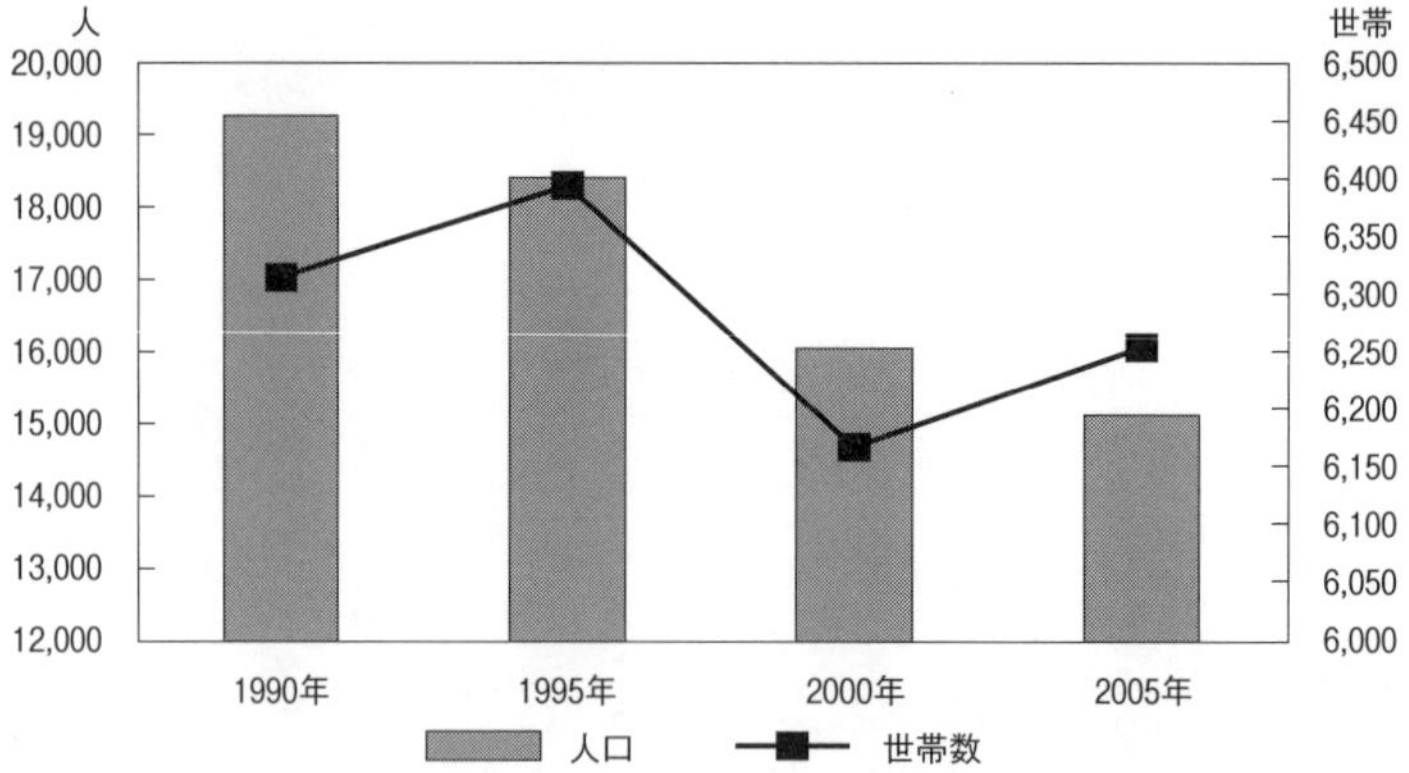

図6－2　向島ニュータウンの人口・世帯数の推移

出典：第4回京都市住宅審議会・京都市都市計画局住宅政策課「第4回京都市住宅審議会資料2（参考資料）」2009年（http://www.city.kyoto.lg.jp/tokei/cmsfiles/contents/0000064/64659/siryou2sannkou26-33.pdf）

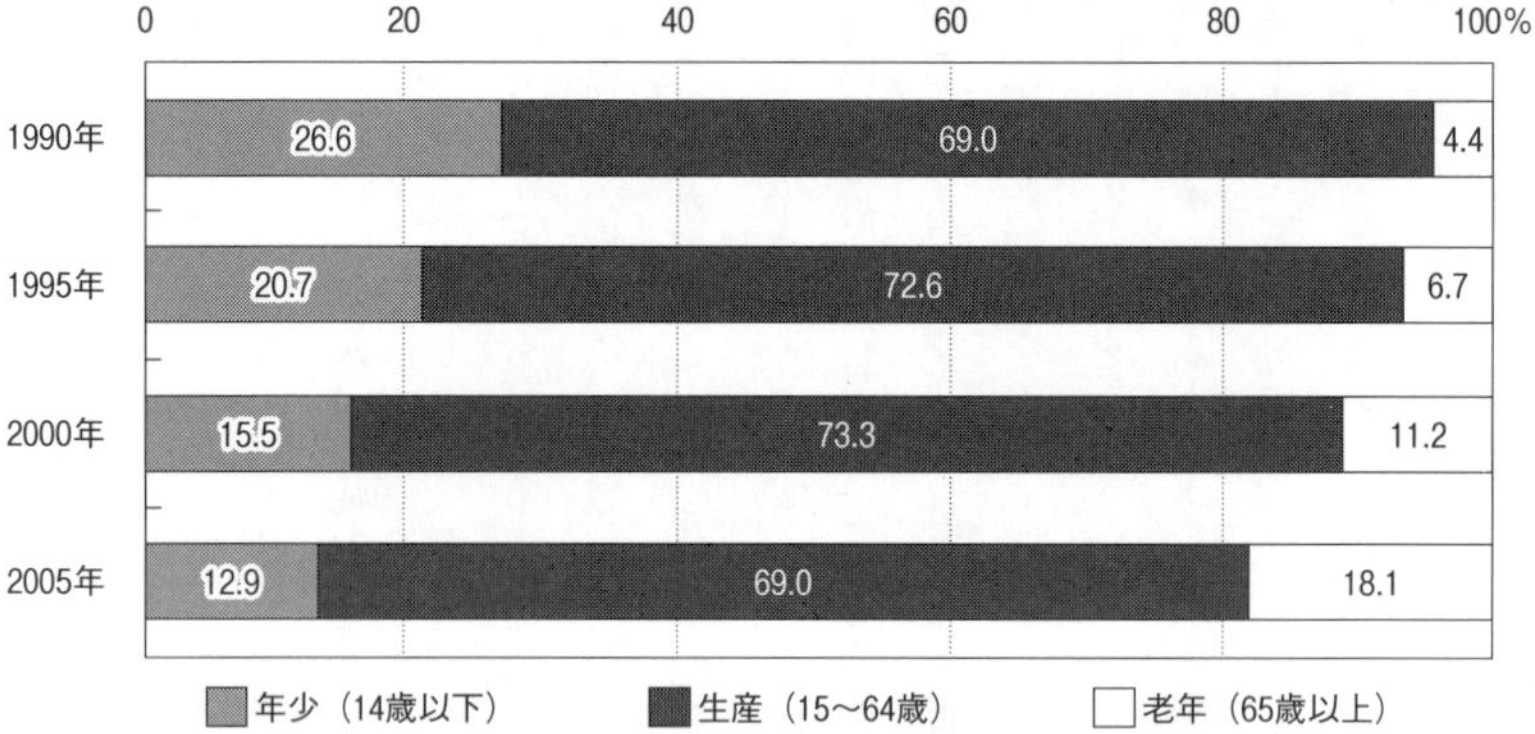

図6－3　向島ニュータウンの年齢階層別人口の推移

出典：第4回京都市住宅審議会・京都市都市計画局住宅政策課「第4回京都市住宅審議会資料2（参考資料）」2009年（http://www.city.kyoto.lg.jp/tokei/cmsfiles/contents/0000064/64659/siryou2sannkou26-33.pdf）

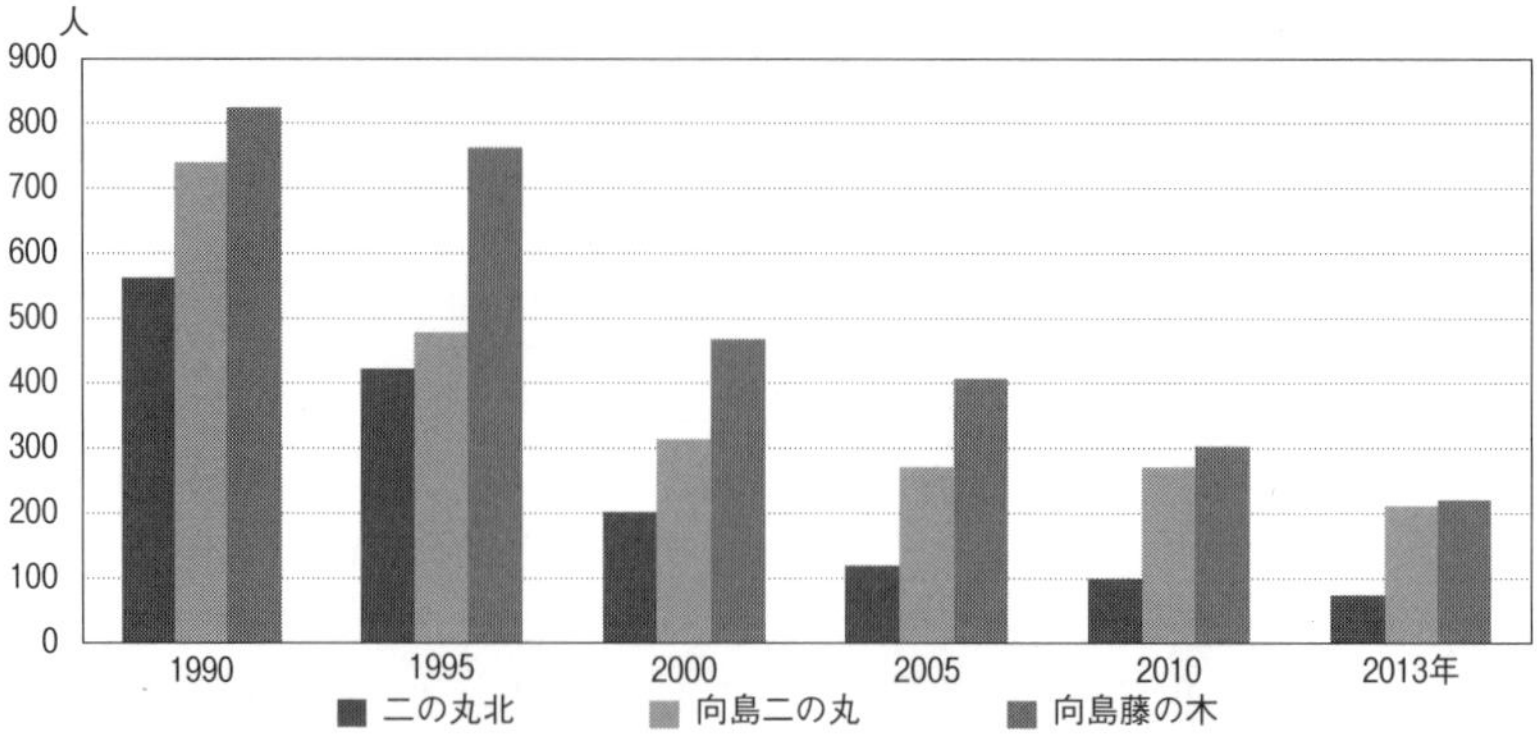

図6－5　向島ニュータウン関連の小学校児童数の推移

出典：Gaccom（ガッコム）「京都市伏見区の小学校——児童生徒数／通学区域（学区）」（http://www.gaccom.jp/search/p26/c109_public_es/）

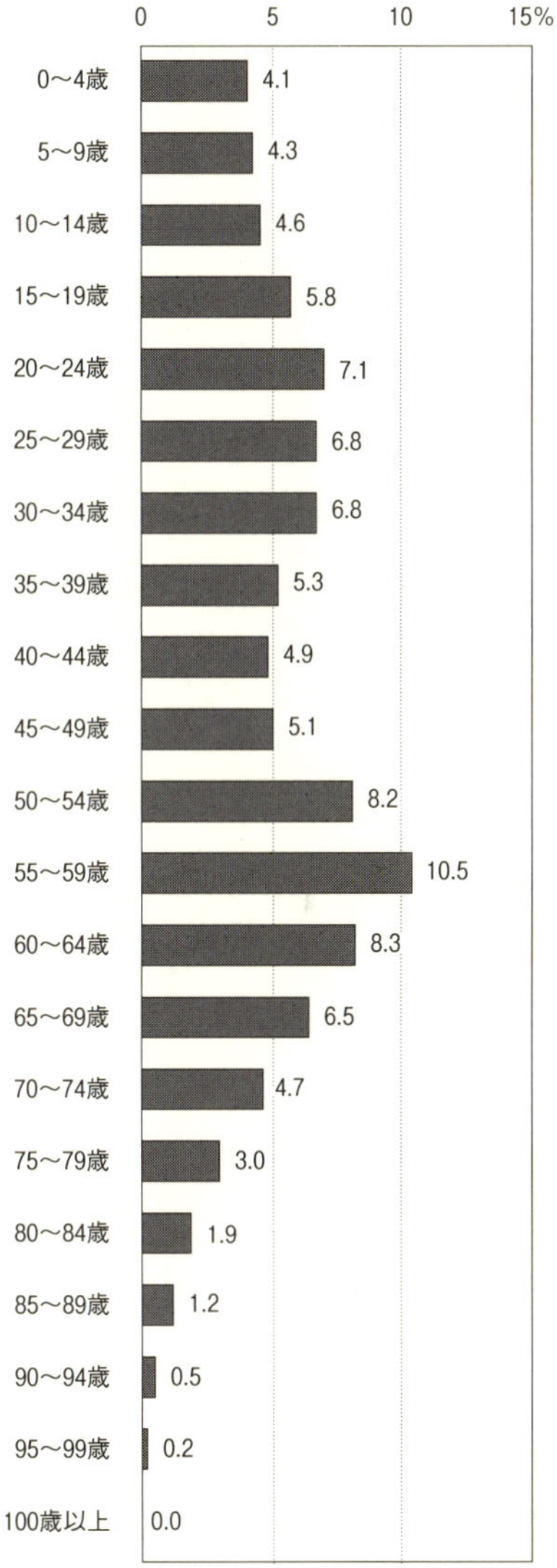

図6－4　向島ニュータウンの5年ごとの年齢別人口比率

出典：第4回京都市住宅審議会・京都市都市計画局住宅政策課「第4回京都市住宅審議会資料2（参考資料）」2009年（http://www.city.kyoto.lg.jp/tokei/cmsfiles/contents/0000064/64659/siryou2sannkou26-33.pdf）

いるのか、各世帯では叶わなくともニュータウンとして可能な部分はないのかということも、つねに心にとどめおくべきでしょう。

4 現代の子育て支援事情

現代は子育てが難しい時代[*2]です。ひと昔前までは、三世代以上の大家族であったり地縁関係が濃厚であったり、さらにはきょうだいの数が多かったりしたことから、子育ては誰にとっても身近なことでした。つまり、そのころの子どもたちは、親族さらに地域全体のなかで育てられていたといえましょう。しかしながら、核家族化が進んだ今日では、子育て経験のある祖父母と同居する親子は少なくなり、子育ての協力や助言を受けながら子育ての力を高めていくことはたやすいものではなくなっています。子育ての責任は、親(とくに母親)に集中し、昼間は自宅に母ひとり子ひとりといった「密室育児」にならざるをえないケースも増えています。親は心配ごとや不安が高まり、イライラがつのり、孤立感が増すばかりとなってしまいます。

おもに関西で子育て支援の実践と研究を行っている服部と原田は[*3]、「大阪レポート」と呼ばれる、一九八〇年生まれの子どもたちを対象とした大規模な子育て実態調査の集計・分析を行いました。そのなかで、母親が子どもの欲求がわからないこと、母親の具体的心配ごとが多いこと、およびそれを未解決のまま放置していること、母親に出産以前の子どもとの接触経験や育児経験が不足していること、夫の育児参加や協力が求められないこと、近所に話し相手がいないことが、育児不安を高める要因だと結論づけています。この「大阪レポート」からさらに少子化が進行した今日にあっては、母親の育児不安の高まりはますますエスカレートしていることが推測されます。

こども未来財団の平成一八年度子育てに関する意識調査では、未就学児の親に自身の孤独感について尋ねています[*4]。それによると、「子育てをしながら、孤立感を感じることがあるか」の問いに対しては、母親と父親の回答に大きな違いが見られました。母親は「よくある」「ときどきある」を合わせて五割前後の人が孤立を感じているのに対し、父親は一九・八%と少なく、「めったにない」が六四・〇%と多くなっていました。これは、父親は普段から社会との接点を多く持ちながら子育てしているため、それほど孤立感がなくて済むのに対し、母親の方は、長時間の子育てを余儀なくされながら社会から隔絶したような感覚におそわれることを意味しているのではないでしょうか。母親についてさらに見ると、「よくある」「ときどきある」

の回答が、専業主婦ではそれぞれ一四・四％、三九・一％なのに対し、共働きをしている母親ではそれぞれ九・三％、三七・三％と専業主婦よりも少なく、専業主婦の方が孤立した感じを持ちやすいことが示されています。また、末子が一歳までの母親の方が、二歳から六歳までの母親よりも孤立を感じているという結果もあわせてみると、母親のなかでも特に、乳児を抱えた専業主婦に孤立感の高さが窺えるといえるでしょう。

三歳未満の乳幼児をもつ家庭では、約八割の母親が子育てに専念している現状があります。厚生労働省の「二一世紀出生児縦断調査」（第二回、二〇〇二年度、対象児年齢一歳六ヵ月）によると、母親たちが「子どもを育てていて負担に思うこと」は、「自分の自由な時間が持てない」（六三・七％）、「子育てによる身体の疲れが多い」（三九・三％）、「目が離せないので気が休まらない」（三四・一％）の順に多くなっています。これを母親の就業別に見ると、職に就いている場合よりも「無職」（専業主婦）の方が、その割合が高くなっています。こうした結果からは、夫や他の家族、あるいは外部からの支援が得られないまま、二四時間乳幼児と向きあって、心身ともに疲労する女性の姿が窺えます。仕事と子育ての両立に関わる保育などのサービスを充実させることはもちろんですが、あわせて専業主婦の母親を含むすべての子育て家庭を支援していく取り組みを充実させていくことが大切であり、子育て中の親の孤立感、不安感、負担感を取り除き、子育ての楽しさが実感できる社会を実現させていくことが求められているといえるでしょう。

現在、行政（地方自治体）などが提供している子育て支援策としては、集会場などで行われる「赤ちゃん広場」や「子育てサロン」といったグループでの母子支援が主体となっています。しかしながら、この方策は、母親と子どもが一方的に支援「される」側に立っており、いっこうに支援「する」側に立つことはできません。また、家にいては支援が得られないので、悪天候の日や交通手段が不便なところに住んでいる人には利用しにくいというデメリットがあります。さらに、保育士や保健師、ベテランの子育て経験者などが支援者として活動に参加していますが、新米ママにとっては、自分の子育てを評価されるのではないかしらという不安が常につきまといます。自助グループ（母親のみの主体的なグループ）であったとしても、今度は集団が苦手で参加できない人たちもいるのです。母親のリフレッシュを目的とした「乳幼児一時預かり」なども施策としてはおかれています。しかし、有料であったり他人に預けることがはばかられたりして、まだまだ本来のニーズを満たすほどに活発な利用はないようです。そうした情報を得ていたとしても、支援を拒む母親たちは、周りから支援の必要がないと思われたり、ともすると本人のわがままや身勝手と捉えられたりするかもしれません。しかし、実はそのなかに子どもを虐待してしまうなど、最もハイリスクな状態を生みやすい母親が存在しているかもしれません。そうだとしたら、彼女たちにふさわしい支援のあり方というのを見つけていかなければならないのではないでしょうか。

また原田は、「民族による育児方法のちがいこそ、その民族の文化の最も基本的基盤を形成するもののひとつ」であるにもかかわらず、「現代日本社会においては物質文明のめざましい発展と価値観の多様化が育児方法を刻々と変化させ、結果として育児の伝承そのものを困難にして」いると述べています。[*5] この育児方法の伝承の途絶と母親の経験不足は、「大阪レポート」から二三年後の子育て実態調査「兵庫レポート」（二〇〇四）ではさらに顕著となりました。たとえば、「あなたは自分の子どもが生まれるまでに、他の小さなお子さんに食べさせたり、おむつをかえたりした経験はありましたか」という問いに対し、一九八〇年の段階では「まったくない」と答えた母親は四二％でしたが、二〇〇三年では五六％に伸びました。そして、同じ問いに対して「よくあった」と回答した母親は、二二％から一七％へと減少していたのです。大学生と話をしていると、将来子どもを産み育てることへの不安をよく耳にしますが、このような経験のなさも関係しているでしょう。子育て支援というと、どうしても母親対象になりがちですが、この結果をふまえると、親になる手前の段階で育児方法を学んだり、子ども（とくに三歳未満の乳幼児）と触れあったりするチャンスを与えることが、長期的に見れば有効な子育て支援になると考えられるのではないでしょうか。

そこでわたしは、「密室育児に風穴を開ける」「従来の子育て支援では救えない人たちを対象にする」「将来の親（若者）を育成する」といった目的から、「ママさんサポーター」という活動を考案しました。この活動はどこの真似でもない、オリジナルな活動です。次に、この「ママさんサポーター」についてお話ししましょう。

5　「ママさんサポーター」について

わたしたちが向島ニュータウンを含めたエリアで行っている「ママさんサポーター」とは、大学生（活動のなかでは「サポーター」と呼んでいます）が三歳未満の乳幼児を抱えた専業主婦の家庭に定期的に訪問して、お母さんたちのサポートをする活動です。サポーターは、母親自身のメンタルサポーター（母親の話し相手）として活動すると同時に、実際の子育て場面をじかに体験し、子どもの遊び相手となったり、必要な知識（あやし方やオムツの替え方、食事の世話の仕方など）を母親から教わったりします。母親は、我が子を介してサポーターに基本的な育児を教えると同時に、子どもがサポーターに遊んでもらっているあいだに目の届くところで家事をしたり、サポーターに話し相手になってもらったりして時間を過ごします。このように大学生と母親が交流し、お互いにもっている資源を提供し合い、受け取り合うことで、双方の育児不安をともに軽減させていこうということを活動の目的にしています。活動時間は、週に一回二時間を原則としていて、ゆっくり回数を重ねて関係を深めていきます。活動報酬は、相互に助け合い学び合っていることから、どちらからも発生していません。サポーターが家庭に訪問する際の交通費は、母親とサポーターとで折半（片道分ずつ負担）する形をとっていますが、ペアのマッチングの際に、なるだけ自転車やサポーターが持っている定期券の範囲で通えるよう配慮しています。年度ごとにそれぞれ募集を行い、訪問する家庭とサポーターの組は固定で、半年以上かけて細く長く関係を築いていきます。

この活動は、二〇〇二年に端を発し、二〇〇三年から本格的活動を開始しました。一〇年一昔といいますが、サポーターだった学生のなかにはやがて結婚し母親となった人もいますし、かつて本学の学生だった人が母親になってから本活動に改めて参加してくれて旧交を温めたりすることもありました。また、活動自体は単年度で終了しますが、「ママさんサポーター」という活動枠がなくなっても、母親と大学生が同じペアでその後もお互いに行き来し、継続して良い関係を築いている組もいます。

6 ニュータウンにおける実践活動

ここで、向島ニュータウンに住む家庭で「ママさんサポーター」活動を行った事例を紹介しましょう。

「ママさんサポーター」を受け入れたのは、ニュータウンに住む三一歳の母親と一歳五ヵ月の女児（活動申込時）の家庭でした。家族はこのほか、夫と女児の年上のきょうだいで、計四人家族です。サポーターは、三回生の女子学生（二一歳、活動申込時）でした。母親は「ママ友」を通じてこの活動を知り、申し込みました。サポーターの大学生は、一回生のときから本活動に関心があり、三回生になってからボランティアへ割く時間の余裕ができて、ようやく活動に参加できました。乳幼児との関わりの経験はなく、活動への不安がかなりあったものの、意欲の高い学生でした。

「ママさんサポーター」活動は、本来の実践活動とともに、それを支える研究活動の二つの側面をもっています。研究活動の側面から、サポーターには毎回の活動日誌をつけてもらっています。これは、活動の様子を把握し、サポーターの心境の変化をつかむためです。

本事例における活動日誌から、はじめは女児と遊ぼうと思っても、子どもが母親の方に行ってしまい、子どもとの関係づくりに苦労していたことが窺えました。その後、少しずつ関係ができて、絵本の読み聞かせをしたり、買い物に付き添ったりと活動の幅を広げていきました。そのあいだに女児も成長し、指さし行動が積極的になったり、「パパ」や「ママ」といった言葉をしゃべることができるようになったりしたことを、サポーターが母親とともに喜ぶこともあったということでした。

また、研究活動の側面から、「ママさんサポーター」活動を通じて母親の子育てがどのように変容していくのか、質問紙調査とインタビュー調査で明らかにしました。質問紙調査では、活動前・後に同じ質問項目に答えてもらい、その変化を追いました。本事例では、「育児不安」の得点が七二点から六〇点に減少し、活動を通じて子育ての不安が低下したことが示されました。また、「自分が他の人の役に立っている」「自分はこれでよいのだ」と思えるような「自尊感情」の得点は二七点から三四点に増加し、活動を通じて母親の自尊心が高まったことが示されました。これは、母親もまた若い学生を支援「する」側に立っていることから生まれた感情であり、本活動の重要な点です。母親の自尊感情の高まりは、子育て経験者や助言指導できるような人間が寄り添ったからといって、必ずしも得られるものではありません。サポーターが乳幼児に馴れない若者だからこそ、母親がいろいろ教えてあげたいと思えたり、構えることなく接したりすることができるのだと思われます。

7 活動を通して見えてきたこと

「ママさんサポーター」活動は、たった週一回の訪問ではありますが、半年以上、地道に継続することで、密室育児になりがちな家庭に風穴を開け、母親・大学生ともに社会とのつながりが感じられる経験となっています。こうしたことが、ひいては、虐待防止につながり、コミュニティを形成する一員としての自覚を促す体験となっているのです。コミュニティ心理学の先駆者である山本の言葉を用いるなら、この地域に「コミュニティ心理学的臨床心理サービス」を提供しているといえるのではないでしょうか。[*6] コミュニティでは、さまざまな種類と規模の人間関係が存在し、そこで心が醸成されますが、もとをたどれば社会集団の最小単位である家族のなかで行われる「子育て」というものが一番の出発点です。「ママさんサポーター」活動も、ニュータウンの人たちの生活の場に根ざすことができれば、それはまさしく臨床心理学的知見がその地域に根付いたことになり、予防的な意味合いからも母親のメンタルヘルスの向上、底上げが期待されることとなりましょう。

本活動には「従来の子育て支援では救えない人たちを対象にする」といった目的があります。現在提供されている子育て支援の多くは、母親が提供の場に出向いて必要な資源を活用することになっています。わざわざその場に出向く母親というのは、いわば子育てに関心があり、よりよい子育てを目指している人たちでしょう。反対に、自分の子どもへの関心が乏しかったり、それゆえに子育てに不安を抱くことが少なかったりするような母親には、たとえ不適切な子どもへの関わりをしていても、子育て支援の提供側はどうすることもできません。その突破口が、この「ママさんサポーター」のような、アウトリーチの取り組みです。このアウトリーチの取り組みをニュータウンで積極的に行うには、プライバシーの問題をはじめさまざまな課題が含まれていると考えます。わたしたちは、これまで実践してきたような息の長い継続した活動をニュータウンと関係を保ちながら、問題解決にむけ少しずつでも前進していきたいと思っています。

8 子育て世代よ、ニュータウンへいらっしゃい

学生時代に「ママさんサポーター」活動に参加した経験のある女子学生が、卒業後、母親になってから、インタビュー調査に協力してくれました。行政の赤ちゃん広場を利用しているという彼女に、どのようにお母さん仲間をつくっているのか尋ねると、彼女は「同じくらいの月齢の子どもがいる母親同士が集まりはするものの、そこから一歩進んで個人的に仲良くなるには、もうひとつ『経済的な共通点』が必要です。」と答えてくれました。つまり、どんな家に住んでいるのか、夫はどのような仕事をしているのか、どんな車に乗っているのか、といったことがお互いにわかっていて、世帯の経済状況がほぼ同じ人同士であるならば、安心して打ち解けられるというのです。そこに少しでも格差があると、ママ同士で上下関係が生まれ、遠慮したりリードしたりしなければならない関係におかれ、窮屈になるらしいのです。

彼女の回答を踏まえると、ニュータウンはそもそも子育てがしやすい住環境といえるのではないでしょうか。同じニュータウンに暮らしているという共通点が安心感を生み出し、より絆を強くするものと考えられるからです。建物の築年数が経つにつれ、子育て世代の世帯数が減少するのは、もったいない気持ちになります。先ほども述べましたように住環境を建築から考える視点も大切ですが、子育てはやはり生身の人間と人間との関係が大きいものです。大学生の若い力を上手に活用することによって、お互いが子育て力を高め

ていけるような関係性をこの地域に根付かせたいなと思っています。今後、さらにニュータウンを研究媒体として、ニュータウンに還元できるような子育て支援のあり方を模索していきたいと考えています。

注

＊1　平岡モト子・篠原聡子・森正美・三林真弓・山田尋志・西川祐子・杉本星子「集まって暮らす――ジェンダーをひらこう」『人間学研究』第四号、一二三―五八頁、二〇〇四年。

＊2　三林真弓「臨床心理的地域援助の実践と研究――心理臨床家としての育ちの視点から」川畑直人編『心理臨床家のアイデンティティの育成』創元社、二二七―二四一頁、二〇〇五年。

＊3　服部祥子・原田正文『乳幼児の心身発達と環境――「大阪レポート」と精神医学的視点』名古屋大学出版会、一九九一年。

＊4　財団法人こども未来財団『平成一八年　子育てに関する意識調査報告書』二〇〇七年。

＊5　原田正文『育児不安を超えて――思春期に花ひらく子育て』朱雀書房、一九九三年。

＊6　山本和郎「コミュニティ心理学的発想の基本的特徴」山本和郎・原裕・箕口雅博・久田満編『臨床・コミュニティ心理学――臨床心理学的地域援助の基礎知識』ミネルヴァ書房、一八―二一頁、一九九五年。

参照文献

厚生労働省『少子化社会白書』平成一六年版、二〇〇四年。

原田正文「変わる親子、変わる子育て――『大阪レポート』から二三年後の子育て実態調査より」『臨床心理学』四(五)、金剛出版、五八六―五九〇頁、二〇〇四年。

コラム

お母さんたちの文庫活動

西川祐子

「文庫活動」とは、図書館の外で何人かの人々が本を集め、特定の集団に対して提供する小規模な図書館のような活動を指す言葉です。文庫はかつて多くのニュータウンで一斉にくりひろげられていた活動でした。

向島ニュータウンとグリーンタウン槇島においても、一時期、多くの若い母親と子どもたちが文庫活動のまわりに集まっていました。一九八〇年、向島ニュータウンの愛隣館二階の集会所に「ふうせん文庫」がありました。お母さんたちのところに「通信　向島ふうせんぶんこ」が一九八〇年の第一号から一九八七年に発行された第一七号まで、残されていました。一方、グリーンタウン槇島に「あおぞら文庫」がつくられたのは一九八八年で、通称「時計の公園」にて「あおぞら文庫は貸し出しを始める」という記録ノートが残されていました。記録は一九八八年九月から一九九九年五月まで続いています。わたしたちニュータウン研究会のメンバーは、記録から二つの文庫活動の年表をつくり、年表に基づいて聞取再調査を行って、たくさんのことを思い出していただきました。ニュータウンの暮らしの生き生きとした挿話が続出しました。

「ふうせん文庫」と「あおぞら文庫」とが、隣り合った二つのニュータウンでちょうど入れ替わるかのようにして続いているのが面白いところです。それぞれのニュータウンが同世代一斉入居なので、母親の平均年齢にも子どもたちの平均年齢にも、おそらくニュータウン建設の差とおなじ六年前後の年齢差があったものと思われます。子どもの利用は、読み聞かせが必要な幼児年齢から始まって、小学校の四年生くらいまでが多く、よほど本が好きな子どもはもっと大きくなってからも通ってきたのですが、少数であったといいます。子どもの本と平行して母親たち自身の本がそろえられ貸し出されました。

ニュータウンには、キリスト教団「愛隣館」が経営する「空の鳥幼稚園」と「野の百合保育園」があり、二階が多目的使用のための空間となっていました。文庫活動は、最初は園からの呼びかけがあり、やがて通園する子どもたちの母親など利用者たちによる自主経営となって「向島ふうせん文庫」という呼び名も決まりました。他府県のニュータウンですでに文庫活動をした経験のある人がいて、活動は短期間で軌道にのったそうです。本を購入する基金は、新聞社の文化事業募集に応募したほか、バザーで集め、また利用者からは、子どもも一律、一月五〇円の利用代を集めました。市内の公共図書館からの団体貸し出し制度がはたした役割も大きかったようです。子どもたちは文庫の開場時間が待ちきれず、「五〇円玉をにぎりしめて行列して待っていた」といいます。本の数について、「わたしは大人の本は三〇〇〇くらい、子どもの本は六〇〇〇番くらいまでラベルを書いた覚えがある」という証言が残っています。毎週二回、のちには一回の利用者の数はしだいに増えて、最高で一日二〇〇から二五〇の図書貸出し票を書いたと記憶されていました。

貸し出し事務量が増え、通信を出す仕事量も増え、ボランティアをした人は「子どもからふうせん文庫の日のお母さんは嫌いだ、といわれた」と笑っていました。自分の子どもにかまう暇もなく、大勢の子どもたちのために終日働いたからでしょう。「じっさい保育園に子どもを迎えにゆく時間を忘れていて、あわてて到着すると、保母さんが『お母さんが夢中になることがあって、よかったですね』と言ってくださり、心底うれしかった」と語っていました。文庫活動は発展してゆき、本の貸し出しだけでなく、本の読み聞かせ、紙芝居、人形芝居そして折り紙などの活動に人気が集まりました。クリスマス会、新年会、さらには父親の参加もつのってハイキングに遠出するなどの交流も始まりました。

文庫つながりから、「向島図書館を育てる会」が生まれました。京都市に対して、ニュータウンをつくりながら、そこに文化施設を置かないのはおかしい、移動文庫と図書館をつくってほしいと、何度も要求を出したそうです。「ところが、その運動とは無関係に、ある日とつぜん愛隣館の横に図書館が建つと決まって、行政は当事者たちの頭越しだと感じた」といいます。文庫には文庫の役割があるのではという意見もありましたが、子どもたちの学年がしだいに高くなり、続く学年の子どもの数は減っていき、「ふうせん文庫」は閉鎖となりました。

グリーンタウン槇島の「あおぞら文庫」は、ちょうど「ふうせん文庫」と入れ替わりに始まりました。記録ノートの最初に「（一九八八年）九月二日　時計の公園にてあおぞら文庫は貸出しを始める」とあるので、あおぞら文庫の命名は屋外で本の貸し出しをしたことに由来したと思われます。最初は本の保管場所がないので、本を分散させて世話役それぞれが保管していたのですが、不便なので住宅公団に希望を出して第九棟の集会所を無料で借りることができました。毎月の利用代を徴収することをせず、そのかわり資金を集めるためのバザーをたびたび開いたり、牛乳パックを集めたり、個人の寄付やユネスコからの基金提供に支えられました。記録ノートには、そのほかに掘りたてのサツマイモをふかした差し入れがあった、高齢者が細工物を届けてきた、など書きとめられています。読み聞かせ、紙芝居、人形芝居、折り紙など、小さなイベントを続けているところは「ふうせん文庫」と同じです。毎年クリスマス会も開かれました。記録を見ると、公共の図書館からの団体貸し出しは一回分が二〇〇冊を越える時期が続いています。

記録ノートは、「一九九九年五月二四日　返却のみ。しばらくの間おやすみします」で終わっています。一一年間の持続でした。文庫の世話役をしていた母親たちのつながりは、その後も読書会として残っています。向島ニュータウンとグリーンタウン槇島をあわせて約二〇年間が、両ニュータウンの初期入居世代の子育て全盛期であったといえましょう。

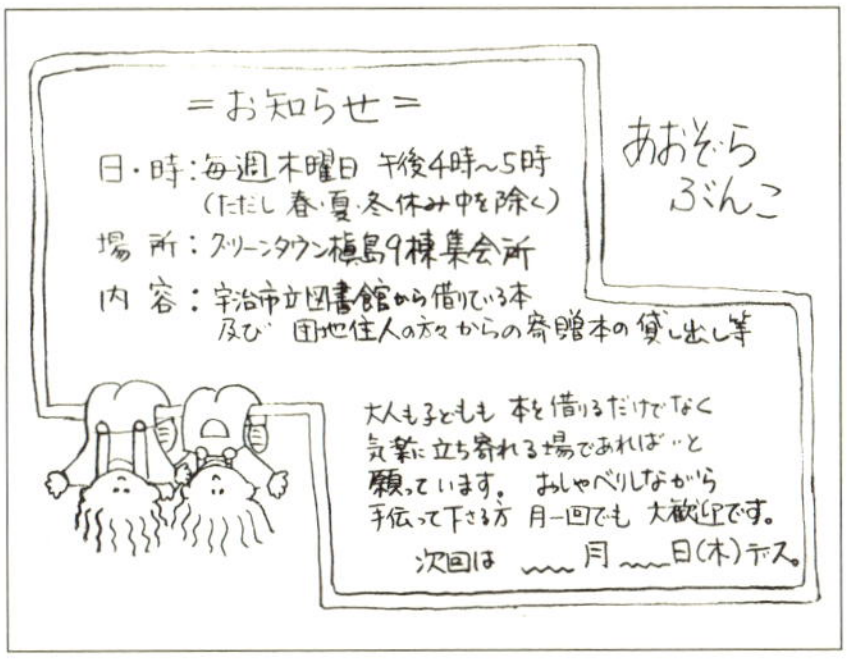

「あおぞら文庫」のチラシ

第7章

身体障がいのあるニュータウン住民
――オブジェクトからたどる生活誌

吉村夕里

1 住居に置かれたオブジェクト

本章では、向島ニュータウンの市営住宅で独り暮らしをしている木村善男さん（以下、木村さん）という身体障がいのある住民にインタビューし、住居に置かれたオブジェクトの由来を聞くことを通して、彼が住居を拠点として周囲の人々とどのような関係性を築こうとしてきたのかについて考察していきます。[*1]

ここでいう「オブジェクト」とは、単に個人が所有している「モノ」という意味ではなく、人と人とのつながりを媒介する役割をもった「モノ」の存在を意味します。人と人とのつながりは、必ずしも人と人との直接的なやりとりだけを媒介として形作られていくわけではなく、たとえばSNSのように「モノ」を中心として媒介され、拡大していくようなつながりも見られます。

筆者は木村さん宅を訪問するなかで、木村さん宅に置かれた「モノ」が増大する過程は、単に木村さんの所有物が増えていく過程だけではないことに気づかされました。木村さん宅の「モノ」は、木村さん宅に出入りする人々が共通して使用することによって、木村さんと周囲の人々とのつながりや、周囲の人同士のつながりなどを媒介したり拡大したりする機能を担っています。そして、木村さんの暮らしが地域社会に根づいていく上で重要な役割をはたしています。

住居に置かれたさまざまな道具、たとえば料理のための調理器具やビデオカメラやカラオケなどの機材は、そこに住まう人と周囲の人々とのつながりのあり方とその歴史を雄弁に物語る「モノ」であり、本章ではそれらを「オブジェクト」と呼んでいます。

最初に木村さんの住居を訪ねたとき、まず目を引いたのは、ＬＤＫの隅に置かれたマッサージチェアと、

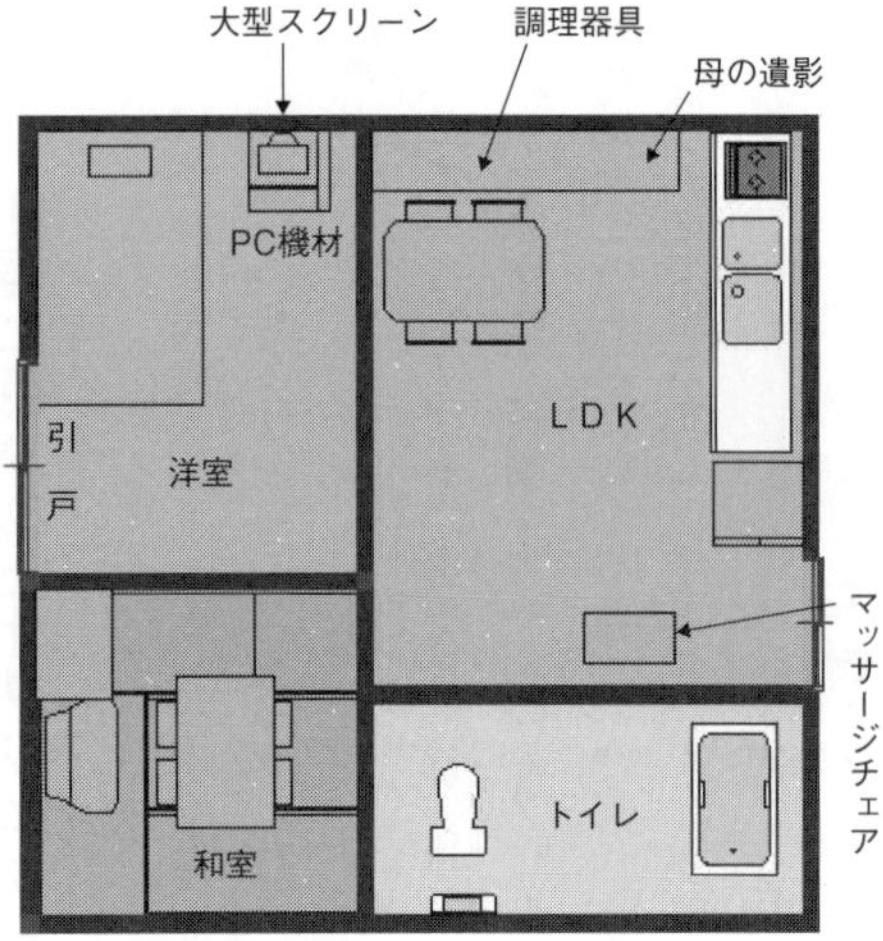

図７−１　木村さんの住居

写真７−１　綿菓子機

その正面の棚に置かれていた母親の遺影でした（図7-1）。また、普段は片付けられていますが、宴会のたびに、カラオケのマイク、数台のホットプレート、たこ焼き機、綿菓子機（写真7-1）やチョコレートタワーなどの調理器具や道具類が登場します。

筆者も学生たちを伴って、たびたび木村さん宅を訪れていますが、そのたびに木村さんの住居で目にするオブジェクトは漸増していき、最近では大型の昇降スクリーンが映画観賞用にベッドのある洋室に備え付けられているのを目にしました。以上は、一人で楽しむというよりは、複数の人が一緒に楽しめる機能をもった調理器具や道具類・機材であり、訪れた人たちが共有できるオブジェクトです。

「木村さんの住居のオブジェクトはどのようにして増えていったのだろうか」「木村さんの住居への人の出入りとどのように関連しているのだろうか」と木村さん宅を訪問した際に思ったことが、彼へのインタビューを行ったきっかけです。

2 木村さんとその住居

木村さんは現在四八歳です。二〇歳のときの交通事故による頸髄損傷のために、四肢麻痺[*2]、体温調節機能障がい、感覚障がい、排せつ機能障がい、起立性低血圧、低血糖症、体幹機能障がいなどのさまざまな障がいがあります。交通事故の後は、三年余りの入院生活を経て、三五歳まで母親の介護を受けながら家族（母親と弟）と暮らしていました。母親が癌を発病して死亡する前後の五年余りは施設生活を送り、四〇歳のときから向島ニュータウンの市営住宅で独り暮らしを開始しています。現在は、ヘルパー派遣制度によるサービスとして、二四時間の身体介護、重度訪問介護（家事援助、身体介護、移動支援など）を受けています。また、京都市内の障がい者ヘルパー派遣事業所・居宅介護事業所のアドバイザーや、障がい当事者運動、地域や大学での教育研修活動などを精力的にこなしています。

3 団地内の公共空間

無秩序ではない公共空間

木村さん宅には二四時間の介護を確保するための二〇名余りのヘルパーたちのほか、筆者や筆者の研究会仲間、学生たち、そして近所の子どもたちとその母親たちも出入りしています。このうち、木村さんの身体介護などを仕事とするヘルパー以外の人たちは、木村さん自らの意思で自宅に招いた客人たちです。

木村さんは、向島ニュータウンに住む障がいのある子どもたちとその兄弟たちを中心とした「ピンクチャウビック（Pink Cherubik）」というキッズダンスチーム[*3]と交流していて、同チームではビデオカメラの係を担当しています。同チームに所属する子どもたちは、小学生から高校生の発達障がいやダウン症の子どもたちです。木村さん宅では、彼らと、その兄弟の乳幼児から大学生、そして母親たちも加わった「たこ焼きパーティ」などが、時々開催されます。毎回、総勢二〇人余りの、多動な子どもたちも参加するパーティは騒然とした雰囲気です。

一般に住まいには外部の人が出入りできる空間として玄関や客間などが存在しており、これらの空間は多くの人々が共有できることから住まいのなかに設けられた公共的な空間と捉えられます。それに対して、浴室や寝室のようにプライバシーの保持が必要な空間も住まいのなかには存在しており、これらの空間は住まいのなかに設けられた私的な空間と捉えられます。多くの場合、私的な空間に出入りできる外部の人は、そこに住まう人とのあいだに親密な関係が築かれていて出入りが容認された人たちに限られます。

しかし、二四時間の身体介護などを必要とする人たちは、玄関や客間以外のプライベートな空間にもヘルパーなどの外部の人たちに自由に出入りしてもらう必要があります。つまり身体介護を受けている人たちの住まいでは、私的な空間にも外部の人たちが常に出入りしていることになり、公共的な空間の範囲が拡大しています。したがって、外部の人たちが出入りできる時間帯や出入りできる空間は、そこに住まう人の意思によって決定されているという意識をヘルパーや客人たちがもっていないと、身体介護を受けている人たちの住まいは、外部の人たちが自由に出入りできる制限のない公共空間になってしまいます。

木村さんは日常的に介助式の車いすを使用しており、自宅においてもヘルパーの介助を受けながら車いす生活を送っています。しかし、走り廻る子どもたちが木村さんと木村さんが使用している車いすに激突するような場面はありません。子どもたち同士は遠慮がなく、しばしば体をぶつけあうような喧嘩も始まります。その際にも体をぶつけあう場所は常に木村さんがいるベッドのある洋室ではなく、洋室に隣接して一段高くなった和室で、木村さんがいる場所からは距離があります。

このように、木村さん宅のパーティでは、子どもたちは無秩序に走り廻っているようでありながら、実際には一定の秩序が成立していることが感じられます。

パーティのホスト役

秩序が守られている背景には、木村さんと「ピンクチャウビック」の子どもたちとその母親たちの中心となっている女性（以下、Aさん）とのあいだにある一定のルールが関係しています。たとえば、木村さん宅で時々開催されるパーティは、木村さん側からの誘いかけによって成り立っていて、Aさんや「ピンクチャウビック」のメンバーの側から木村さんに誘いかけることはありません。「そろそろ（パーティの）誘いがあるころかな」とAさんが感じることはあっても、Aさんからリクエストが行われることはほとんどなく、阿吽の呼吸で木村さんから誘いがあるそうです。

Aさんと木村さんは、当初は「サービス利用者」と「サービス提供者」という立場で出会っています。木村さんは五年間の施設生活を経て、在宅での独り暮らしを始めると同時に、仲間とともにヘルパー派遣事業所（以下、事業所）を立ち上げました。この事業所の利用者の一人がダウン症の子どもをもつAさんでした。その後、同事業所は職員同士の内紛により破綻してしまいました。木村さんは事業所を閉めるにあたって、利用者のAさんにお詫びの挨拶をしました。しかし、Aさんは「同じ地域だし、つながりをもっていたい」と言い、それを契機に、Aさんを中心として団地内に形成されつつあった障がいのある子どもたちと母親たちのコミュニティと、木村さんとは、私的な交流を深めていきました。この交流は、木村さんが、障がいのある二人の子どもとAさんを含む二人の母親を「たこ焼きパーティ」などに招くような小規模の集まりから始まりましたが、次第に拡大していきました。

規模が拡大したきっかけは、二人の子どもたちが通っていたダンス教室が、スタッフの異動に伴って教室の場所を移転したことです。新しいダンス教室は、木村さんが見学に行きやすい場所にあり、木村さんは毎週のようにダンスの見学に行くようになりました。そして、木村さん宅がダンス教室のクリスマスパーティなどの会場になり、木村さんとキッズダンスチーム「ピンクチャウビック」は関わりを深めていきました。その後、Aさんもヘルパー派遣事業所を立ち上げて、そこから木村さん宅にもヘルパーが派遣されるようになりました。しかし、木村さんとAさんの私的な交流のなかで、そのことが話題になることは余りないといいます。木村さんとAさんは、「サービス利用者／サービス提供者」という社会的な位置づけのなかで出会い、しかもその関係は途中から入れ替わっています。

障がい者の自立生活運動[*4]が始まって以降、このように障がい当事者やその家族がサービス利用者の立場でありながら、福祉サービス事業所を立ち上げ、それによって、サービスの受け手がサービスの担い手になるという形態が、制度的にも認められるようになってきています。[*5]こうした形態の下では、サービス利用者とサービス提供者の立場は交換可能となり、それまでの福祉サービスにはなかったような互恵的な援助関係が見られます。したがって、従来の福祉制度に見られるような「サービス利用者／サービス提供者」のあいだの明確な隔たりは存在しません。それゆえに、ビジネスライクな関係ではなく、友人関係のような気安く対等な関係が築かれやすいという利点があります。その反面、「サービス利用者／サービス提供者」間の関係のあり方について一定のルールをつくっておかないと、馴れ合いや甘えが生じてサービス利用者が必要としているケアの質が曖昧にされたり、プライバシーにおける節度が守られなかったりするという問題が生じることもあります。

木村さんによれば、Aさんは日ごろから「ピンクチャウビック」の子どもたちに「木村さんには絶対に迷惑をかけてはいけない」と一貫して言い続けているそうです。そして、団地内に形成されている障がいのある子どもたちとその母親たちのコミュニティのなかにも、そのルールが浸透しているように見受けられます。木村さんも「普段はそんなにAさんとは話さない」と言っていて、両者のあいだには一定の距離感が存在します。以上のルールと距離感の下で、木村さん宅で開催されるパーティのホスト役はあくまでも木村さん自身が担っているのです。

4 オブジェクトの変遷

温かい食べ物と調理器具

木村さんの家では、食事をしながら、みんなが木村さんからさまざまな話を聞くことがあります。そのなかで改めて感じたのは、「あったかいものが食べたい」という木村さんの料理へのこだわりです。「施設のご飯は冷えていてまずい。とにかくあったかいものが食べたい」という話は、これまでも何回か、木村さんから聞いたことがありました。このように「あったかいものが食べたい」という木村さんのこだわりの背景には五年間の施設生活の体験があります。実際、温かい食べ物をおいしそうに食べている木村さんを見ていると、施設生活のなかでいかに温かい料理への欲求が育まれたのかが、察せられます。

前述したように、木村さんは母親の癌の発病と入院に伴い、三五歳のときに施設に入所して五年余りを過ごしています。施設生活を開始したのは、木村さんが家族との閉鎖的な生活から脱し、月一回程度外出するようになった時期で、さまざまな人から刺激を得ていた時期でもありました。そのため、施設のなかの人たちと交流できたこと自体は「いい経験」だったといいます。たとえば、施設生活では「いろんな人に出会って意見が合わなくて口論したりした」ようですが、ちょうど気持ちが外にむかっていたこともあり、それらを含めて「いい経験」だったと今は感じているようです。

しかし、「やはり施設は施設で、五年もすれば不満が出てくる」のです。その不満の背景には、利用者に合わせた個別的ケアができる体制が整備されていないため、利用者のニーズに即応できないという施設側の実態があります。とはいえ、施設では、家族との暮らしでは体験できないような、さまざまな人たちとの交流があったり、思うようにいかない生活を送りながらも「やりたいこと」への欲求が育まれたりしています。

木村さんの施設生活の体験を理解した上で、木村さんの住居にあるオブジェクトのうち、独り暮らしになってから木村さんが買い揃えた調理器具や道具類を見てみると、たこ焼き機、お好み焼きを作るためのホットプレート、綿菓子機、チョコレートタワーなどの存在が目につきます。たこ焼き機やホットプレートなどは、いずれも「安価で温かい食べ物が提供できる」調理器具です。同時に、「自宅で人と一緒に食べることを楽しめる」という属性をもった道具です。また、子どもたちが喜びそうな綿菓子機やチョコレートタワー、かき氷機、ドーナツ製造機など、小型のものではありますが、イベントなどでより多くの人たちが楽しむために活用されるような道具類もあります。

そのなかで最初に購入されたのは、木村さんが大好きなたこ焼きを作るためのたこ焼き機であり、同じく大好きなお好み焼きを焼くためのホットプレートだったそうです。それらの調理器具は、当初は木村さんの個人的な楽しみのために主に活躍したようです。Aさんや「ピンクチャウビック」との交流以後、それらはもっぱら子どもたちや母親たちとのパーティで活用されるようになりました。また、「ピンクチャウビック」のビデオカメラ係を担うようになってから、新しいビデオカメラなども購入しています。元来、木村さんは機械ものが好きで、PCやデジタルカメラなどはすでにもっていました。しかし、カメラやビデオを使うには被写体が必要です。「ピンクチャウビック」という被写体を得た木村さんが、いっそう機材に凝るようになったことは容易に想像できます。

オブジェクトと人の集まり

先に述べたように、木村さんは最初から、「みんなで一緒に食べよう」と思って、たこ焼き機などの調理器具を購入したわけではありませんでした。頸髄損傷以前、木村さんは「独りでいることも大事に思う、しかし、ときには友人たちと出かけたい」という性分で、映画を一人で見たり、一人で好きな物を食べに行ったりすることもありました。ヘルパーの介護を受けて生活している今も、それは変わりません。ただ、自由に「出かけられないので家でする」ように変化しただけだといいます。また、家族と暮らしていたときは、住居や調理器具などについて特別にこだわることはなかったそうです。施設生活のなかで育まれた「温かいものが食べたい」という欲求を実現するために、それらの調理器具を購入したのです。その後、こうした調理器具がもっている「自宅で人と一緒に食べることを楽しめる」という属性が、いろいろな人との交友関係が深まるなかで、活用されるようになっていったということです。

「ピンクチャウビック」と交流するようになってから、木村さんが体験した印象的なエピソードがあります。「ピンクチャウビック」は京都市内のイベント施設でダンスを定期的に披露しており、木村さんもそこにビデオカメラ係として参加しています。そんなあるとき、子どもたちに飴をあげたら、満面の笑みで「ありがとう!」と言って物凄く喜んでくれたのだそうです。「飴なんかでこんなに喜んでくれるのか」と思ったことが、綿菓子機をインターネットで購入するきっかけになりました。それが、チョコレートタワー、かき氷機、ドーナツ製造機などの購入につながっていきました。

「温かいものを食べたい」という施設生活のなかでの欲求が、たこ焼きやお好み焼きといった「安価で温かい食べ物を提供できる」オブジェクトの所有につながりました。次いで、そのオブジェクトがもつ「自宅で人と一緒に食べることを楽しめる」という属性が、いろいろな人との交流に活用されていきました。そして、こうした交流のなかで、さらに多くの人を楽しませる綿菓子機のようなオブジェクトの所有につながったのです。

現在、木村さんは「子どもたちの成長を見守りたいと思うようになった」と言います。また、子どもたちとの交流について「四〇過ぎのおっさんが子どもたちを家に呼んだりしたら、（健常者の場合は）怖がられるが、それが（自分の場合には）ない」と語ったことがあります。確かに、木村さんと子どもたちとの交流にとって、木村さんの障がいはポジティブな働きをしていると考えられます。

ホストと補佐

木村さんは、「僕はヘルパーの全介助を受けて作る料理も、（僕が指示をしてヘルパーが作るという意味において）手料理だと思っているのです」という意味のことを、何度か筆者に語ったことがありました。しかし、言葉だけで指示をしてヘルパーにイメージどおり料理を作ってもらうのは、実際には難しいわけですから、木村さんの「手料理」にはさまざまな工夫が必要とされます。

こうした会話のなかで筆者が強く感じたのは、「この住居の管理人やホストはあくまでも木村さんなのだ」「ヘルパーはそれを補佐しているのだ」ということでした。つまり、木村さんとヘルパーの関係は、住居のなかで展開される「ホストと補佐」の関係として捉えられます。木村さん宅で行われる宴会やパーティでは、木村さんというホストの要望を実現するために、ヘルパーが補佐する必要があります。たとえば、部屋の仕切りを取り払ったり、ホットプレートなどの調理器具を棚から取り出してテーブルに並べたりするといった補佐です。宴会やパーティが開かれる際、ヘルパーは、パーティ参加者と一緒に、事前に「住居の整備」や「調理の準備」を行います。パーティが始まったら、木村さんへの「食事介助」を行います。パーティが終わったら、参加者と一緒に「後片づけ」や「現状復帰」を行います。さらにそこには、通常のヘルパーの家事援助業務にはない、木村さんと周囲の人たちとの関係を尊重した仕事も含まれます。

このような援助は、身体介護や家事援助を画一的な手順で行えばいいというものではなく、サービス利用者の意図や周囲の人との関係性を理解した上で、サービス提供者が臨機応変に実施する必要があります。そのため、サービス利用者の意図やライフスタイルを尊重できる人材が適任ですが、そのことと資格をもつことは必ずしも一致しません。資格をもち、介助技術を身につけていても、サービス利用者の意図やライフスタイルへの理解が不十分な場合のサービスの提供は、サービス提供者側の意図や彼らが良いと考えるライフスタイルをサービス利用者に一方的に押しつける結果を招くこともあります。したがって、木村さんの場合は、木村さんの嗜好やライフスタイルを理解していて、木村さんが適任だと思うヘルパーが入れる日程に行うよう、木村さんはパーティの日程を調整しています。

現在、木村さんは、身体介護のヘルパー派遣事業に加えて、指定重度訪問介護事業所[*6]のヘルパー派遣事業や、自ら探し出した人を自薦ヘルパー[*7]として活用する制度を利用して、かろうじて二四時間の介護体制を確保しています。以上の三つのヘルパー派遣制度のうち、身体介護や指定重度訪問介護事業所のヘルパー派遣事業は、利用者が適任だと思うヘルパーを指定して派遣してもらうことは困難で、基本的には事業所がヘルパーを選定します。それに対して自薦ヘルパーの制度は、利用者が適任と思うヘルパーや時間帯を利用者自らが選べる制度ではありますが、ヘルパーそのものの報酬単価が低く低賃金なため、人材の確保が難しい現状にあります。

また、指定重度訪問介護事業所のヘルパー派遣事業は、身体介護の大変さに比して報酬単価が低く、人材確保が厳しい状況にあるため、利用者とヘルパーの調整は不十分になっています。とくに深夜の人材確保は難しく、サービス支給量のすべてを事業所ヘルパーで満たすことはできません。

本当は、誰がヘルプに入っても問題がないように、適切な人材を何人かを自分で選んで確保したいというのが、木村さんの本音ですが、地域生活を維持するためには二四時間の介護体制を確保する必要があり、複数のヘルパー派遣制度を使わざるをえないという状況があります。適任と思えるヘルパーをサービス利用者自身が選べるようにしていくためには、事業所に支払われる報酬単価の引き上げと人材確保が必要です。

家事援助の再定義

ヘルパーの家事援助のうち「調理」に焦点をあてて考えてみると、「調理する＝料理を作る」というヘルパーの援助は、利用者の側から見れば「他人が住居に入ってきて自分の台所で料理を作っている」という行為です。一般に、「他人が自分の住居に入ってきて自分の家の台所で料理を作っている」という光景は、恋人や友人など特別に親しい間柄のなかでこそ認められるものです。したがって、それ以外の人間が行うことは、住居の住み手にとって、ときに受け入れがたいものになるのではないでしょうか。

そもそも、ヘルパーが利用者の住居のなかで行う援助行為は、「介護する側／介護される側」の双方に、そのような意識がたとえなかったとしても、「してあげる／してもらう」関係であると、周囲の人に見なされます。それに対し、利用者を住居の住み手、すなわち住居の管理者・ホストとして捉え直し、利用者とヘルパーとの関係を「ホスト／補佐」の関係と定義づけるならば、「他人が住居に入ってきて自分の台所で料理を作っている」＝「ヘルパーが調理という家事援助を行っている」という行為となり、そこに生じがちな「してあげる／してもらう」という意識を払拭することができます。そこから、たとえば、「他人としてではなく、友人として料理を作っている」あるいは「好意からではなく仕事としてやっている」というように、ヘルパーと利用者の関係を再定義することができますし、まさにそのことが必要とされています。木村さんは、ヘルパーの「調理」を「ヘルパーに指示を出して作っている『わたし』の手料理」であると再定義することによって、利用者とヘルパーの関係性のなかにある「してあげる／してもらう」という意識を払拭すると同時に、自らがホストとなることで、料理の楽しさを演出しようとしているように思えます。

日常的に家事援助を受けている身体障がいのある人にとって、自分自身が住居の管理者でありホストであるという意識がもてる状況は、非常に重要なことではないでしょうか。また、身体障がいのある人が「外出できる／できない」にかかわらず、「コミュニティからの疎外や孤立を予防するために外出の機会を増やす」「地域社会のなかに居場所をつくる」という取組においても、このように利用者とヘルパーの関係を再定義することの必要性が、見過ごされてはいないでしょうか。

マッサージチェアの由来

木村さん宅で目につくもののひとつに、マッサージチェアがあります。木村さんは「これは（ヘルパー派遣事業所を経営していたときの）ヘルパーのためのもの」と言っていましたが、今回のインタビューで初めてその由来が語られました。

家族と暮らしていた時期の木村さんのもとには、ひんぱんに京都頸髄損傷者連絡会[*8]の人が訪問して、外出を働きかけていました。訪問は「何回も何回も」繰り返され、木村さんは「そんなにいうのだったら出かけようか」と思うようになり、一ヵ月に一度程度、外出するようになりました。ちなみに木村さんによれば、頸髄損傷者を「家から出すというのは二〜三ヵ月ではいかへんね。半年一年かかると思う」とのことです。最初の外出は京都頸髄損傷者連絡会が主催した運動会だったようです。そのとき、外出したら「意外に楽しい」「先輩たちは本当に楽しんでいる」という発見があったそうです。その矢先に、母親が癌を発病して手術のために入院し、木村さんは施設生活を余議なくされました。前述したように、施設生活も五年もたつと不満が出てきます。そのなかで木村さんは在宅での独り暮らしが可能かどうかのシミュレーションをしました。しかし、「障がい基礎年金と特別障がい者手当で合計約一一万円。そこから週二回の排便のための訪問看護の費用が二〜三万円かかるから、それでは生活は難しい」と半ば諦めていました。そんなときに、事業所を立ち上げようという話が、身体障がい当事者の仲間のなかから出てきました。24時間の介護を必要とする人たちが施設から出て地域生活を送ることを可能とするためには収入源を確保する必要があり、そのために現行の福祉サービス制度を活用して木村さんたちはヘルパー派遣事業を立ち上げる決断をしたのでした。

この経過のなかで特筆すべきことは、家族と暮らしていた木村さんを外に連れ出したのも、施設生活から在宅に戻って独り暮らしを始めるきっかけをつくったのも、京都頸髄損傷者連絡会や、自立生活を志向して事業所を立ち上げようとしている施設利用者であり、いずれも身体障がい当事者の仲間であったことです。木村さんの体験から、家から外に出たり、施設から出て地域生活を送ったりする際には、障がい当事者の自助組織や同じ障がいのある仲間たちからの継続的な働きかけが重要な役割を担っていることが窺えます。そして、施設から出て地域生活を送るようになってからも、木村さんの交友関係は仲間と立ち上げたヘルパー派遣事業を介したつながりが主だったようです。

マッサージチェアは、木村さんたちが立ち上げた事業所がヘルパーの「リラックス」のために購入したものでした。しかし、事業所が破綻したことに伴い、木村さんの自宅に引き取られました。そのころは、木村さんの姉が木村さん宅を訪問したときによく使用していたそうです。そして、Aさんとの出会いをきっかけに「ピンクチャウビック」との交流が始まってからは、「ピンクチャウビック」の子どもたちがもっぱら活用しています。前述したとおり木村さんとAさんとは、ヘルパー派遣事業所という福祉サービス制度の枠組みのなかで、サービス利用者と提供者という立場で出会いましたが、事業所の閉鎖をきっかけとして、二人の関係は、住居を拠点とした日常的で私的な交流の輪へと拡大していきます。

このなかでマッサージチェアは、木村さんの交友関係が福祉サービス制度を介した社会的な交流から、住居を拠点とした私的な交流へと転換した時期に、木村さんの意思でヘルパー派遣事業所という福祉制度の場から自宅という私的な場に引き取られた道具です。それゆえ、木村さんの住居のなかで、母親の遺影とならんで、私的生活の記念碑的な存在感を放っているオブジェクトとして位置づけられます。

5 制度的な取組の限界と野火的活動

木村さんの住居のオブジェクトの由来を辿ってきましたが、それらを木村さんの生活誌と合わせて整理してみると、図7-2のようになります。

図7-2に示すとおり、四〇歳で施設を出て、事業所を立ち上げて在宅での独り暮らしを始めてから、たこ焼き機やホットプレート、マッサージチェアなど、他者と共有できるオブジェクトが登場するようになります。そのなかで、たこ焼き機やホットプレートなどは木村さんの個人的な楽しみのために、マッサージチェアは姉のために当初は主に活用されてきました。次いで、大学やAさんたちとの交流に伴って、以上の調理器具や道具類が小規模な集まりで使用されるようになり、さらにAさんとの出会いをきっかけにして始まった「ピンクチャウビック」との交流のなかで、ビデオカメラや綿菓子機、チョコレートタワー、かき氷機、ドーナツ製造機などの道具や機材が一挙に登場しています。このように、オブジェクトとさまざまな人の集まりが重なり合って、木村さんを囲むコミュニティが拡大していっています。そして、このあいだは、木村さんの交友関係が身体障がいのある人に対する福祉サービスの枠組のなかでの交流から、私的なものへ

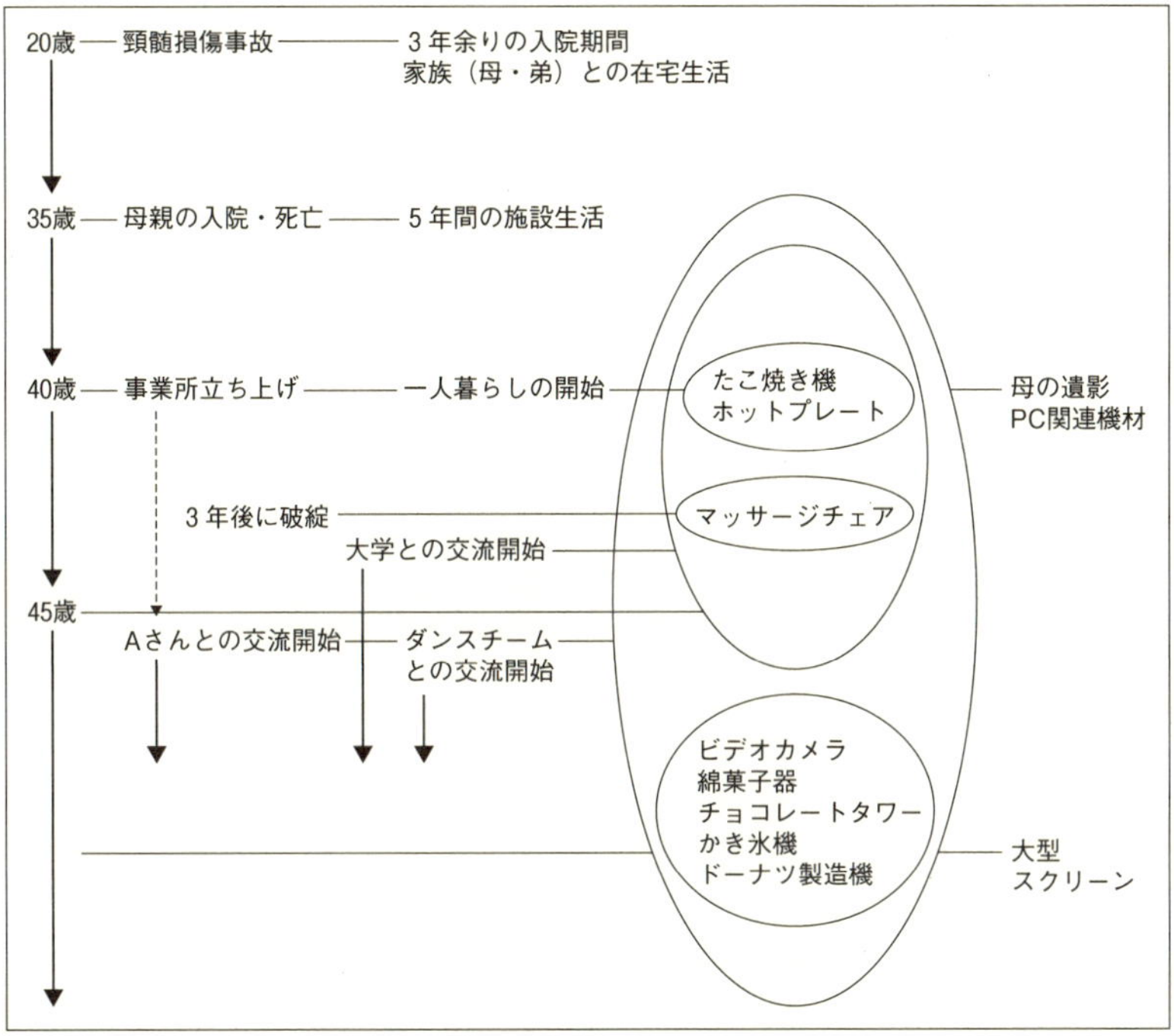

図7－2　木村さんの生活誌と住居のオブジェクト

と拡大した時期でもあります。

木村さんの生活誌を辿ると、木村さんが家族との閉鎖的な生活から抜け出して外出できるようになった時期や、施設生活から在宅独り暮らしに移行する時期には、身体障がい当事者たちからの社会的なアプローチが非常に強力な形で行われています。したがって、活動拠点が変化する時期には、障がい当事者からの社会的な強い支援が必要だったと解釈できます。しかし、木村さんが在宅生活を楽しむようになった時期には、社会的な立場を背負った交流から私的な交流への転換が行われています。少なくとも木村さんの場合は、従来の福祉制度にはなかった障がい当事者からのサポートや、「サービス利用者／サービス提供者」という枠組から逸脱した関係が、彼の地域生活を支えています。また、そのことが地域生活の「楽しさ」の演出に有益に働いていると考えられます。

ここには、木村さんの障がい特性である「四肢麻痺」の影響も認められます。木村さんは、体温調節機能障がいや起立性低血圧などの障がいもあり、夏場や冬場の外出には制限があります。しかしその代わりに、「四肢麻痺」という障がいの特性ゆえに、怖れられずに子どもたちやその母親たちを自宅に招き、ホストとして振る舞うことができます。そして、自宅では、ホスト役をしながらも、体調に不安があればベッドに横たわることも容易であり、体調をみながら無理のない形での交流が可能です。

また、客人たちを住まいに招き入れてパーティや宴会を行う場合は人数に合せて部屋の仕切り方を工夫している様子が窺えます。木村さんが暮らすニュータウンは、高度成長期に核家族を迎えるために建設された均質な形状をもつ住居群であり、建設当時は、台所や居間と個室の空間を仕切ってその機能を分けるなど、その時代に要求されたプライバシーを尊重した構造をもっていました。そのため、かつての日本家屋に見られたような、客人が出入りできる公共的な空間を、本来はもっていません。しかし、木村さん宅のパーティや宴会では、部屋の仕切りは取り払われ、寝室も開放された形になります。

木村さんは、親しい人やヘルパーの前で寝室のベッドに横たわっている姿を見せることはあっても、客人に対してベッドに横たわっている様子を見せることはほとんどありません。また、パーティや宴会を行う場合は、介助式の車いすに座して客人を迎え、客人たちが集まりを終えて帰宅すると、すぐに仕切りを閉めて一人になれる密室空間を確保して休息をとっています。

木村さんは、四肢麻痺があるために、体幹部や下肢に関するボディイメージが漠然としており、排せつや入浴の介助を受ける際に自分の身体を人目に晒すことへの不快感は少ないようです。したがって、寝室のベッドに横たわっている姿を客人に見せないのは、見られることへの不快感からそうしているというよりも、客人に対する礼儀と自身のプライバシーを守るためにそうしているという意味合いが強いように思われます。

木村さんは部屋の仕切りが多いというニュータウンの住居がもつ特徴をうまく活用して、パーティや宴会を行う際には、客の人数や出入りに合せて部屋の仕切りを閉じたり開いたりしています。そして、客人が自由に出入りできるような公共的な空間を住居のなかにつくりだしたり、客人が去るとプライバシーが確保できるような私的な密室空間をつくりだしたりしながら、パーティのホストの役割や、住居の管理者の役割を、自身の体調に留意しつつ主体的にはたしているのです。

木村さんとAさんたちがニュータウンのなかにつくりあげたコミュニティには、プライバシーやその人独自のライフスタイルを尊重することが難しい福祉施設のなかでのコミュニティがもちえない特徴があります。障がいのある人たちを住居の管理者やホストとして位置づけることによって、彼らの住まいにさまざまな人を招き入れて、暮らしのなかに「楽しさ」を演出しようとする特徴です。それは、生活の場に人々を招き入れて生成されるコミュニティであり、従来の施設内のコミュニティともインターネットなどを使用して生活の場を超えて生成される現代的なコミュニティとも異なる特徴をもっています。そこにおいて、ニュータウンの住居や、住居のなかの調理器具や道具類や機材、そして木村さん自身の身体も、社会的ネットワークのオブジェクトとして位置づけられます。これらのオブジェクトが媒介するさまざまなつながりが幾重にも重なって拡大していく形で、障がいのある子どもや大人、学生、教職員、援助職たちの緩やかなコミュニティが木村さんの住まいを拠点として生まれているのです。

以上のような形でコミュニティが生成されるさまは、現在「野火的活動」という言葉で注目されているコミュニティ活動のあり方を連想させます。

野火的活動（wildfire activity）とは、「分散的で、ローカルな活動やコミュニティが野火のように同時に至る所に形成され、拡がり、相互につながって行くといった現象」[*9]を指しています。元来、野火的活動は、インターネットなどのツールによって、時空間を超えて生成・発展・消失を繰り返す自由度の高い活動であるとされています。しかし、「野火的な活動はインターネットに限定されるものではなく、たとえば、赤十字、スケートボーディングや地域における街づくりのための市民活動といったものの中にも見いだすことができる」[*10]ものです。また、「社会的ネットワークは、人々だけから構成されているのではなく、むしろ、共有するオブジェクトによって媒介されたものだという理論的観点」[*11]があります。

木村さん宅を中心として形成された小規模で自然発生的な集まりは、住居を中心として展開されており、住居に置かれているオブジェクトやオブジェクトの使用法は木村さん自身が決定しています。また、木村さんへの身体介護や生活援助のあり方も、木村さん自身が可能なかぎり自分で決めようとしています。それゆえ、パーティのホストや住居の管理者の役割をはたすことが可能となり、暮らしのなかの楽しさを主体的に演出できるのだと思われます。

それに対して、現在の福祉制度は、身体介護や生活援助の対象として高齢者や障がいのある人々を受身に位置づけて、画一的な基準の下でヘルパーを一律に派遣したり、社会的な孤立を予防するために、彼らが集合する場所やプログラムを定めて、そこに高齢者や障がいのある人を住居から通わせて集団活動を行ったりしています。また現在の福祉制度の下での取組には、高齢者や障がいのある人々の社会的な孤立を防ぎ、コミュニティの一員として位置づける方法としてサービス利用者を「家の外に連れ出す」という方法への偏りが見られる場合もあります。

しかし、どのようなオブジェクトを住居に置いて、どのように活用するのかについて自己選択ができない状況においては、地域で暮らしているという主体的な感覚は育たないと思われます。そのような状況においては、たとえ住まいの外に人為的な居場所がつくられたとしても、生活全体への満足を感じることは通常は難しいと思われます。

高齢者や障がいのある人々が生きがいのある地域生活を送るためには、個々のライフスタイルや嗜好が尊重され、地域生活と自分の住まいのあり方を選択できるのは自分自身であり、自分が主人公であると実感できるようなオーダーメイドの支援を、地域社会全体で彼らとともに考えていくことが必要です。

住まいや住まいに置かれたオブジェクトのデザインをサービス利用者が選択したり工夫したりすることへの支援について、従来の福祉サービス制度は余り重要視してこなかったように思われます。木村さん宅で繰り広げられている地域生活の試みは、住まいや住まいに置かれたオブジェクトのデザインを選択したり工夫したりできる暮らしが保障されることが、その人らしい暮らしや、地域社会のなかでの人と人との私的なつながりを確保する上でいかに大切なのかを提起しているのではないでしょうか。

謝辞

最後になりますが、本調査に協力していただいた木村善男さんとAさん、キッズダンスチーム「ピンクチャウビック」の子どもたちとその母親たちに、心からの謝意を表します。

付記

本稿は「身体障害をもつ住民の暮らしの一例――ニュータウンの住居に置かれたオブジェクトから辿る生活誌」(『人間学研究』二〇一三年)を改編したものです。

注

＊1　木村さんは筆者の研究協力者であり、実名記載についても快諾されている。また、本章はインタビューから得た情報だけではなく、木村さんとのこれまでのつきあいのなかで筆者がすでに把握していた情報を含めて再構成して記述している。

＊2　上肢ではPCのキィボードを叩く程度の動きはできるが、下肢は完全麻痺状態で、日常生活については全介助を要する。

＊3　障がいのある、なしにかかわらず結成された伏見地域のキッズダンスチームで、ヒップホップダンスの公演などを各種のイベントで精力的に行っている。なお「ピンクチャウビック」の実名掲載についても、文中に登場するAさんをとおして許可を得ている。

＊4　障がい者が自立生活の権利を主張した社会運動であり、アメリカのカリフォルニア大学バークレイ校に入学した重度の障がいのあるエド・ロバーツの学生生活保障の運動として開始された。一九七二年には、世界最初の障がい当事者が主体となって運営する「自立生活センター」が立ち上げられ、一九八〇年代には日本にも普及した。なお、日本においても脳性麻痺の人たちを中心に施設から地域に出て生活する運動が一九七〇年代から独自に繰り広げられている。したがって現在の日本の自立生活運動は日本独自の運動とアメリカの自立生活運動の歴史の上に成り立っていると指摘されている。

＊5　安積純子・岡原正幸・尾中文哉・立岩真也『生の技法――家と施設を出て暮らす障害者の社会学』藤原書店、一九九〇年。

＊6　重度訪問介護とは、重度の肢体不自由者で常に介護を必要とする人に、居宅において、入浴、排せつおよび食事などの介護、調理・洗濯および掃除などの家事ならびに生活などに関する相談および助言その他の生活全般にわたる援助ならびに外出時における移動中の介護を総合的に行う。

＊7　自薦ヘルパーとは、居宅介護および重度訪問介護の指定事業所を運営する障がい者団体と提携して、障がい当事者が自分で確保した介助者を自分専用にヘルパー（自薦の登録ヘルパー）として登録できる制度である。パーソナルア

シスタントとも呼ばれ、介助者の人選、介助時間帯も自分で決めることができる（全国障害者介護制度情報 http://www.kaigoseido.net/topF.htm 二〇一一年九月二三日情報取得）。

＊8　一九七三年四月に全国頸髄損傷者連絡会（Japan Association of Quadriplegics）として発足。当初三〇人ほどであった会員は、現在では全国に八〇〇人を越えており、栃木・東京・神奈川・愛知・岐阜・京都・大阪・兵庫・愛媛の各支部と、北海道・福島・静岡・鳥取の地区窓口が連携し、全国レベルの問題、地域レベルの問題に対応している。全国頸髄損傷者連絡会ＨＰから引用（http://saka—ue.cside.com/j/naq/ 二〇一一年九月二三日情報取得）。

＊9　日本質的心理学会「第九回大会準備委員会企画　野火的活動——学習、活動の捉え直し」講演 Dr. Lois Holzman、二〇一二年。

＊10　上野直樹「野火的活動におけるオブジェクト中心の社会性と交換形態」（『発達心理学研究』二二（四）、三九九—四〇七頁、二〇一一年）三九九頁より引用。

＊11　前掲書三九九頁より引用。

参照文献

岡部耕典『障害者自立支援法とケアの自律——パーソナルアシスタントとダイレクトペイメント』明石書店、二〇〇六年。

梶晴美「札幌市パーソナル・アシスタンス制度の現状と課題——介護者の確保と自己選択を巡って」『人間福祉研究』一四、六七—七七頁、二〇一一年。

吉村夕里「ニュータウンにおける障害をもつ子どもと母親たちのコミュニティ形成——就学前から就学期のソーシャルワークの課題」『人間学研究所紀要人間学研究』第一一号、二九—五四頁、二〇一一年。

Engestrom, Yrjo ＆山住勝広『ノットワーキング　結び合う人間活動の創造へ』新曜社、二〇〇八年。

コラム

ニュータウンと引きこもり

高石浩一

もともとニュータウンと引きこもりは、決して相性が良いわけではありません。わたしが引きこもりの人たちと関わり始めたころは、若年の引きこもりはなぜか圧倒的に一戸建住宅の子どもたちが多いと囁かれていました。しかし後述するように、今やニュータウンにおける引きこもりは、看過できない問題になってきているようです。

斎藤環は治療対象としての「社会的引きこもり」を唱えました。[*1] もともとそれは「二〇代後半までに問題化し、六ヵ月以上、自宅にひきこもって社会参加しない状態が持続しており、ほかの精神障がいがその第一の原因とはかんがえにくいもの」とされていて、不登校や不就労の若年層が対象でした。やがて家に引きこもる期間が遷延化するに連れて、年代層は拡大しました。今や引きこもりは、あらゆる世代に拡がっているといっても過言ではないでしょう。厚生労働省は、彼らを生産活動に従事させよう、自ら収入を得て納税してくれる就労者に仕立てあげようと、若年不就労者をニートと命名して就労支援対策を打ち出しましたが、実際にジョブカフェなどの就労支援対策事業の現場に現れるのは、中高年の引きこもり、精神障がい者、無意欲不就労者などが少なくなく、施策対象の拡大や迷走が起こっているのが現状です。

ところでニュータウンにおける引きこもりは、その絶対数が決して多いとはいえないながらも、今やニュータウン住民の高齢化に伴って、深刻な問題になってきているようです。それというのも、親に依存して引きこもり期間が長期化した彼らは、日々を生き延びる術《すべ》をもたないばかりでなく、ソーシャルサポートを活用する術を、ほとんどもちあわせていないからです。高齢化した親の年金でかろうじて生きている引きこもりは、親が死ぬと同時に生活の術を失ってしまいます。彼らに「親が死んだらどうするか」と問うと、ほとんどが「自殺する」「そのまま餓死する」と答えるそうです。[*2] 実際、すでに餓死者が出ているばかりでなく、そうした自分たちの将来を悲観しての心中ともいえる事件がたびたび報道されることは、よくご存じでしょう。

ニュータウンにおける引きこもり問題の焦点は、その閉鎖性の高さにあるといえるかもしれません。接するとはいえ隣家と隔絶され、しかも社会との通路はドアひとつです。騒音が問題になるとはいえ、基本的に隣家は何をする人かを知らずに生活を営むことができる集合住宅は、人とのつきあいを拒む者にとっては格好の棲家であるといえなくもありません。

引きこもり対策として高唱される「訪問」「外からの風を入れること」「居場所づくり」「イベント企画」などは、実はそのままニュータウンの活性化対策でもあります。しかし、いったん閉じられた扉の向こうに踏み込むことは至難の業です。コミュニティのイベントを喧伝しても、ひとたび社会との隔絶を決心した人や家族にとっては、遠い国の出来事と大差ありません。彼らが追い込まれて事件化する前に、何とか手を差し伸べられないものか、というのが周囲の人たちの思いではありますが、社会との接点をもつこと、それ自体が彼らの強烈な劣等感と無力感を引き起こすので、家に押し入ることは侵入どころかむしろ攻撃に等しく感じられるのです。

それでも引きこもりの人々と直接出会い、あるいは支援団体の人々と語り合い、親御さんたちと出会って、得られたわずかな手がかりはあります。どれほど引きこもっていても、彼らは窓にかけられたカーテンのわずかな隙間から外をのぞき見ており、事件報道と狭い興味に基づくサイトばかりではあるにせよ、ネットを通じて外の世界への関心は持ち続けているのです。天岩戸よろしく外で賑やかな祭りをすれば、天照大神はのぞき見るかもしれず、シンプルに希望へとつながるソーシャルサポート情報をそうした関心の隙間から伝えることができれば、その声は届くかもしれないのです。

おそらく、むやみに詳細な情報提供は不要でしょう。火急の際に必要なのはファーストエイドであって、とりあえず誰に連絡するか、何を告げるかが明らかであれば、最初の一歩を踏み出せます。そうすれば、後は自然にソーシャルサポートの流れに乗っていける……そんな仕組みをつくり、それを彼らに提示していくことが望ましいのではないでしょうか。さらに欲をいえば、全体の見通しやその成果と、途中に越えなければならないいくつかの課題を明示しておくこと（もちろん必要最低限にとどめるべきでしょうが）、が望ましいと思われます。基本的にこれは、緊急支援のマニュアル、禁煙や薬物依存治療のマニュアルからの類推です。

彼らに対する心理的援助の困難さは今さらいうまでもありませんが、それでも臨床心理士としてしつこいほどに訓練される「何もしないで、黙って聴く」姿勢は、むしろソーシャルワーカーとして、民生委員として、支援者として、彼らに実際的援助に関わる人たちに、ぜひ身につけて欲しい態度です。支援者／被支援者関係は、セラピスト／クライエント関係と同様、もともと非対称で上下関係になりやすい性質をもっています。そうして、知らず知らずのうちに引きこもりを無力な者、支援を必要とする者と見なしてしまい、その自尊心を損ないがちだからです。支援する者の無意識的な優越感ほど、彼らの自立心を損なうものはありません。彼らを無力にしているのは、むしろ支援しようとする自分たちであることを真摯に自覚しながら、それでも必要最低限の計らいを淡々と行うことが、実は最も求められる人的支援のあり方だと思われます。他人の援助をすることで、支援者は大金を払ってもなかなか手に入れられない「生きがい」を得られることになります。阪神大震災の折に「ボランティアする人はお金を払わないかん」と内輪の集まりで冗談のように語っていた河合隼雄の真意は、どうもその辺りにあったのではないか、とわたしはこっそり思っています。

注

＊1　斉藤環『社会的引きこもり』ＰＨＰ新書、一九九八年。

＊2　井出草平『ひきこもりの社会学』世界思想社、二〇〇七年。

第8章

ニュータウンに住む中国帰国者
――インタビューとアンケートからみえる支援の課題

縄野友希・杉本星子

1　中国帰国者とは

向島ニュータウンには、中国帰国者とその家族が数多く暮らしています。しかし、その数は正確には把握されていません。二〇一四年に、小林大祐がおおよその入居数を把握しようとベランダに設置されている中国向きのパラボラアンテナの数を調べてみました。表8-1に示されるようにアンテナのある世帯数は一〇二三です。一世帯あたりの平均人数を少なめに二人として計算した結果、二〇六六人という数が出ました。[*1]

二〇〇四年に、ニュータウンの商店会に「熙麟商行」という中華食材や雑貨を扱う商店がオープンしました。ここは、中国語を母語とする人たちの情報交換の場となっています。食品・雑貨以外にも中国の衛星放送の視聴システムが販売され、向島ニュータウンのアパートには日本の衛星とは方向の異なる西南西にむいたパラボラアンテナが数多く見られるようになりました。[*2] 初期のパラボラアンテナは中国から直接輸入され

表8－1　パラボラアンテナから見た中国の衛星放送受信住戸（低層分譲4・7街区除く）

	1街区	2街区	3街区	5街区	6街区	8街区	9街区	10街区	11街区	合計
総戸数(戸)	860	217	1,225	1,245	624	787	219	328	619	6,124
受信数(戸)	185	11	20	331	15	170	27	68	196	1,023
割合（%）	21.5	5.1	1.6	26.6	2.4	21.6	12.3	20.7	31.7	16.7

注：市営住宅4,058戸の内977戸（24.1%）。

たもので、大型のものが現在も残っています（写真8-1）。四街区と七街区を除いた高層住宅で見るとニュータウン全体では一千を超えており、空き家を含めた住戸の一六・七%に上ります。街区別では、中国帰国者の一世が住み始めた市営住宅で多く、一一街区が三〇%を超えており、次いで五街区が二六・六%、一街区と八街区、一〇街区も二〇%を超えています。とはいえ、向島ニュータウンには帰国者としてではなくニューカマーとしてやってきた中国人も多いため、この結果だけで中国帰国者数を把握したとは言い難いのが事実です。

中国帰国者とは、終戦後もさまざまな事情で中国から帰国できず、一九七二年の日中国交正常化以降日本に帰国した中国残留邦人と、その「同伴家族」「呼び寄せ家族」として来日した方々の総称です。中国残留邦人のなかでも、とくに終戦時一三歳未満であった人は中国残留孤児、一三歳以上であった女性は中国残留婦人と呼ばれています。[*3] そのうちの永住帰国者は二万八七九人となっています[*4]（二〇一四年三月現在）（表8-2、3）。

一九三一年の満州事変後、日本は中国東北地方に傀儡国家である満州国を成立させ、翌年には在郷軍人からなる「試験移民」という名の武装移民団を送り込みました。「試験移民」は、農村恐慌で被害が大きかった東北六県と北関東三県、信州二県の二四歳から三〇歳までの兵役経験者が対象として募集されました。[*5] 一九三六年、「試験移民」の送出実績から、広田内閣により「二十ヵ年百万戸創出計画」が国策として打ち出され、それにより開拓団、青少年義勇軍、義勇軍の花嫁（通称

「大陸の花嫁」）が、次々と送り出されたのです。しかし、戦争の拡大にともなって、日本の労働力は戦地や基幹産業に動員されたため、実際の入植はその計画には追いつきませんでした。一九四五年、ソ連軍が満州に侵攻してきましたが、そのときすでに日本軍は撤退しており、さらには終戦間近に男性が根こそぎ関東軍に動員されていたため、現地に残っていたのは戦力にならない開拓団の高齢者や女性、子どもばかりでした。彼らのなかには、ソ連軍から逃げる混乱のなかで、伝染病に倒れた人、自殺を図った人、ソ連兵や暴徒に襲われた人も少なくありませんでした。[*6]

日本は八月一五日に終戦を迎えましたが、海外からの邦人の引き揚げはいっこうに進まず、ＧＨＱが日本政府（外務省）の外交機能の全面的停止を通告したのは一〇月二五日のことでした。外務省に代わって、厚生省（現厚生労働省）が引揚問題の中央責任官庁に指定され、一九四六年三月、ＧＨＱが日本政府に対し「引き揚げに関する基本指令」を発しました。その一ヵ月後、ソ連は満州からの軍の撤退を開始しました。米軍指示のもとで、国の集団引き揚げが開始されましたが、そのときすでに現地の中国人家庭に引き取られ中国残留孤児、中国残留婦人となった人も多くいました。中国に残された彼らの帰国は、その後、困難を極め

写真８－１　中国の衛星に向いたパラボラアンテナ

ました。一九四六年五月から一九四八年八月に行われた引き揚げにより、約一〇四万六六二〇名が帰国しました。[*7]しかし、日本は一九四九年に成立した社会主義体制の中華人民共和国を正統政府として認めなかったため、中国からの集団引き揚げは中断されてしまいます。一九五三年に中国紅十字会、日本赤十字社、日中友好協会、日本平和連絡会の四団体が北京協定を締結したことにより、集団引き揚げが再開されましたが、それも一九五八年の長崎国旗事件[*8]が発端となって日中の国交が全面的に断絶したことによって、再び中断されてしまいました。さらに追い打ちをかけるように、日本政府は、一九五九年三月、未帰還者留守家族等援護法を交付し、未帰還者の多くに対し死亡を宣告して、戸籍抹消を行い、行方不明者の調査も打ち切ってしまいました。一九七二年の日中国交正常化にいたるまで、中国残留邦人は帰国の可能性を断たれてしまい、文化大革命[*9]時の迫害を筆頭に、多くの辛酸を味わうこととなったのです。

日中国交正常化以降、中国に生活の基盤が根づいていた残留邦人に対し、日本政府は一時帰国の旅費を負担し、公開の身元調査に乗り出しました。一九七九年には一時帰国者に対する永住帰国支援が行われるようになりました。しかし、親族の協力がなければ帰国は難しく、とくに中国残留孤児たちの身元調査が難航しました。そのため、一九八四年に身元引受人制度をつくり、親族が判明しなくても引受人を見つければ帰国できるようにしたのです。一方で、身元が判明している中国残留婦人は依然として親族の協力がなければ帰国ができません。そのため、一九九三年九月、一二人の中国残留婦人が成田空港に強行帰国するという事態にいたりました。こうして民間や個人の働きが大きく作用し、中国残留邦人の帰国が実現していったのです（表8-3）。

表８－２　中国残留邦人の永住帰国状況

	永住帰国者世帯数	家族を含めた永住帰国者数
中国残留孤児	2,551人	9,374人
中国残留婦人等	4,151人	11,505人
総数（注）	6,706人	20,879人

出典：厚生労働省統計「中国残留邦人等の状況」（平成26年３月31日）に基いて筆者作成。
注：孤児世帯のなかに夫婦とも孤児の方が４世帯いるので、孤児の永住帰国世帯総数は、6,706世帯となっている。

表８－３　中国残留邦人関連年表

年	月日	事項など
1931（昭６）	9.18	満州事変
1936（昭11）	8.25	広田内閣「二十ヵ年百万戸創出計画」策定
1945（昭20）	8. 9 8.15 9. 2 10.25	中国残留孤児及び残留婦人等の発生（ソ連対日参戦） 終戦の詔書放送 降伏文書調印（東京湾の米戦艦ミズリー号上で降伏文書に署名） GHQが日本の外交機能全面的停止を通告
1946（昭21）	3 5.14	GHQ「引き揚げに関する基本指令」発令 中国からの集団引揚開始
1949（昭24）	10. 1 10. 3	中華人民共和国成立 中国（大連）からの集団引揚中断（旧満州地域からの最終は昭和23年８月19日）
1951（昭26）	9. 8	対日平和条約、日米安全保障条約調印（サンフランシスコにて）
1952（昭27）	2.25 3.18	個別引揚者の船運賃の負担（帰国に要する船運賃を国庫負担） 海外邦人の引揚に関する件（閣議決定）
1953（昭28）	2.27 3.23 8. 1	引揚者に対し帰還手当を支給（昭和62年から自立支度金に改称） 中国からの集団引揚再開 未帰還者留守家族等援護法（法律第161号）公布
1958（昭33）	7.13	中国からの集団引揚終了（以後は個別引揚）
1959（昭34）	3. 3	未帰還者に関する特別措置法（法律第７号）公布
1962（昭37）	6. 1	中国地域引揚者に対する出境地までの帰国旅費の支給（日赤に委託し実施）
1972（昭47）	9.29	日中国交正常化（北京において共同声明に調印）
1973（昭48）	10.18 10.31	中国からの引揚者に対する帰国旅費を国庫負担 中国在留邦人の一時帰国（里帰り）旅費を国が全額負担することを決定
1975（昭50）	3.12	中国残留孤児の身元調査のため報道機関による第１回公開調査実施（以後公開調査は昭和56年１月まで９回実施）
1978（昭53）	8.12	日中平和友好条約署名・調印（10月23日批准書交換）
1979（昭54）	1.26	中国からの帰国者に対し、語学教材の支給開始（昭和52年４月以降の帰国者に支給）

2　中国帰国者への支援

現在、中国帰国者への行政の支援は、厚生労働省の中国残留邦人等支援室が担当しています。主な内容は以下の通りです。

日本への永住帰国は望まないけれども、墓参りや親族訪問などを希望する場合、一時帰国援護として、毎年一時帰国の旅費の実費相当が支給されます。また、日本への一時帰国を希望していても、在日親族による受入れが困難な場合や身元未判明の場合は、民間団体の受入れによる、毎年の一時帰国が可能です。

日本への永住を希望する場合には、永住帰国援護として、帰国旅費の実費相当が支給されます。また、日本への永住帰国を希望していても、在日親族による受入れが困難な場合や身元未判明の場合は、身元引受人のあっせんなどによる永住帰国が可能です。

中国帰国者定着促進センターで、帰国直後の六ヵ月間、基礎的な日本語や生活習慣などの研修を受けるのが、定着・自立援護です。退所後は公営住宅に入居するなどして、肉親または身元引受人の受入れの下に定着します。その後は中国帰国者自立研修センターや中国帰国者支援・交流センターの利用を通し、日本への定着・自立を促します[*10]。

二〇〇八年、政府は中国残留邦人への新たな支援策として、帰国前の公的年金に加入できなかった期間だけでなく帰国後の期間についても、特例的に保険料の追納を認めるとともに、追納に必要な額は全額国が負担することを決めました。それによって、老齢基礎年金などの満額支給を受けられるようになりました。それに加えて、中国帰国者が属する世帯の収入の額が一定の基準に満たない場合には、支援給付が行われます。ただしこの支給は申請があって初めて受け取れるものなので、二〇〇八年にすでに受給資格があっても、二〇一二年末日までに申請を出さなければ該当者から除外されてしまいました。

一方、中国帰国者の語学研修は、このような行政の支援だけでは不十分です。そこで向島地域では、次のような民間の支援が行われています。

「中国残留孤児を支援し交流する京都の会」の日本語教室

二〇〇五年、京都南部の大久保に続き、向島に日本語教室が設立されました。この日本語教室は京都市の委託事業として「中国残留孤児を支援し交流する京都の会」によって、毎週木曜日一三～一五時の二時間、行われています。この教室の設立により、地域交流や持続的なつきあい・支援というような方針が据えられました。現在は、京都府に住む中国帰国者同士が交流する帰国者交流会も年に二回開催しています。

日本語教室を開催している「中国残留孤児を支援し交流する京都の会」は、京都府に定住する中国残留邦人帰国者を支援することを目的に、一九八一年に設立されました。設立当初は帰国者の通訳や国内の案内が主だった活動でしたが、その後、中国残留孤児援護基金の設立に関わり、一九八四年には、中国残留邦人の肉親に代わり彼らに助言や指導を行う身元引受人制度へも参加しました。二〇〇二年、中国残留孤児による国家賠償請求訴訟[*11]が全国で相次いで行われた際には、裁判の傍聴、翻訳、署名活動により、中国残留孤児への援助を行いました。

縄野が調査した二〇一二年現在、日本語教室では、高齢の中国帰国者たちが毎週一〇～一五人ほど受講していました。多いとき（その五年ほど前）には三〇人ほどが来ていたそうですが、高齢化であまり外出しなくなった人や体調不良の人などもあり、最近では多くても二〇人ほどになっています。授業では、日本語の学習だけでなく、日本文化の紹介や行事の連絡、お茶の時間やラジオ体操なども行われています。日本文化の紹介は、主に日本語講師が行いますが、日本の歌を紹介する日には音楽の講師というように、ときには外部から専門的な人を講師として招く場合もあります。秋には地域の人にも開いて文化交流会を行い、日ごろの学習の成果として受講生による音読や歌の発表などをします。交流会では成果発表のほかに、中国の歌や踊り、茶道、華道なども楽しめるため、普段の教室には顔を出さない人も、「楽しいから」「みんなで歌って踊れるから」という理由で参加していました。ただ、中国帰国者以外の人が参加することは、ほとんどありません。お知らせのポスターなどが団地内に貼られているわけではないため、他の住民は、帰国者から直接チラシを見せてもらったり誘われたりしないと、交流会の存在すら知ることができないのです。

NPO法人「多文化共生センターきょうと」の医療通訳

京都市では、京都市、財団法人京都市国際交流協会、NPO法人多文化共生センターきょうと[*12]が協働して、市内の四つの病院（京都市立病院、医療法人医仁会武田総合病院、医療法人康生会武田病院、社会福祉法人京都社会事業財団京都桂病院）に医療通訳を派遣しています。NPO法人「多文化共生センターきょうと」は一九九五年に設立されました。医療通訳の派遣のほかにも、スマートフォン用の多言語問診システムを開発したり、英語を話せる看護師の養成講座を開いたり、婚姻届や診断書などの翻訳事業を行ったり、さまざまな取り組みをしています。

このように、病院や公共施設に通訳がおかれるようになったため、帰国者たちも昔より安心してそういった場所へ出かけることができるようになりました。十数年前までは、こうしたサポートが不足していたため、たとえば急病で病院に行ったときなど、症状を医者にうまく伝えられず困ったといいます。向島ニュータウンには「熙麟商行」という中国食品の販売店がありますが、そこの店主に緊急時の通訳を頼むことも多々あったということです。

中国帰国者の自助団体「中国帰国者京都の会」の活動

二〇〇九年、中国残留孤児国家賠償請求訴訟の京都の原告団長であった奥山イク子さんが代表となり、NPO法人「中国帰国者京都の会」が設立されました。中国帰国者支援のNPO法人としては、東京に続いて全国で二番目の発足です。事務所は京都市伏見区の小栗栖団地に設置されており、日本語教室もそこで開催しています。

この法人は、①中国残留邦人およびその家族の生活を支援する、②中国残留邦人が生まれた歴史と経験を次の世代に伝え、交流を深めることで、日中両国の相互理解と友好の促進に貢献する、③中国残留邦人およびその家族の、地域社会への積極的な参画を支援する、という三点を団体の目的に据えています。所属しているメンバーのほとんどが中国帰国者一世と二世です。活動内容は、京都市伏見区小栗栖での日本語教室の運営や生活相談が主ですが、講演会や交流会などのイベント開催や地域の他のイベントへの参加なども行い、積極的に地域社会と関わっていこうとする姿勢が窺えます。京都に住む中国残留孤児たちのライフヒストリーをまとめた書籍[*13]の販売も行っています。

中国帰国者京都の会の活動の成果は、地域住民の意識や地域住民との関係にとくに現れています。二〇〇一年に向島ニュータウンにおいて、中国帰国者へのネガティブなイメージが生み出される背景を調査した木村の報告から、「ゴミ出しの時間やルールを守らない」や「自治会や地域の共同作業に協力的ではない」などの不満が当時の地域住民に多かったことがわかります。[*14]とくにゴミ出しについては、そうとう悶着があったようで、本学の中国人教員に「ゴミの出し方を改める注意書きを中国語に訳してくれ」という依頼が来たこともありました。中国帰国者京都の会では、こういった地域社会のルールや情報を、中国語の回覧板や電話連絡などで知らせるようにしています。中国帰国者京都の会への参加は任意であり、注意勧告ばかりしていると「あなたたちは、私たち（中国帰国者）の味方ではないのか」と反発を受けることもあるため、「バランスが大事」と奥山代表は言います。

京都の会のメンバーは、向島ニュータウンの秋の祭典など地域のイベントで、手づくりの餃子や饅頭といった中国料理を販売したり、ステージで中国の歌や踊りを披露したりしています。今では、多くの住民が彼らの餃子販売を楽しみにしています。二〇一二年一月一八日に京都文教大学で行われた「第三回アジア・アフリカとびっきり映画祭」でも、そろいの制服を身につけ、手慣れたようすで、温めた餃子などを販売していました。

3 向島ニュータウンの中国帰国者が抱えている諸問題

帰国後数年たつと、中国帰国者のニーズも帰国直後の「生活基盤を得る」という状態から「よりよい生活の展望」へと変わっていきました。[*15] ここで、中国帰国者の一世、二世、三世へのインタビュー調査をもとに、現在の支援と問題（すなわち支援ニーズ）がどのように合致し、あるいはしていないのかを考えてみたいと思います（表8-4）。

表8－4　インフォーマント一覧

仮名	年齢	性別	永住帰国年	プロフィール
Kさん	76歳	女性	1999年	7歳のときに満州へ渡った。敗戦後医者家系の中国人の養子となった。中国人と結婚し、息子1人と娘2人を育てた。夫が亡くなってから家族とともに日本へ帰国。東京に実姉、北京に義弟がいる。
Fさん	64歳	男性	1995年	敗戦後の1948年、残留婦人となった母と中国人の父の間に生まれる。18歳のときに父が亡くなったため母とともに一時帰国したが、親戚の強い反対があり、Fさんだけ中国に留まる。母は1982年に京都で亡くなった。1995年に妻と息子家族とともに来日。その後娘2人を呼び寄せた。身元引受人は異父兄。
Nさん	53歳	女性	1993年	母が3歳のときに満州へ渡り、敗戦後孤児となった。父は中国人。先に永住帰国していた両親に呼び寄せられて家族を連れ来日した。息子が1人、孫が2人いる。
Hさん	44歳	女性	1999年	Kさんの娘。1999年、母とともに家族を伴い来日した。中国では看護婦だったが、現在は弁当製造のパートをしている。夫は中国人。娘が1人いる。
Tさん	23歳	女性	1999年	Hさんの娘で、Kさんの孫。11歳のときに家族とともに来日。大学在学中は「異文化交流サラダボウルProject」のメンバーであった。現在は企業に就職し、営業職として忙しい日々を送っている。

一世の場合

①健康

一世の平均年齢は、厚生労働省の資料によると七一・六歳です。加齢に伴う身体の衰えに加え、日本に帰国して慣れないうちはストレスが溜り、それが原因で体を壊し、入院した人も少なくありません。Kさんは、七歳のとき満州へ渡り、敗戦後医者家系の中国人の養子となりました。中国人と結婚し、息子一人と娘二人を育てましたが、夫が亡くなってから家族とともに日本へ帰国しました。しかし帰国後、心臓を悪くして入院を繰り返し、ペースメーカーをつけました。足も悪いため、団地のエレベーターは有難い存在です。玄関には最近手すりもつけました。ペースメーカーによって今では元

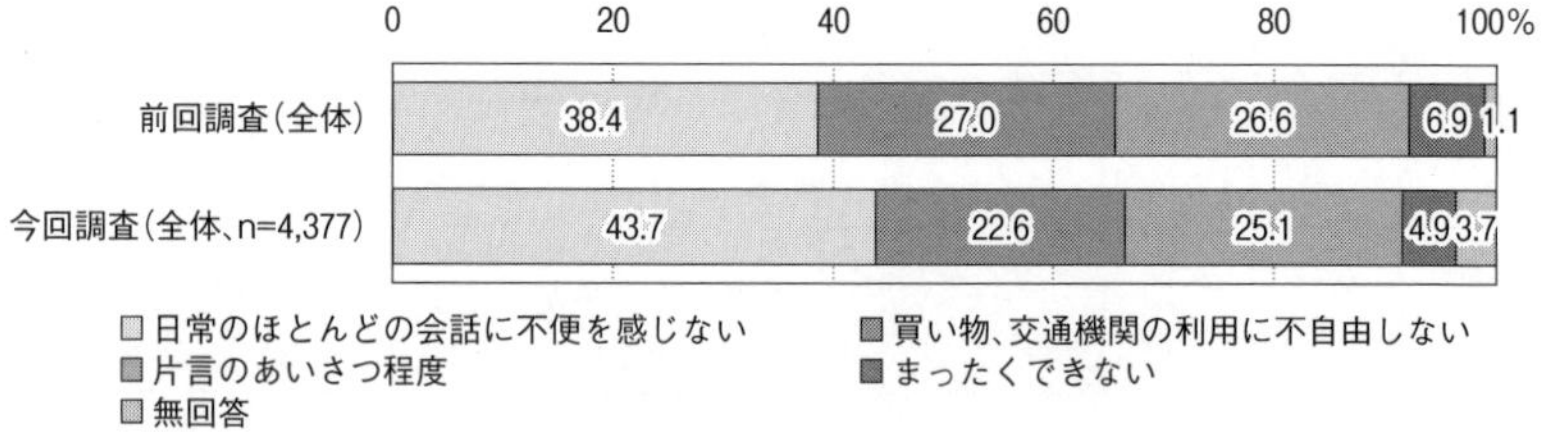

図8－1　中国帰国者一世の日本語理解度

出典：厚生労働省社会・援護局『平成21年度中国残留邦人等実態調査結果報告書』2010年、10頁。

気に日本語教室に通ったり散歩に出かけたりしていますが、健康に不安が残っている状態です。

②一人暮らし

一世と二世は、帰国直後は一緒に暮らすことが多いのですが、しばらくすると二世は別の部屋を借りることがほとんどです。そのため一世は配偶者が亡くなると必然的に一人暮らしになります。

Kさんは一九九九年に永住帰国しましたが、帰国の一二年前に夫を亡くしていました。帰国当初は末の娘家族と一緒に暮らしていましたが、今は近くの部屋に別居しています。一人暮らしでは、健康に何かあったときのことが心配されますが、それ以上に直面している問題は孤独感でした。Kさんはインタビュー中にも「家に帰っても一人だからつまらない。寂しい」とたびたび口にしていました。

③日本語

厚生労働省資料によると一世の日本語理解度は、簡単なあいさつ程度しかわからない人と、まったくわからない人が全体の三〇%、日常会話に不便を感じない人と、買い物や交通の利用に不便を感じない人が六六・三%となっています（図8-1）。

Kさんに帰国してからの日本語学習について聞いたところ、帰国後、大阪の定着促進センターでの日本語学習が数ヵ月あり、地域へ定着してからは、完全に個人の自主性にまかされていたそうです。日本語学習に積極的な人は、向島の日本語教室ができるまでは二条や伏見にあった日本語教室に通ったり、埼玉県所沢の中国帰国者定着促進センターが行っている「遠隔学習課程」という日本語の通信学習を利用していました。通信学習まで行った人は、簡単な日常会話なら相手の話を理解することも伝えることもできるようになります。しかし、それでも日本語の語彙はそれほど多いとはいえず、内容はおおよそ理解できても、単語の意味がわからないという場面が多く見受けられました。

二世の場合

①日本語

二世は、日本語がほぼ理解できる三世と生活していたり仕事を持っていたりするため、職場の人と話す機会もあり、一世よりも格段に日本語を理解している人が多いです。わたしのインタビューでも、彼らはたびたび一世とのあいだに入って通訳をし、会話を手伝ってくれました。とはいえ、自分の日本語にあまり自信はないようで、「今の発音おかしくなかった？　意味は通じてる？」と確認されることも多くありました。一世同様、日常会話以外の語彙が少なく、中国語ではわかっているのに日本語で言い表せないもどかしさを、たびたび感じているようでした。

②就労

現在一世たちは現役を退き、就労している人はほとんどいませんが、三〇代から四〇代で日本へ帰国した人が多い二世は、中国でそれぞれ職を持っていました。しかし中国で専門的な職についていたとしても、日本でその仕事を続けられる人はまったくといってよいほどいないのが現状です。就労問題では、現役の二世たちもまだまだ苦労しています。日本全体を見ても正規雇用での就労は厳しくなっていますが、そのなかでも中国帰国者二世は、日本語の問題が大きな壁となり、非正規雇用しか選べない状況にあります。一世よりは日本語ができるといっても、日常会話以上の会話が困難であると、複雑な業務が行えないのです。

日本語教室では通訳としてもよく頼られているFさんは、中国で小学校の教員を務めていました。とても誠実な人柄で、帰国し教員を続けられなくなっても、腰を痛めて仕事ができなくなるまで、機械工場で一三年間勤め上げました。Hさんは中国で看護師として働いていました。母が中国残留孤児であったと知ったのは帰国する一年前です。悩んだ末、子どもたちの将来のためには日本に行った方がいいと、母とともに一家で移住してきました。しかし日本語がまったく使えなかったHさんは、中国で就いていた看護婦という職業をあきらめ、単純労働者として働き始めました。現在は弁当の総菜を詰めるパートをしています。

中国で洋服屋を営んでいたNさんは、現在は専業主婦をしており、就労はしていません。しかし接客が好きなNさんは、自身が所属している「中国帰国者京都の会」がイベント出店をするときに積極的に参加するようにしています。

③介護

一世の高齢化が進み、いつ介護が必要な状況になるか、わかりません。実際、障がい者手帳を持っている人もいます。そしてその一世の介護を担っているのは二世である場合がほとんどです。状態によっては福祉サービスを受けることも可能ですが、中国帰国者がそういったサービスがあること自体を知らなければ意味がありません（図8-2）。

ある日、Hさんの母が目の前で突然意識をなくし、泡を吹いて倒れたことがありました。中国で看護師をしていたHさんは適切に心臓マッサージを施しことなきを得ましたが、現在は別居している母のことが心配

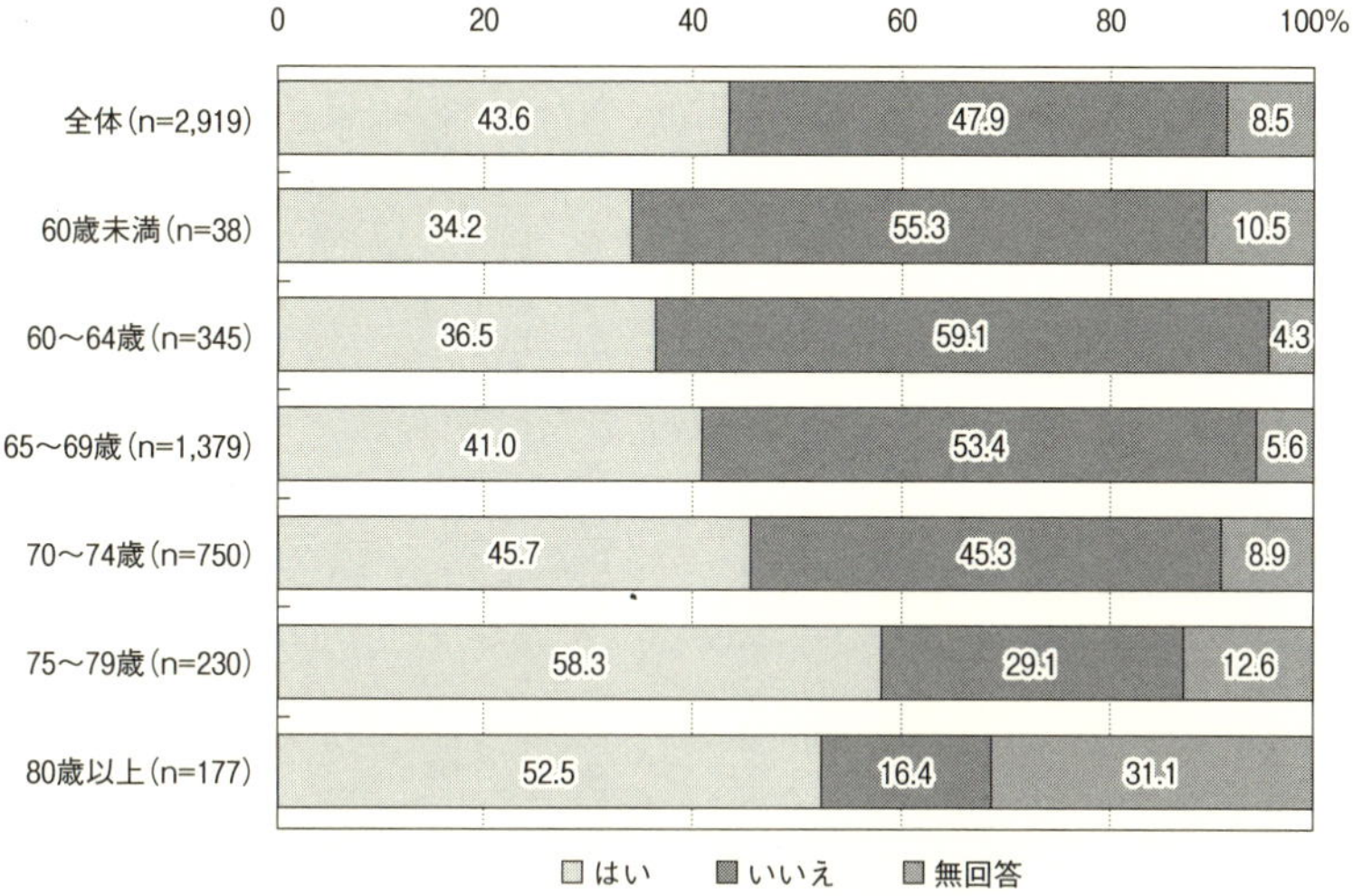

図８－２　中国帰国者一世の介護保険認知度

出典：厚生労働省社会・援護局『平成21年度中国残留邦人等実態調査結果報告書』2010年、41頁。

です。そのため、ひんぱんに母の部屋へ行っては様子を見るようにしています。Hさんのように医療や看護を学んだ人ならば心得があるため自宅介護も考えられますが、そういった知識もなく、いきなり両親が倒れたりした場合の二世の不安は計り知れません。

④情報

本来なら利用できる制度や情報があっても、それを知るすべがなければ意味がありません。中国残留邦人本人には、行政も民間団体もさまざまな支援を行っています。中国帰国者支援・交流センターが発行している「天天好日」という情報誌は、中国帰国者に関係のある制度についての説明や、中国帰国者のコラム、日本の文化紹介など、さまざまなコンテンツを日本語と中国語の両方で記載しています。中国帰国者だけでなく、在日中国人にとっても使えそうな情報誌です。しかしこれは一世には郵送されますが、二世などの家族には送られてきません。そのため、向島の日本語教室では、出席している二世にもコピーをして配っています。

中国帰国者支援・交流センターのホームページを見てみると、情報誌はウェブからも閲覧・印刷が可能でした。そのことを二世の人に伝えたところ、「パソコンは持ってないし、そもそも使えない。やってみたいが教えてくれる人がいない。みんな忙しいから頼めない」と言います。新聞もとっていないので、情報源はテレビと日本語教室や中国帰国者京都の会からの連絡、あとは人伝えでした。

三世の場合

①進学

二世と一緒に日本へやってきた三世たちには、来日当時、高校生以下の未成年者が多くいました。来日したときに年少であればあるほど、その後の日本語上達度が高く日本の生活に慣れるのが早いと、一世や二世たちはいいます。

Tさんは一一歳のときに中国から来日しました。家族とともに大阪の定着センターへ入所し、三ヵ月間日本語や日本文化の学習、日本での生活の訓練などをしながら暮らしました。向島ニュータウンへ来てから、ニュータウン内の小学校へ通ったのですが、日本語ができなかったため、年齢的には六年生でしたが五年生のクラスへ入りました。小学校には中国帰国者の家族や中国人の子どものためのクラスがあり、生活しやすかったといいます。今では日本語に不自由を感じることはなく、大学も卒業して就職し、向島ニュータウンを出て一人暮らしをしています。

②結婚

来日したときにまだ成人していなかった三世には、日本で就職し、結婚した人が多くいます。二世たちにとっては就職が大きな問題となっていますが、すっかり日本語や日本文化に慣れている三世たちにとって、就職は二世たちほどの大きな問題ではありません。ただ、中国ですでに家庭を築いている二世たちに比べ、三世たちの結婚には思いもよらない問題が生じる場合があります。

Kさんの孫とNさんの息子は、どちらも日本で結婚し暮らしています。二人の奥さんは、彼らと同じ中国帰国者三世です。このように三世同士が結婚する場合もありますが、実際には、三世の結婚相手が日本人である場合の方が多いのです。そして、その場合、必ずといっていいほど、「中国帰国者だから」という理由で相手の家族から反対されるといいます。三世の家族たちは「本人たちが幸せならそれでいい」と考えます。このような対照的な反応から、帰国者家族にとって結婚は本人の問題ですが、日本人の家族にとって結婚は家の問題で、日本人は中国帰国者が親族になることを好ましくないと考えていることがうかがえます。これは、結婚相手の家族が中国帰国者に対して偏見をもっていたり、あるいは、世間の中国帰国者に対する偏見の目を恐れるためであると考えられます。とはいえ、自由な恋愛結婚が主流となっている日本では、家族から反対があったからといって本人たちが結婚を諦めることは少ないようです。現に三世たちは、そのような偏見による反対を乗り越えて、それぞれ日本人のパートナーと家庭を築いています。

③家族間のコミュニケーション

年少のときに来日した三世は、一世や二世よりも早く日本に慣れましたが、一方で、日本語の方が中国語よりも使いやすくなり、中国語を話す家族とのコミュニケーションに行き違いが生じることが時折あります。

Tさんは友達と話すときは日本語、家族と話すときは中国語を使っています。Tさんの母親は「娘との中国語会話にはまったく問題がない」と言っていました。しかし、Tさんは少し違う思いのようでした。家族以外との会話が日本語であるTさんは、早口でしゃべるときなどは日本語の方が使い慣れています。そのため親子喧嘩をすると、母は中国語で、Tさんは日本語で言い争うという事態になるのです。母は日本語が得意ではないのでTさんの言うことを理解できないし、Tさんも早口の中国語を理解できないことがあるということです。

三世が四世と会話するときは、完全に日本語を使用する場合と、中国語を覚えさせるためにあえて中国語で話して二ヵ国語教育をする場合とがあります。前者の場合、四世ともなると簡単な中国語の単語はわかったとしても、一世とのスムーズな会話は困難になります。後者の場合は、一世とも中国語でコミュニケーションできます。しかし、そのような教育は、三世がかなり中国語ができることが前提になります。

④悩み

中国帰国者の三世代は、それぞれの問題を抱えていますが、共通しているのは言語問題です。日本語が十分に理解できないことから派生している問題は少なくありません。情報格差は日本人一般にもあてはまることですが、二世がインターネットやSNSからの情報をあまり利用していないのも、背景に日本語の問題が強く絡んでいるためと考えられます。

向島で日本語教室を受講している中国帰国者にインタビューを行ったところ、日本語教室のよいところは「日本人の講師との会話が勉強になる」「同じ中国帰国者と話せて楽しい」ということでした。中国帰国者が求めているのは、日本語を教わる場ではなく、日本語を使える場です。しかし、日本人ばかりのサークルや場所に出かけていって、そこの人たちと会話をすればいいというわけではありません。統計からも、彼らの話からも、自信のない日本語で他の日本人と話すのは抵抗があることがうかがえます。日本語教室のように、同じ中国帰国者が多くいて安心できる場でなければ、毎週顔を出そうという気にもならないでしょう。大事なのは日本語を使えて、かつ仲間がいる「場」なのです。

「日本語」という問題を除くと「高齢者の一人暮らし」や「介護」など、中国帰国者が抱える問題は、他の日本人住民が抱える問題と共通しています。また、世代別に見た場合、二世がより複雑な問題を抱えていることがわかります。一世は、日本語は不自由ながらも、仕事に就いていたり就学していたりする二世や三世より行動範囲が狭いため、常に不便を感じながら生活しているわけではありません。三世はすっかり日本語にも日本文化にも慣れ、他の日本人とさほど変わりなく日常生活を送っています。しかし二世は、来日してから何年も経つので帰国直後のような強いストレスはないとはいえ、就労や日本語理解などの問題に加え、一世の介護や自身の将来への不安もあるのです。二世の抱える問題に対しなんらかの支援をすることにより、他の世代に対しても結果的にいい影響を及ぼすのではないかと考えられます。

4　中国帰国者アンケート調査をふまえて

二〇一三年、向島駅前まちづくり協議会が実施した住民アンケートに、四〇戸の中国帰国者が回答してくれました。母数は少ないですが、ある程度の傾向は把握できるかと思います。

入居年代は一九八〇～九〇年代が半数を越えます（図8-3）。世帯主は男性が多いとはいえ、約三分の一は女性です（図8-5）。回答者の半数以上が六〇歳以上ということもあり、親との同居は少ないのですが、同居する子どもの数も少なく、約半数が夫婦二人もしくは一人暮らしのようです（図8-4、8）。それもあってか、世帯主の二割以上が孤独感を訴えています。配偶者の方が、平均年齢が少し低いこともあるかもしれませんが、少しましです。とはいえ、一日中出かけない人が少なくとも四分の一以上を占めること、約半数が近所づきあいがほとんどないか挨拶程度であることは、考えさせられます（図8-9、10、11）。家に上がったり緊急時に助け合ったりできる近所づきあいのある人は少数です。

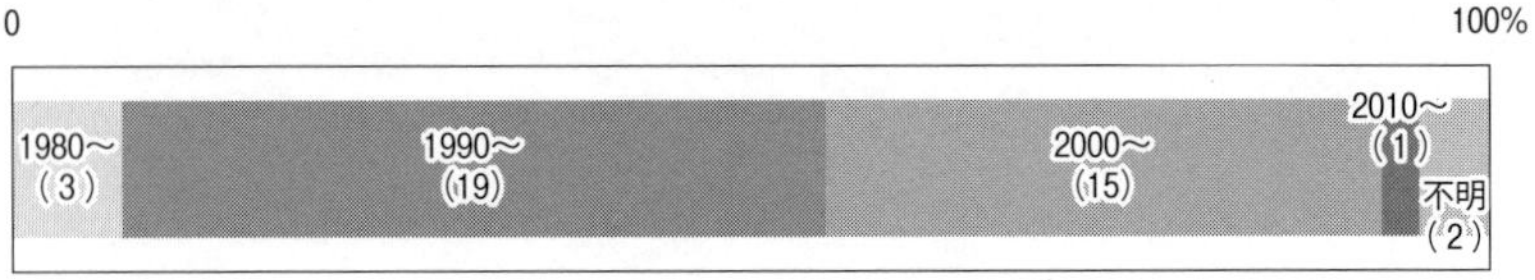

図８－３　入居年代

注：(　) の数値は人数を表す。以下同じ。

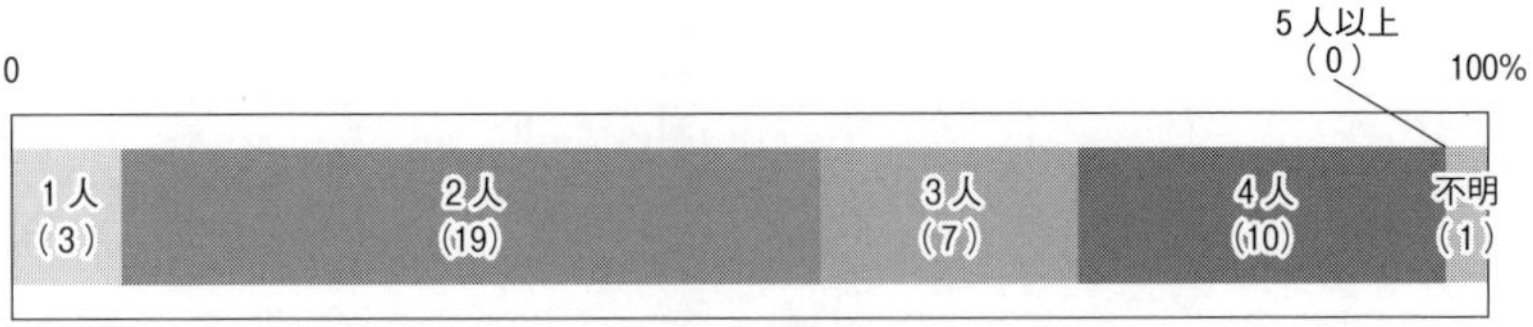

図８－４　家族人数

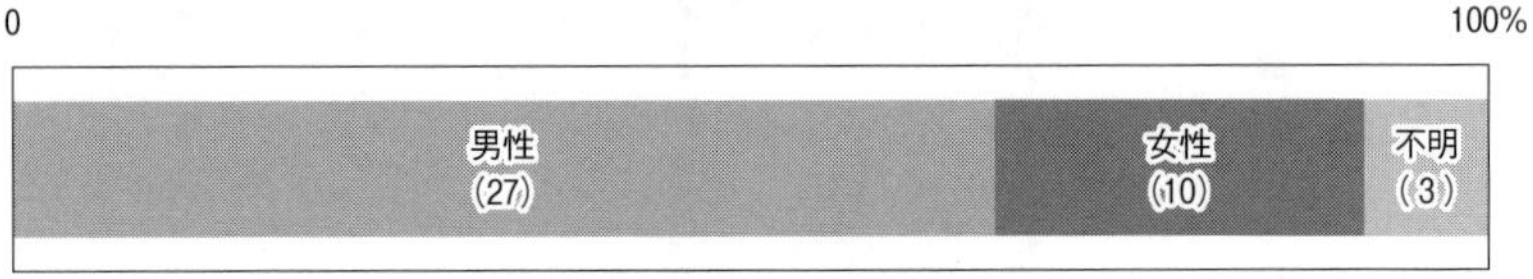

図８－５　世帯主性別

図８－６　世帯主年齢構成

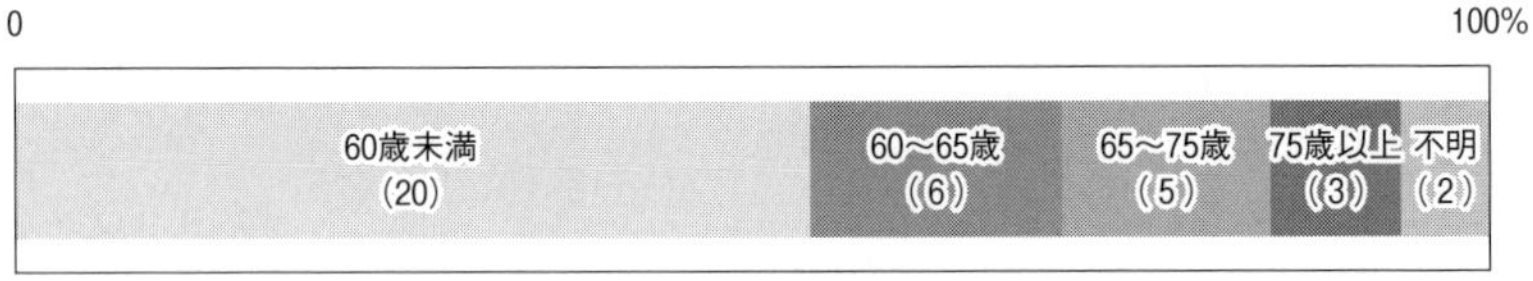

図８－７　配偶者年齢構成

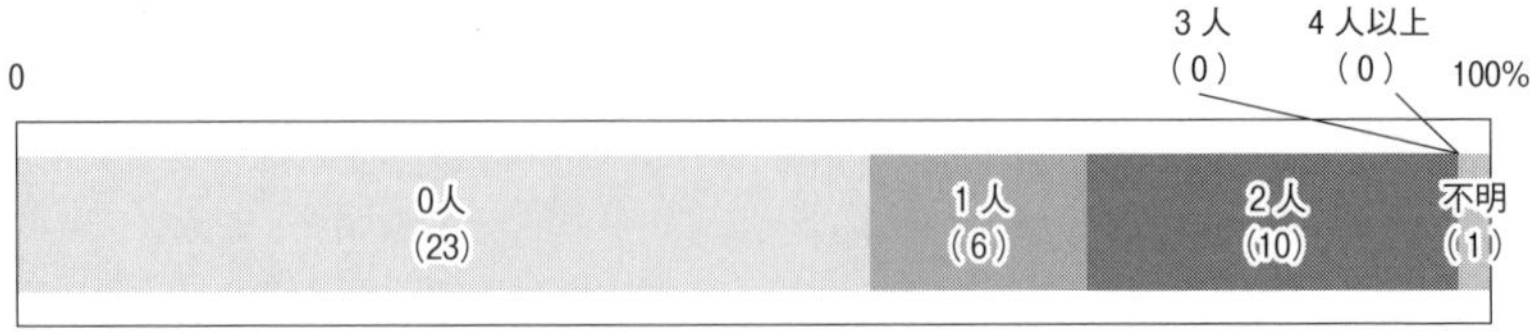

図８－８　子どもの人数

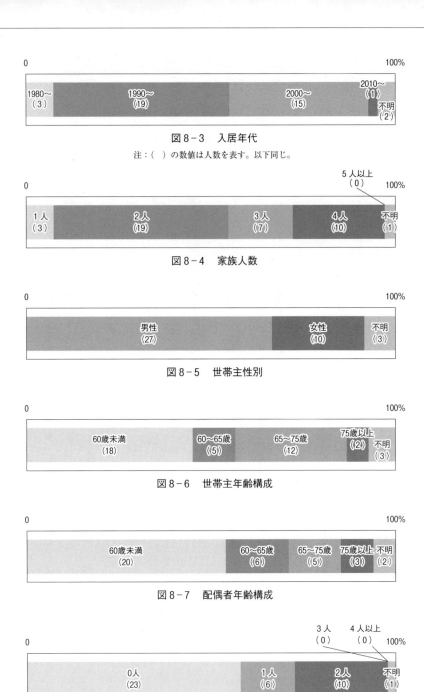

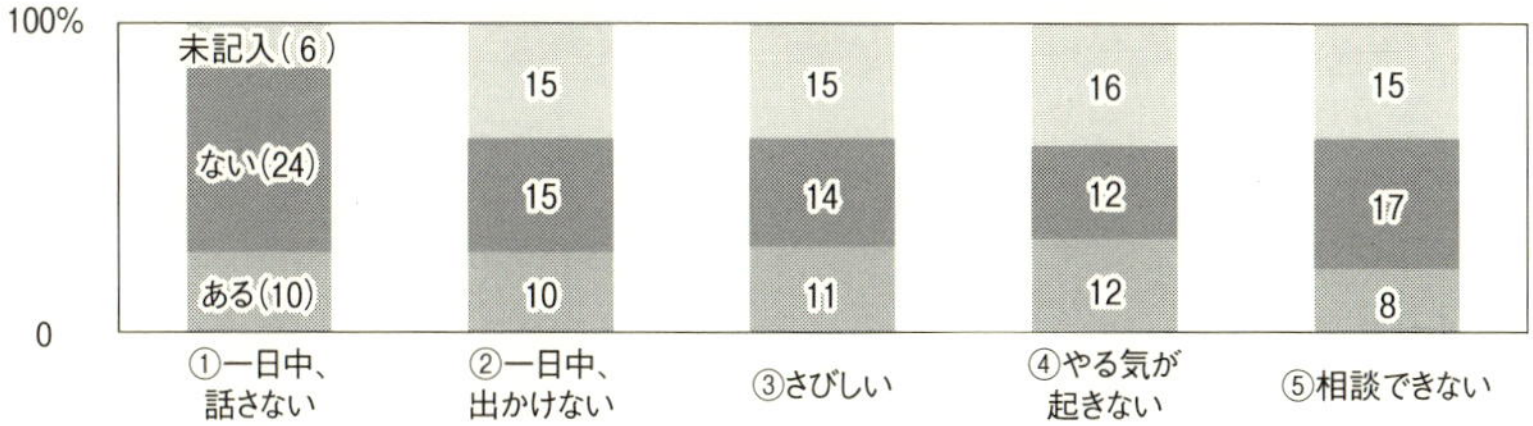

図8-9　世帯主　孤独感

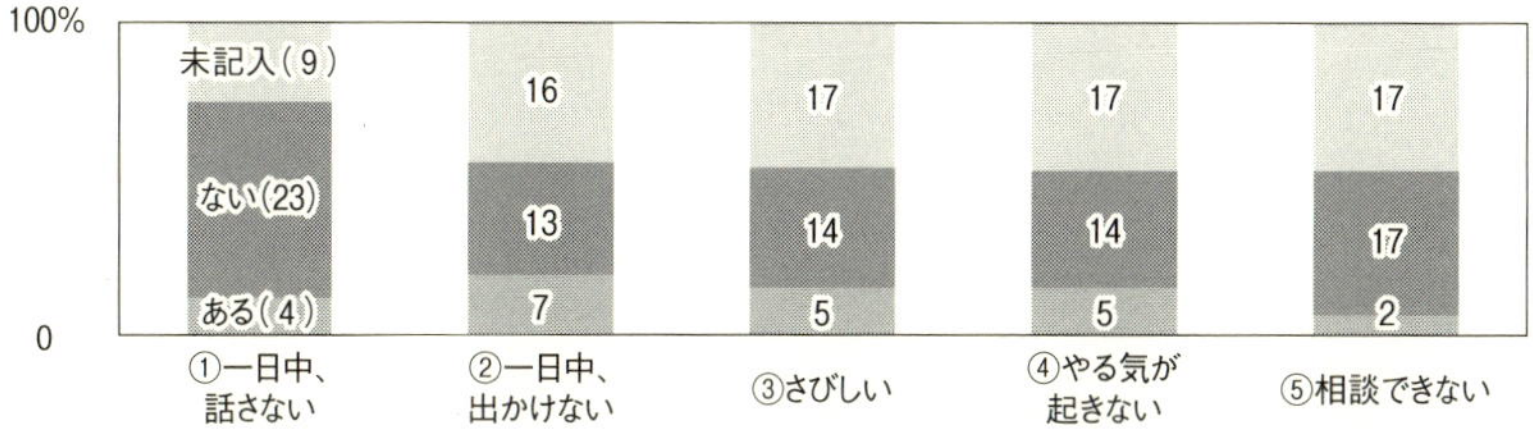

図8-10　配偶者　孤独感

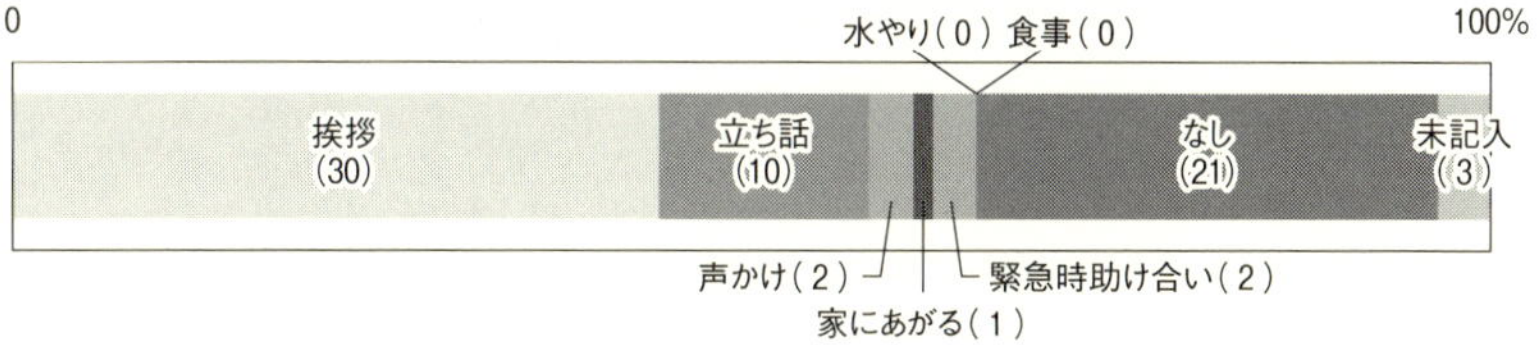

図8-11　近所づきあい

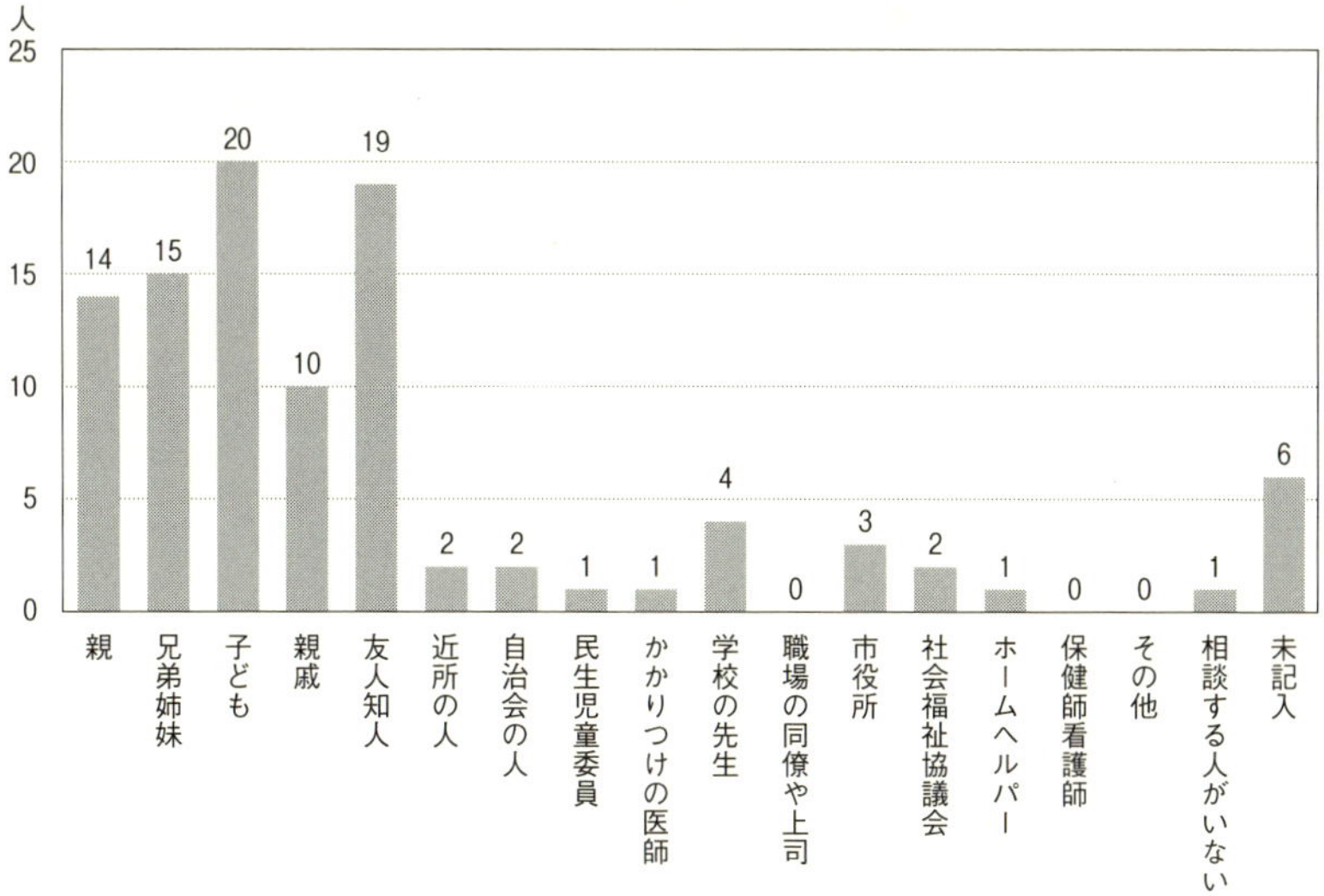

図8-12　生活の困りごとの相談先

自由記述のなかにも、「市営団地内の人間関係がとても悪い、同じ棟の人たちは挨拶もしない」「日本語があまりできないので緊急時に助けがほしい」という切実な声がありました。そうした状況を反映して、生活の困りごとの相談相手の多くは親族と友人知人で、近隣の人はごく少数です（図8-12）。困りごとの内容では、回答数一八のうち九が通院支援、次が家電の修理で四でした。

約半数が病気の自覚をもち、通院もしています（図8-13、15）。半数強が健康診断を受診していますが、受診していない人もけっこういます（図8-14）。現在、要介護者を抱える家は四でしたが、今後増えると予測されます。かかりつけ医は約半数が決めていませんが、決めている人の半数は向島外で、通院には自転車の一三が多く、次が車で一〇です。

中国帰国者の定住意識は高く、「住み続ける」「当面住み続ける」を合わせると八〇％を越えます（図8-16）。それだけに、次のような自由記述には、痛切な思いが込められています。

・中央公園広場で多彩な催しを行って住民同士が和気藹々と笑顔で交流し、健康で有意義な生活が送りたい。そうなれば安心して長く住んで行ける。

・老人会を組織して朝に大規模な体操、ボランティア活動（花の栽培や草むしりなど）。人々が健康で安全、安心で、幸福に暮らせるよう期待しています。

・向島地区に中国帰国者活動センターをつくることを要望。

実は、同じアンケートに回答した一般の日本人住民から、中国帰国者のゴミの処理やたばこのポイ捨てが批判され、彼らは不衛生だ、規則を守らないと非難する声が数多く寄せられました。一方、中国人帰国者からは、「市営住宅住まいのしおり」では動物の飼育の禁止が決まっているのに犬を飼う人が多すぎる、犬の糞が多く、エレベーター内でも糞尿が見られて不衛生だ、という意見が出ていました。いずれの問題も一部

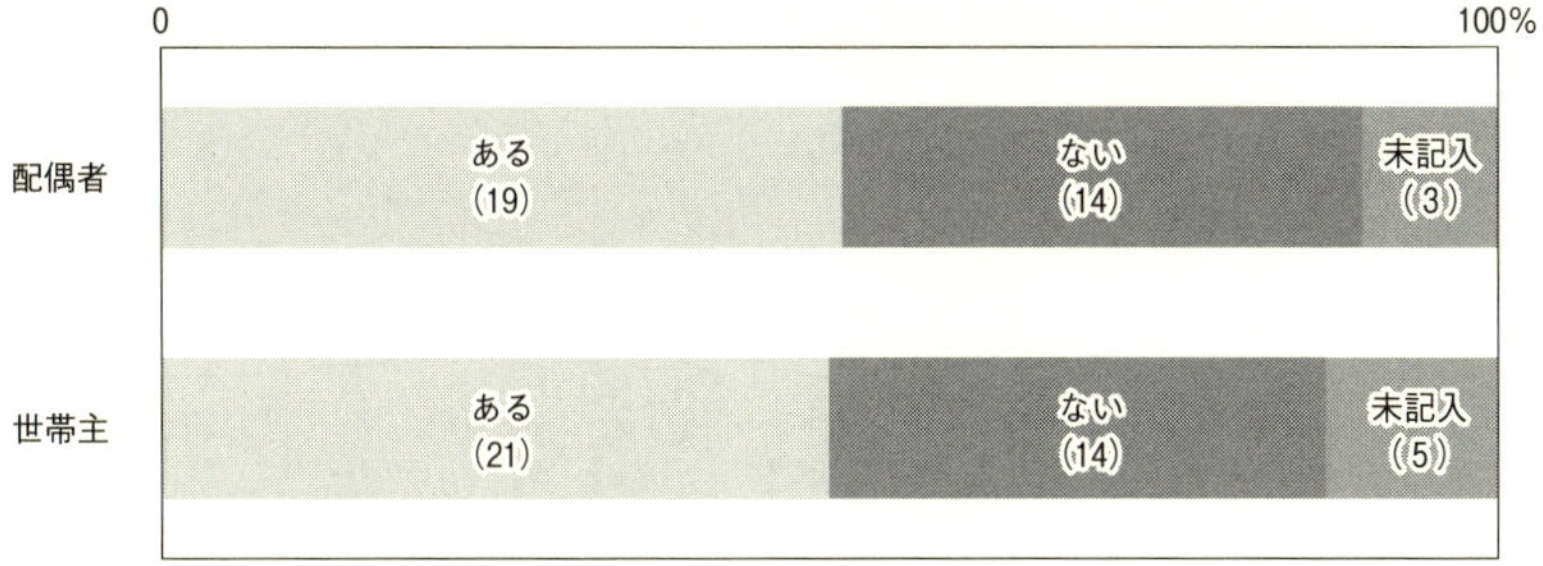

図 8-13　病気の自覚

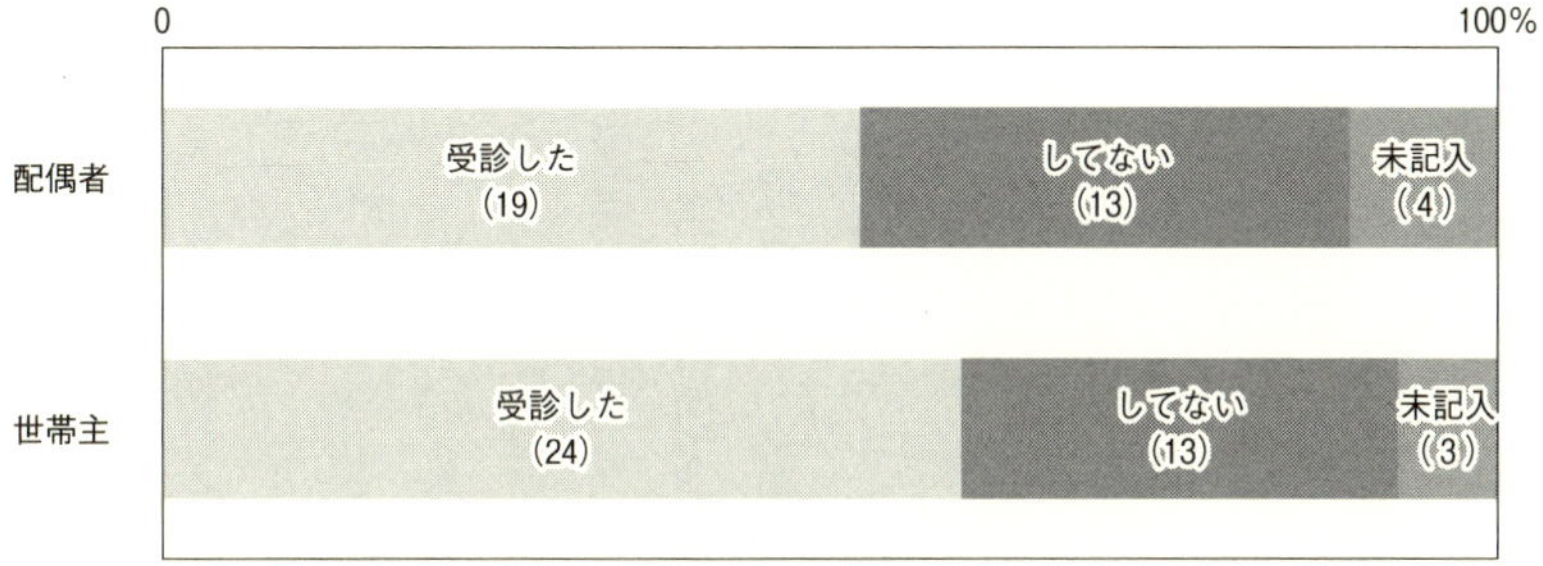

図 8-14　健康診断受診状況

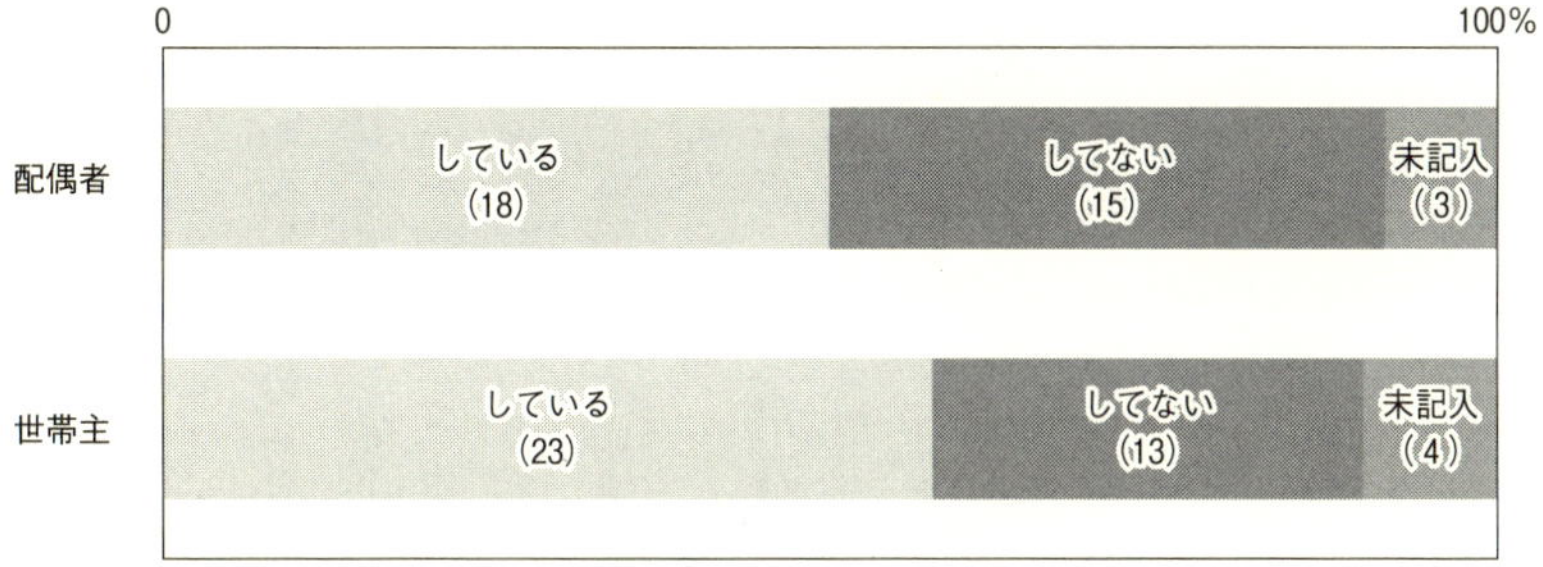

図 8-15　通院状況

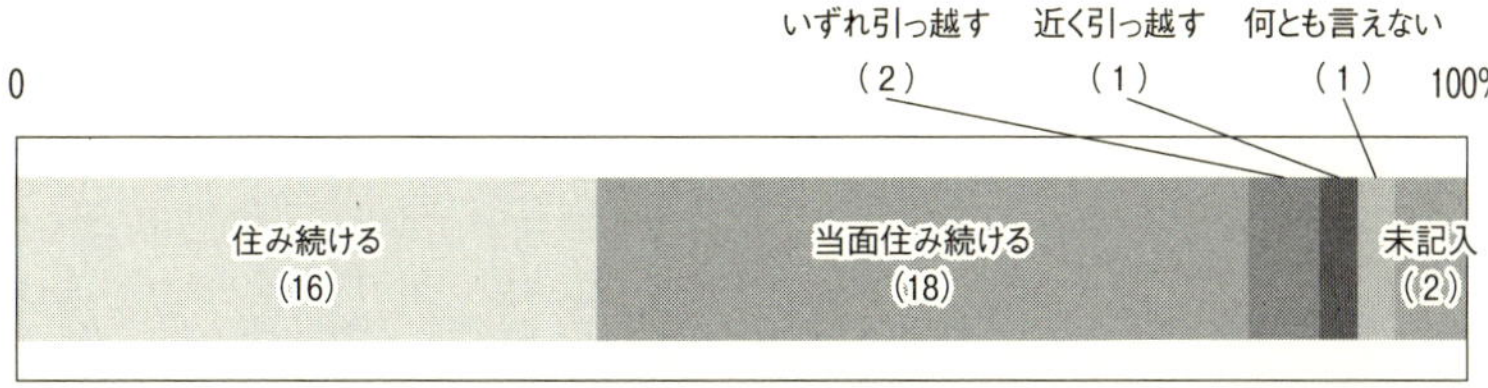

図 8-16　定住意識

の不心得な住民の行動によるものです。それが中国文化対日本文化の対立にすり替えられてしまうのは不幸なことです。中国帰国者が、「帰国者」もしくは「中国人」とひとまとめにされることなく、近隣の人々と互いに固有名詞でつきあえるような関係を築いていくには、どうしたらよいのでしょう。

先日、「京都文教マイタウン向島」（ＭＪ）で、向島在住中国帰国者の「虹の会」が、日本語教室を開いていました。そこに、中国フィールドワークに参加して中国の人たちにお世話になり、すっかり中国好きになった学生たちが出入りしていました。お互いにつたない言葉を駆使して談笑しているのを見ていると、中国帰国者「問題」の根源は、言語の問題ではないのだと、改めて教えられます。もちろん言語の問題は小さくはないのですが……。帰国者の二世、三世、そして四世も育ってきています。これからはそうした帰国者の親族だけでなくニューカマーの中国人も増えていくでしょう。向島ニュータウンは、中国帰国者の「支援」を考えるだけでなく、彼らにも「支援」してもらいながら、多文化化が進むこれからの日本を先取りする方向性を模索することができるのかもしれません。

注

＊1　厚生労働省社会・援護局が平成一五年度に行った「中国帰国者生活実態調査」の結果を参考にした。

＊2　日本の衛星放送を受信するパラボラアンテナは、南西（BSAT3C/JCSAT110R, 110.0°E）と南南西（JCSAT3A, 124.0°E・JCSAT4B, 128.0°E）の二種類で、中国の衛星放送を受信するものは西南西（ChinaSat9, 92.2°E）を向いている。なお分譲の二、三街区では南西（110.0°E）は共同アンテナが設置されている。

＊3　張嵐『「中国残留孤児」の社会学――日本と中国を生きる三世代のライフストーリー』青弓社、二〇一一年、三二頁。

＊4　厚生労働省「中国残留邦人等への支援」http://www.mhlw.go.jp/stf/seisakunitsuite/bunya/hokabunya/senbotsusha/seido02/

＊5　井手孫六『中国残留邦人――置き去られた六十余年』岩波新書、二〇〇八年、五頁。
＊6　張、前掲書、四一―四四頁。
＊7　井出、前掲書、八七―八八頁。
＊8　一九五八年五月二日、日中友好協会長崎支部による「中国切手・切り絵展覧会」が開催されていた長崎県長崎市のデパートで、右翼団体が起こした中国国旗の毀損事件のこと。
＊9　一九六六年から約一〇年間続いた中国の奪権闘争とそれに伴う政治的社会的混乱のこと。学者や芸術家などの知識人だけでなく、中国残留邦人も迫害の対象とされた。毛沢東の死亡と三人組の逮捕により終結した。
＊10　中国帰国者定着促進センターは所沢センター一か所に減ったが、そのほかに定着後の自立を支援する中国帰国者自立研修センターが東京都と大阪府に設置されている。中国帰国者支援・交流センター http://www.sien-center.or.jp/index.html
＊11　早期の帰国支援と帰国後の支援を怠ったとして、全国の中国残留孤児が国に対して行った集団訴訟。二〇〇七年、参議院本会議で中国残留邦人支援法改正案（新支援策）が可決されたことで、和解となった。
＊12　公益社団法人京都市ユースサービス協会（伏見青少年活動センター）が主催するボランティアグループ。「多文化共生社会を担う若者の育成」と「異文化理解の輪を地域に広める」という二つを目的に掲げ、留学生と日本人学生が主体となってイベント企画や情報発信などを行っている。
＊13　京都「自分史を書く会」編『落日の凍土に生きて――「我是淮」中国残留孤児の証言』文理閣、二〇〇四年。
＊14　木村志保「『中国帰国者』イメージを生みだす背景――京都市伏見区向島ニュータウンの事例から」京都文教大学人間学部文化人類学科三回生金基淑クラス編『在日外国人（三）――京都文教大学野外調査実習報告書二〇〇〇年度』二〇〇一年。
＊15　江畑敬介・曹文星・箕口雅博『移住と適応――中国帰国者の適応過程と援助体制に関する研究』日本評論社、一九九六年、四三七頁。

コラム

忘れられない第二の故郷

潘宏立

「説句心里話、我有両個家、一個家在東瀛、一個在中華……」という中国語の歌声が、二〇一三年三月一日の午後、ハートピア京都の会場に響き渡りました。その歌詞の意味は「本音を打ち明けると、わたしには二つの家があり、一つは日本、一つは中国にあり……」、これは初めて京都で盛大に開催された「中国帰国者（東京、大阪、京都）友誼交流会」の出し物のひとつである「文芸演出」なかで、東京に在住する帰国者たちが自ら作詞・作曲し、合唱した中国語の歌の一節です。

初春の京都に流れる郷愁のメロディーは出席した中国帰国者の心を打ち、涙を流す人たちの思いは遥か遠く、中国東北部（旧満州）まで及んだのではないでしょうか。

「あぁ、第二の故郷、それは中国の東北部で、そこには忘れられない中国の家があるんだ！」

実は、向島ニュータウンに暮らしている帰国者の故郷もほとんどが中国の東北部です。Mさんは黒竜江省、Eさんは吉林省、Tさんは遼寧省……。

一九三一年九月一八日の満州事変以後、日本は中国東北部に満州国をつくりました。日本の内地から満州への移住が推進され、いわゆる「満蒙開拓移民」として三二万人以上の人々を送り込みました。一九四五年当時、中国の東北地方には開拓団など多くの日本人が居住していました。しかし、ソ連軍の対日参戦により戦闘に巻き込まれてしまい、避難中の飢餓や疾病などにより、多くの人が犠牲となりました。このようななか、多くの子どもたちが肉親と離別して孤児となり、中国の養父母に育てられるようになって、やむなく中国に残ることとなりました。こうした人々は、政府から「中国残留邦人」と称されました。

現在、「中国帰国者」という言葉は、多くの場合「中国から帰国した残留邦人」という意味で使われています。彼らは、終戦前後から帰国までの数十年間にわたり、中国に残留を余儀なくされ、中国の内戦やその後の政治運動の渦に巻き込まれるなど苦労が絶えることはありませんでした。一方、中国人の養父母に実の子のように愛情を注がれ大切に育てられた帰国者も多く、そのなかにはエリートとなった人も少なくありません。

多くの中国帰国者は、養父母を含めその家族は中国人です。すなわち、配偶者や子どもは中国文化圏の人です。さらに、自分自身は幼いころから中国人養父母に育てられ、国籍は日本人であるとしても、本人はじめ家族ともども、言葉、習慣、価値観までまったく中国流なのです。多くの中国帰国者は、ある意味で文化的には中国人といえるのではないでしょうか。

そうした人々が中高年になり、ようやく祖国の日本への帰国がはたされることになったのですが、日本語の習得をはじめ、日本社会に適応しようとする努力は並大抵のものではありませんでした。日本での生活への適応度合いには差が見られますが、共通しているのが、第二の故郷である中国、とりわけ東北部への強い想いです。

中国東北部は、狭義には遼寧省・吉林省・黒竜江省の東北三省（東三省と略称）の総称です。中国の行政区分では「東北地区」と呼ばれ、広義には東三省と内蒙古の東北部を含む広域の地域となります。東三省の住民は「東北人」という共通する自己意識（アイデンティティ）をもっています。その要因として、この地域独特の歴史、風俗習慣、方言などの存在があげられます。東北地域は漢族を主体として、満族、モンゴル族、朝鮮族、および日本・ロシア・朝鮮の風俗文化が融合した多元文化圏に属している地域でもあります。移民社会であった中国東北部の人々の性格は、豪快であけっぴろげな人が多く、その明るさ、正直さはよく知られています。また、交友が好きで、困った人を助ける親切な人も多いです。

向島ニュータウンの中国帰国者にも、そのような性格をもっている人が多く見られます。帰国者同士で交流を深め、困ったときには互いに協力しあっているのです。公園では中国語で立ち話をしたり、一緒に太極拳などを練習したりする光景をよく見かけます。前述した「中国帰国者（東京、大阪、京都）友誼交流会」では、帰国者同士が会った際に、互いを「兄弟姉妹」と呼びあい、久しぶりに再会した友人はもちろん、初めて会った人に対しても、旧友のように親しみをもって熱烈に会話する姿が見られました。

向島ニュータウンにある中華食材店「熙麟商行」の店頭には、真っ赤な看板の左側に「日中之家、帰国者の交流支援促進事業」の文字が掲げられ、客の七割は帰国者といわれます。この店を経営するのは中国帰国者二世の熙麟さん夫婦です。一一年前、帰国者のためにとこの店を構えました。北京ダック、サンザシ（果物）の瓶詰、スイカやヒマワリなどの種でつくった「瓜子」、もち米から作る酢「香醋」や、中国版の「食べるラー油」といった中華食材が売れ筋の商品だそうです。そのなかには「焼餅」（焼きパンの一種）などの中国東北部で人気の食材も目立ちます。「熙麟商行」は地域の帰国者の食生活を支えています。「熙麟商行」の正面には「中文衛星天線安装」（中国の衛星テレビのアンテナ設置）の赤い布が掛けられていますが、向島ニュータウンの中国衛星放送の受信用パラボラアンテナの多くは、熙麟さんが取り付けたそうです。

興味深いのは、すでに日本に帰国して一〇～二〇年以上たつにもかかわらず、帰国者のなかには中国流のつきあい方を含む中国的な生活を維持している人が多いことです。筆者の知人のEさんは、二胡などの中国民族楽器の演奏が大好きで、日本人の住民に熱心に教えていました。永住帰国してからすでに二〇年の歳月がたった今でも、幼いときに回族出身の養父母から影響を受けた習慣が抜けず、イスラム経典に従い、豚肉を禁食し、中国のムスリムと変わらない生活様式で暮らしています。Mさんは団地の近くで小さな野菜畑を借りて、日本ではあまり市販されていない中国人の食卓に欠かせない香菜（パクチー）や空芯菜などを栽培し、好きな中華料理をつくり、時折、近所に住む帰国者に分けています。

第二の故郷・中国に対して深い愛情をもっている帰国者たちは、よく中国を訪問しています。厚生労働省の「平成二一年度　中国残留邦人等実態調査」の結果によると、最近一年間に「親族訪問」「墓参」の目的で中国へ渡航をしたと回答した帰国者は三二%となっています。そのうち最も多いのは六〇～七〇歳の人で四一・五%を占め、その次が七〇～七五歳の三二・三%、七五～八〇歳も二二・三%を占めています。調査結果から、高齢の帰国者ほど中国へ渡航していることがわかります。また、中国での滞在期間を見ると、二週間以上一ヵ月未満が二五・五％、一ヵ月以上二ヵ月未満の人数は最も多く三四・七％を占め、両者の合計は六〇・二％となっています。国の規定によると、帰国者の特別な事情をふまえ、原則として二ヵ月以内の中国などへの渡航期間中にも「支援給付」が継続支給されることになっています。それにもかかわらず、二〜三ヵ月の長期滞在者は一二・四％も占めています。こうした数字からも中国での滞在期間は比較的長いことが窺えます。

向島ニュータウンの一〇街区で暮らしているMさん夫婦も、そのような渡航組に数えられます。今年七五歳のMさんは、養父母がすでに亡くなり、養父母の墓参だけではなく、親族や友人、また長く勤めた会社の同僚にも会いたいといいます。とくに日本の大学を卒業した後に中国に渡り、大連で複数の会社を経営している長男一家には必ず会いに行くといいます。ほぼ毎年、真夏の二ヵ月間、涼しい中国の東北部に滞在しています。七〇歳を超えた回族の風習を固持しているEさんも同様に、毎年、中国の「故郷」に一〜二ヵ月ほど「帰省」するそうです。

冒頭で引用した合唱曲の歌詞が再び浮かんできます。

「説句心里話」（本音を打ち明けると）という名のこの歌には、「中国の養父母はわたしを引き取って育ててくれた……中国の恩情は海より深く、天より大きい！　祖国に帰ったけれど、中国の家が忘れられない」という歌詞が登場します。人生の大半を過ごした中国と養父母に対する深い愛情が込もった帰国者たちの歌声は、参加者の心だけでなく、海を超えて第二の故郷・中国にまで届いたのではないでしょうか。二つの故郷をもち、そして日中友好の架け橋となった中国帰国者のみなさん、祝幸福永遠！

第9章

ニュータウンに生まれた祭り
——住民と大学生が紡ぐネットワーク

杉本星子

1　「向島まちづくり憲章」が結んだ地域住民と学生のつながり

京都文教大学の最寄り駅は、近鉄奈良線の向島駅です。駅と大学のあいだには、向島ニュータウンとグリーンタウン槇島の高層住宅が並んでいます。しかし、学生も教員も、駅前から出るスクールバスで通学するため、ながいあいだニュータウンの住民と接する機会はほとんどありませんでした。向島ニュータウンに京都文教大学の学生たちが入り込み、住民たちと一緒に活動するようになったきっかけは、一人の男子学生が、駅前のフェンスに取り付けられていたボードに書かれた「向島駅前まちづくり憲章」に心を揺さぶられたことにありました。

向島駅前まちづくり憲章

私たち、向島ニュータウン二の丸地区住民は、向島駅前が、買い物や交通に便利で医療や子育て施設などの充実した「ニュータウンの顔としてふさわしいまちづくり」を目指すため、「向島駅前まちづくり憲章」を定め、駅前地区に係るすべての人々の協力により活動を展開していきます。

一、暮らしに便利で、人々の交流にあふれ、心豊かで笑顔あふれるまちづくりを目指していきます。

二、緑豊かなニュータウンの顔としてふさわしいまちとなるように、中央公園広場などを活用し、多彩なイベントを開催して住民みんなの親睦の和を広げていきます。

三、駅前の違法駐輪、駐車対策および横断歩道、信号機などの交通安全対策を総合的に進め、バリアフリーにも配慮した、快適な駅前環境づくりを進めていきます。

四、ニュータウンの少子高齢化の進展の中で、子育て環境の充実や高齢者の交流をさかんにするなど、「だれもが健康でいきがいをもち、いつまでも安心して住み続けることができる健康福祉のまちづくり」をみんなで進めていきます。

五、不正や犯罪のない明るいまち、安心・安全に暮らせるまちづくりを目指していきます。

二〇〇七年五月

向島駅前まちづくり協議会

二〇〇五年、向島駅前に葬儀場建設の計画がもちあがりました。住民たちは、葬儀場ができることによって向島のイメージが悪くなり、まちが荒んでいくことを恐れて反対運動を始めました。この反対運動をきっかけに、それまでは街区ごとにばらばらであった向島ニュータウンの住民たちが結束しました。運動が功を奏して葬儀場建設計画は撤回されましたが、住民たちはこの反対運動の組織を基盤として「向島駅前まちづくり協議会」を結成し、「向島駅前まちづくり憲章」を制定し、豊かな暮らしやすいまちづくりを目指して活動を継続することにしたのです。

「向島駅前まちづくり憲章」に目をとめた学生は、さっそく向島駅前まちづくり協議会の会長である福井義定さんを訪ね、自分たちも一緒に活動させてほしいと申し出ました。

駅前まちづくり協議会がフェンスに掲げた「駅前まちづくり憲章」は、駅前に風紀を乱すような施設はつくらせないぞという内外への決意表明でした。それは、向島駅を乗り降りするニュータウンの住民たちにむけたもので、同じ駅を使っている京都文教大学の学生のことは、まったく念頭になかったといいます。ところが、それに反応したのは学生たちだったのです。福井さんは、そのときのことを思い出話をするたびに、相好を崩してこう言います。

「やー、びっくりしましたよ。学生さんが突然やって来て、『僕たちも一緒にやらせて下さい』って言うんだもの。それが、あのSくんですよ。」

Sくんとその仲間数人は、駅前まちづくり協議会のメンバーに、ニュータウンの祭りをやりたいと提案しました。学生たちは大学と交渉してステージのために音響機材を借り出し、よさこいサークルの学生たちにも話をつけました。一方、駅前まちづくり協議会の人々は、学区の小中学校、高校に声をかけ、ステージに参加する住民たちを集めました。こうして二〇〇七年の桜の季節、近鉄向島駅に近い公園で、「第一回向島駅前　春の祭典」が実施されました。

祭りは、向島中学校の吹奏楽部が奏でるファンファーレでスタートし、小中学校の生徒たちのパレードがそれに続きました。三街区の自治会は、大きな蒸し器をもちだして、学生たちと一緒に餅つきをやりました。つきたてのお餅をもらおうと長い行列ができて大好評です。ステージでは、プロ・アマとりまぜて、気合いの入った歌や演奏が続きました。若者たちのよさこい踊りは、ふだん高齢者の姿が目立つニュータウンに明るくさわやかな風を吹き込み、住民たちはおおいに喜んでくれました。「お姉さんたちがニュータウンのために、もろ肌ぬいで踊ってくれた」というわけです。それは、ニュータウンで久しぶりに開かれた大きな祭りでした。

向島ニュータウンでは、一九七〇年代から八〇年代にかけて、自治会を中心に夏祭りや運動会がさかんに行われていました。子ども会活動もさかんで、クリスマス会やバザーもやっていたといいます。しかし、初期入居者の子どもたちが小学校を卒業し中学校に入ると、住民同士の行き来も少なくなっていきました。そのころを振り返って、ある主婦が次のように言いました。

「いつも廊下にむけて開いていたドアがいつのまにか閉じて、我が家も隣家もなく出入りしていた子どもたちの姿が消えていきました。ある日、窓の外を、隣の奥さんがパートに行くため自転車に乗って通り過ぎるのを見て、自分だけこのまま家のなかにいていいのだろうかと思いました。」

住民の高齢化が進むとともに、自治会役員のなり手も減り、棟ごとの祭りが立ちゆかなくなっていきました。こうしたなかで行われた「向島駅前　春の祭典」は、自治会や棟の枠を越えた祭りであっただけでなく、それまでニュータウンで行われていたどの祭りとも違う、新しい祭りだったのです。

「春の祭典」を企画した学生たちは、そのあと「京都文教響命プロジェクト」という団体をつくり、G棟の夏祭りや餅つきにも参加するなど、住民との交流を続けました。同じころ、大学と向島駅のあいだの通学路にゴミが多く、しばしば朝から痴漢が出るため、ほとんどの学生たちがたった一五分ほどの距離を歩くのを嫌ってスクールバスを使う結果、学生とニュータウンの住民とのあいだにまったく交流がないということに気づいた学生たちがいました。そして「勝手に道路、掃除します」と掃除道具を手に、通学路に出没する学生グループ「文教ストリートプロジェクト」ができました。やがて、学生たちが黙々とゴミ拾いをしていることに気づいた住民がそこに加わって、一緒に掃除をするようになりました。学生というものは、教員がやれといっても動かないのですが、放っておくと思わぬことをやりだすものです。教員たちは、本気とも冗談ともつかない学生たちのこうした行動を、少し面白がりながら見ていました。

駅前まちづくり協議会と学生たちが始めた「向島駅前　春の祭典」は、一度といわず、二度三度と回を重ねていきました。いつのまにか、学生たちだけでなく、ニュータウン研究会のメンバーをはじめ何人かの教員たちも参加するようになっていました。二〇一〇年の第四回からは、春の天候不順を避けて秋に祭典が行われることになりました。

2　「向島わくわく朝市」から「向島ほっこりフェスタ」へ

さて、第四回の「秋の祭典」が終わり、その反省会兼打ち上げの集まりのときだったでしょうか、「祭典で近くの農家さんたちが売る新鮮野菜が人気なんで、文教の学生さんに定期的に野菜市をやってもらえると嬉しいんだけど」という声が上がりました。向島駅前にある大学のスクールバスの乗り場は、日曜日には使われていません。そこで野菜市をやったらどうか。野菜の仕入れ交渉から販売までやるのは、学生にとって実践的な経営の学びになるのではないかという提案でした。即座に、同席していた教員の杉本は言いました。

「無理で～す。日曜日は、教員も学生もお休みで～す。」

しかし、年が明けた翌二〇一一年二月、実践人類学実習という授業の一環として、三回生の杉本ゼミの学生たちが地元の新鮮な野菜を売る「わくわく朝市」をやることに決めました。学生たちの目的は、ニュータウンの住民に地元の野菜を買ってもらい、地域の地産地消を実現することにありました。地域の人が地域の野菜を買うことは、地域の農家を支えることであり、宅地化が進む巨椋池干拓地に広大な水田や畑を残すことになります。それはとりもなおさず、田畑に暮らす動植物や、毎年やってくる渡り鳥の営巣地を確保することにもなるのです。ニュータウンに隣接する巨椋池干拓地の自然は、京都南部に残る貴重な財産です。この環境を守るためには、農家さんに農業を続けてもらわなくてはなりません。そのために、一万二〇〇〇人の人口を抱えるニュータウンの消費者と地域の生産者を結んではどうか。かくして、地産地消の地域づくりというテーマで、企画が動き出しました。市の開催場所として学生が目をつけたのは、向島ニュータウンセンター商店会の空き店舗でした。商店会は、空き店舗が増えてシャッター街になりかけています。学生たちは商店会の会長さんと店舗を管理する京都市住宅供給公社に話をもちかけ、一日店舗を借してもらうことができました。というわけで、この企画は、商店会の活性化という目的も兼ねることになりました。学生たちの野菜市は人気で、地元の野菜はすぐに売り切れました。

それを見にこられた京都市向島図書館の館長さんが、三月に予定している向島図書館の開館二〇周年記念のときにも、野菜市をやらないかと言ってくださいました。そこで今度は、以前から巨椋池の農業に関心をもち、巨椋池環境保全ワークショップの活動に関わっていた一回生有志の学生たちが、図書館の入り口で巨椋池干拓地の動植物の写真を展示し、傍らで地元の野菜を売ることになりました。「向島図書館二〇周年記念わくわく朝市」です。今回も、野菜は午前中にほぼ完売しました。

さて四月。年度が改まって、新しい実践人類学実習のメンバーが、向島ニュータウン中央公園にある池の前で、地域での活動内容を考えていました。

「商店会でなんかをやろう。」

「それなら、俺はカフェやりたい。」

「わたしはお華を習ってるんで、それを活かしてなんかしたい。」

「フリーマーケットをやってほしいっていう要望があるらしい。」


学生たちは、今度も商店会の協力を得て空き店舗を二つ借り、六月の父の日、学生主体のこじんまりとしたフェスタを計画しました。題して「向島ほっこりフェスタ」。メンバーはたった五人でした。そこで、他のゼミの学生たちに援軍を頼むことにしました。どうせやるならと、先の「秋の祭典」や野菜市がきっかけで知り合った地元の農家さんや京都南部中国帰国者の会、京都すばる高校、宇治で活動している市民の「草遊びの会」にも参加を呼びかけました。フリーマーケットの出店料を当てにして、思い切って新聞に折り込みチラシを入れてみました。商店会の喫茶店にご協力を仰いで、カフェのために美味しいコーヒーとロールケーキを分けていただく手はずを整えました。花屋さんには「父の日のフラワーアレンジメント・ワークショップ」のために、特別な仕入れをお願いしました。

祭りの当日、フリーマーケットには一五組あまりが参加し、朝早くからお客さんで賑わいました。空き店舗前の地元農家の野菜売り場では、店頭に野菜を並べるのを待ちきれずに品選びをする早起きのお客さんがつめかけました。京都すばる高校の女子生徒たちの可愛い売り声が響くと、地元米を使った高校生オリジナルの「武士米バーガー」はあっという間に売り切れてしまいました。中国帰国者の方々がつくる餃子の美味しさは折り紙つきで、これも昼過ぎには早々に売り切れました。民生委員さんたちの住民よろず相談コーナーは、来場者こそ多くはなかったのですが、深刻な相談を受けつけました。「草遊びの会」のテントには、ずっと座り込んで遊ぶ子どもたちと学生の姿がありました。「父の日のフラワーアレンジメント」は、宣伝が行き届かなかったせいか、今ひとつ寂しい入りではありましたが、学生たちの活動を案じて、休日にもかかわらず子ども連れで様子を見に来てくれた大学職員のおかげもあって、楽しい雰囲気のワークショップになりました。商店会の通路では、楽器をもって地域の福祉施設を訪問し、ふれあい活動をしている馬場ゼミの「バババババンド」が、トガトンという竹楽器を奏で、通りがかりのお年寄りや障がい者の方たちと一緒に歌っていました。空き店舗の奥では、潘ゼミの学生たちが中国で行ったフィールドワークの写真を展示し、訪れた住民たちに中国茶を振る舞って話し込んでいました。空き店舗の入り口でカフェをやっていた学生は、食中毒を出すまいと厨房の清掃と消毒に精魂を傾け、仲間たちに「消毒液の鬼」とからかわれていました。空き店舗には、向島駅前秋の祭典で親しくなったニュータウンや近くの住民の方々が、入れ替わり立ち替わり顔を出してくださり、コーヒーやお茶を飲みながら、のんびりとおしゃべりをしていました。はっきりいって、カフェコーナーはそんな「身内」で賑わっていたわけです。それでも、この日のフェスタは、多くの人に文字どおり「ほっこり」した思い出を残したようです。

3 第五回秋の祭典

学生たちの「わくわく朝市」や「ほっこりフェスタ」をきっかけに、商店会から、次の「秋の祭典」は、駅前の小さな公園ではなく、商店会のあるニュータウンセンター広場を会場にしてはどうかという提案がありました。ニュータウンセンター広場は、それまで祭典をやっていた駅前の公園より大きく、多くの人が行き来する場所です。京都市住宅供給公社の管轄なので、住民が許可なくそこで催し物をするわけにはいきません。しかし、商店会が共催となれば話は別です。ニュータウンの中央にある公園でやれば、ニュータウン全体の人たちを祭りに巻き込むことができるかもしれません。ただ、急に祭りの場所を移して、人が集まってくれるだろうかと、実行委員会のメンバーはおおいに迷い議論を重ねました。そして最終的に、ニュータウンセンター広場での祭典の開催を決定したのです。とはいえ、祭典の準備しながら、みな一抹の不安を抱えていました。

一方、朝市やほっこりフェスタに参加した学生のゼミや地域の団体は、「秋の祭典」にも参加することになりました。向島図書館は、学生と組んでニュータウンの絵はがき展をすることになりました。そして、ニュータウンセンター広場とニュータウンセンター商店会をつなぐ通路で、近隣の幼稚園や保育園にご協力をいただいて、子どもたちの絵を展示する「子どものアート展」をやることになりました。会場が代わって、ステージも一新されることになったのですが、ステージの背景の絵は、向島中学校の美術部が描いてくれることになりました。ステージ前に並ぶ一〇〇脚ほどのイスは、小学校から借りてきました。

さて、フェスタ当日、例年通り向島中学校の吹奏楽でステージが始まりました。ふたを開けて見ると第五回の「秋の祭典」は、これまでになく多くの人が集まり、賑やかな祭りとなりました。この年の三月一一日に起きた東日本大震災で避難してこられた福島の方々と民生委員さんや学生たちが一緒につくった芋煮は、あっという間に住民たちのお腹に収まってしまいました。学生が商店会の事務所で見つけて、ぜひにと懇願して借り出した子ども御輿が、賑やかに広場に繰り出しました。学生の先導で法被を着た子どもたちがわっしょいわっしょいとかけ声をかけて歩くのを見て、「子ども御輿を見るのは何年ぶりだろう」という嬉しそうなお年寄りの声がありました。広場の一画に広げられた巨椋池干拓地全景の巨大な航空写真の上には、いつも何人もの人がしゃがみこんで、自分の棟を探したり、学生たちに「昔、ここには高射砲があったんだ」といった昔語りをしていました。この航空写真は、宇治市歴史資料館からデータをいただいて、それを学生が何日もかけてパソコン上で貼り合わせ、最後は半徹夜で打ち出し、さらに拡大印刷してラミネート加工して巨大なパネルにしたものでした。フリーマーケットはもちろん、住民の囲碁・将棋クラブが出したコーナーも盛況でした。ニュータウンの年表が貼られたボードの前にも常に住民たちの姿がありました。年表にはいくつかチェックが入り、修正や加筆のポストイットが付いて、中身が充実していきました。ニュータウンのなかにある障がい者の支援センター「あいりん」は焼きそばを、ニュータウンに暮らす中国帰国者たちの「京都南部中国帰国者の会」は餃子やまんじゅうを売る模擬店を出し、好評でした。民生委員さんたちは子どもたちむけの「昔の遊びコーナー」を設け、学生たちがそれを手伝いました。また、京都府農林課とともに巨椋池干拓地の農地で子どもむけの米づくり体験などの活動をしている「巨椋池環境保全ワークショップ」も、巨椋池干拓地の自然写真をパネル展示し、地元の米を使った五平餅ならぬ「三平餅」を売りました。巨椋池干拓地で不耕起米づくりをする市民団体「結いの田」も活動パネルを展示し、米や野菜を売りました。保育士さんたちの歌や、住民のフラダンス、中国帰国者の二胡や演舞が恒例となったステージ前にも、たくさんの人です。祭りのフィナーレは、いつものように大学生たちのよさこいの群舞で賑やかに締めました。

思い切ってニュータウンセンター広場に会場を移したことが、祭典をひとまわり成長させたようです。祭りの後、超特急でゴミをまとめ、会場を片付け、借りていた資材やイス・机を返却して、打ち上げ会場に集まって乾杯した住民と学生たちの顔は、実に晴れやかでした。

4　ニュータウンの祭り

第五回の「秋の祭典」が成功裡に終わったことから、その後の祭典もニュータウンセンター公園で開催されることになりました。祭典で食品を販売し完売しても、労力のわりにさして儲かるわけではありません。それでも、一度、ニュータウンの祭典に参加した団体は、次回も参加しようとなるようです。祭りの場で生まれる人と人との交流が、参加者に楽しい思い出を残すのかもしれません。こうして祭りを実施するたびに参加者が増え、企画の規模は大きくなっていきました。ニュータウンの祭典は、ニュータウンの住民を核としながら、ニュータウン内外のさまざまな組織や団体を巻き込んでいったのです。しかし、かかる経費も労力も、半端ではありません。祭典実行委員会の中核となる駅前まちづくり協議会は、京都府の地域活性化事業の助成金を申請しましたが、これは必要経費の三分の二しか出ないのです。残りの三分の一は、住民や団体からの寄付で補わなくてはなりません。資金を確保する苦労は並大抵ではありません。実行委員会の中核にある向島駅前協議会のメンバーの顔ぶれはほとんど変わらず、そのまま高齢化していきます。一方、学生たちは進級し、やがて卒業してしまいます。実際には、留年して居残る学生もいたのですが、思うところあって休学し、旅に出るといって抜けていく学生もいたりしました。かくして毎年、実行委員のなかから祭典は今回で最後にしようという声が上がります。しかし、また次の年になると、実行委員会が招集されます。学生たちも何となく入れ替わりながら、それでも必ず何人かが実行委員会に参加しているのです。

日本の祭りは、本来、生業や生活を支える心のよりどころである神を祀る行事です。しかし、日本のニュータウンの祭りには、人々に祀られて祝福を与え、祭りをしないと祟るような神さまがいません。

ニュータウンは高度経済成長期の国策としてつくられたサラリーマンのための住戸の器でした。外周道路によって周囲の土地から切り離されたその居住空間は、土地の神さまとはつながっていません。土地から浮遊した空間なのです。そこに暮らす住民たちもまた、浮遊する人口であることが想定されていました。とくに向島ニュータウンは分譲棟の割合が少なく、賃貸棟の住民は、転勤で移動したり一戸建てを買って転出したりし、その後に子育て期の若い世代が入ってくることが期待されていたのでした。しかし、気がつけば同世代入居の人々はそのまま残って高齢化し、子どもたちは成長して転出していきました。神さまのいないニュータウンの自治会の祭りは、それを喜ぶ子どもたちがいなくなると、むしろ住民たちの負担になっていったのでした。

住民と学生たちが新たに始めたニュータウンの祭典にも、神さまはいません。しかし、ニュータウンができて四〇年という年月が流れ、中央公園の木は大木となって大地に根を張りました。同じように、多くの住民も、ここに根づいて、ここを終の棲家と決めています。そこに生まれた祭典は、ニュータウンのいろいろな街区の自治会、ニュータウンとその近隣にある諸団体を巻き込むことで、ニュータウンの歴史のなかで育まれてきたさまざまなグループを重層的につなぐネットワークをつくりだしていきました。日本の伝統的な祭りが、長老を頂点とした垂直の村落構造に支えられた「むら」の祭りであったとするなら、ニュータウンの祭りは、さまざまなグループの代表が実行委員会に集って協力しあう、水平構造の「まち」の祭りです。日本の村落の伝統的な祭りでは、人は子どもから青年へ、そして長老へと年をとるにつれて、大事な仕事を任されるようになります。それによって、人は一歩一歩、社会人として成長していきます。祭りは、地域の社会教育の仕組みでもあったのです。ニュータウンの祭りは、どうなのでしょう。

祭典に参加した学生たちは、地域の住民と一緒に汗を流し、ときに叱られ、ときに励まされ、そしてなにより「ありがとう」という一声をかけられて成長しているようです。向島ニュータウンの祭典は、若者たちを育てる仕掛けとしても育っているようです。

5 マイタウン向島

ところで、学生たちと話しているとき、向島ニュータウンは一部の学生たちにとって、ちょっとした憧憬の地でもあることを教えられました。それは、若者たちの憧れのミュージシャンであり世界的に活躍するラッパー、アナーキーさんの生まれ故郷だからなのです。

向島ニュータウンには、市営住宅の街区、公団賃貸の街区、公団分譲の街区があります。公団分譲地区はこぎれいな高層住宅が並び、庭木の手入れも行き届いた落ち着いた住宅地です。しかし、市営住宅のなかには、壁に落書きがあって、ちょっと荒れた雰囲気の棟もあります。ニュータウンは社会的格差を内包するだけでなく、それを構造的に街区のちがいという形で視覚化させるように造られているのです。そして、そのことがよけいに、「ちょっと荒れた地区」の問題を際立たせているように思われます。実をいうと、かつての向島は、ネット上の書き込みで治安が悪いとさかんにいわれたところでした。今でも、外部の人々からそうしたイメージで見られることがあります。しかし、そうした少し前の時代の向島から、アナーキーさんという、今や日本を代表するラップ・ミュージシャンが生まれました。

彼の自伝的エッセー『痛みの作文』には、生い立ちと仲間や音楽への思いが綴られています。[*1] 二〇〇九年のベスト・ヒップホップ・ミュージック・ビデオ賞（MVA09 BEST HIP HOP VIDEO）をとったフェイト（Fate）は、向島ニュータウンで撮影されています。そのなかでアナーキーさんは、団地の高層建築のあいだを仲間たちと歩きながら、そこの子どもたちをゲットー・キッズと歌います。

（前略）……後ろ髪引くようなハードな環境
涙の分だけハートは頑丈
転けたら立ち上がれ　未来も天と地
助けはこない　覚悟しな　Ghetto kids

笑ってるけど悲しい目
夜中の公園に裸足で
余裕なフリも頼もしいね
横には仲間がいて
バラバラでも家族あったかい家
夢掴め働いて
下向けば悲しいね……（後略）

ここでアナーキーさんが歌う向島ニュータウンは、ラップ・ミュージックの発祥地であるブルックリン[*2]のイメージと重ねあわされています。実際、彼が子ども時代をすごし、暴走族をしていた青春時代は、中学校も荒れていたようです。彼が歌うように、ここに育つ子どもたちは厳しい現実を見つめ、それを引き受けて生きていくしかないのですが、しかし、そこには仲間がいて、ばらばらではあっても暖かい家族があるのです。私のゼミ生の一人が、ラッパーの入れ墨やアクセサリーについて卒業論文を書いたことがあるのですが、彼が見つけてきた向島の青年たちの入れ墨やネックレス・ヘッドのデザインには、彼らが住んでいる街区や棟のナンバーが誇らしげに記されていました。M5という刺青は、向島ニュータウン五街区に住んでいるという意味なのです。M、あるいはMJというのは、向島の青年たちが自分たちの街をさしていう言葉です。ラップのなかで、出ていきたいけど出ていけないと歌われる向島すなわちMJは、ここに育った青年たちにとっての原点なのです。そして、まさにそうした向島に、若者たちのサブ・カルチャーであるすばらしいラップ・ミュージックが育まれたのです。

さて、二〇一二年の秋、向島ニュータウンセンター商店会の空き店舗を、京都市住宅供給公社が大学に貸与し、そこに地域交流拠点が開設されることになりました。そして、二〇一三年一月一一日、京都市長も列席して、「京都文教マイタウン向島」、通称MJが開設されました。入口に掲げられたマイタウンという名前のロゴは、ある街区の壁になぐり書きされた、「マイタウン、グッバイ」という文字からとりました。多分、なんらかの事情でまちを去ることになったやんちゃな少年の落書きかと思われます。壁に書きなぐられた「マイタウン」という文字が、皆の心を打ちました。ロゴは絶対にこれでいこうと、全員一致で決まりました。こうして向島ニュータウンの一角に、住民たちの集う場所ができ、ニュータウンでの住民と大学、地域の諸団体との連携活動は新しい段階に入りました。

「アメブレイク」(Amebreak)というヒップホップの音楽ブログのインタビューにこたえて、アナーキーさんは、次のように語っています。[*3]

生きてる人みんなに夢があって……ない人もいるかもしれないけど、

大概の人はあるじゃないですか。
でも、みんなには現実が付いてて。
俺の現実は向島という、あの街で、それは逃れられへん。
抜け出すのは簡単やけど、そこから抜け出すことが
〝成功〟なのかどうかというのは……俺も今は答えは出てないけど……思ってない。
抜け出すだけなら簡単だと思うんですよ。

向島ニュータウンの住民たちは、このニュータウンに留まりながら、高齢化や多文化化、子どもの貧困といったさまざまな問題に向き合い、祭りや寄り合いでの楽しみや出会いを活かして、ここをより安全でより住みやすいまちにしようと踏ん張っています。そうした思いに、学生や地域のさまざまな人々が惹かれて参加し、さまざまな催しやテーマをもって、一緒にいろいろな活動を始めているのです。向島ニュータウンの住民主体のまちづくりは、まさにこれから本格的に始まろうとしています。

注
＊1　アナーキー『痛みの作文』ポプラ社、二〇〇八年。
＊2　ニューヨーク市ブルックリンはゲットーと呼ばれる低階層者の居住地区があることで知られる。
＊3　「アメブレイク」http://amebreak.ameba.jp/interview/2008/09/000462.htm（二〇一三年一〇月二五日アクセス）

コラム

まちづくりと地域情報紙
——高蔵寺ニュータウンから

林明代

高蔵寺ニュータウン（愛知県春日井市）で地域の情報を発信し続けて三〇年。わたしの「まちづくり」への想いはそんななかで徐々に芽生えていきました。編集者として地域のことを知り、取材をする中で大勢の人と繋がることが、わたしの「まちづくり」への一歩だったような気がします。今では、地域情報紙は「まちづくり」で大いなる役割を担うと確信しています。

開発当初の高蔵寺ニュータウンのキャッチフレーズは「緑と太陽のまち」。それは、新居を探し求めていた団塊世代の心をくすぐりました。わたしたち家族がこの地に移り住んだのは、ニュータウン入居開始から八年後の一九七六年。センター地区に中核施設ができ始め、生活の基盤が整えられようとしていました。しかし全国からの寄り合い所帯のせいか、今でいう「絆」は感じられないまちでした。逆にいえば、しがらみのなさに自由を感じ、住民は誰に遠慮することなく、「自分たちのまちは、自分たちでつくろう！」と、不便が残る日々の生活の質を上げるためにさまざまな活動に立ち上がったのです。誰かが動いてくれるまで待っていられないという気質は、今も引き継がれているように感じます。

高蔵寺ニュータウンの地域情報紙「タウンニュース」の発行に携わったのは、子育てが一段落し、自分の住むまちに関心が向き始めたころです。紙面に盛り込んだのは、まちの話題であり、生活の関心事や疑問。発行部数は三万部を超えたことも。その数はニュータウン周辺地域までも含めて、ほぼ全戸配布の勘定です。新聞折り込みでの全戸配布ですから「ねぇ、タウンニュース読んだ？」と主婦の格好の話題になったのです。話題の共有は人の繋がりの原点。三万部超えの発行部数では、決して「ミニコミ」とはいえないのですが、地域限定の情報を発信する媒体ということで、あえて「ミニコミ紙」を名乗り続けました。

地域限定だからこそ、そこに読者の共同体意識が芽生えたような気もします。一方、わたし自身も取材をするなかで人脈が確実に広がり、のちにそれは大きな財産となって、新たなまちづくりに繋がることになったのです。

情報紙発行がまちづくりにつながるといっても、それは直接的な行動ではありません。もう少し他の形でのまちづくりはないか……と思っていた矢先、必然としかいいようのない出会いが突然訪れました。その人物こそが現在の「NPO法人まちのエキスパネット」の代表、治郎丸慶子です。彼女はダウン症の子をもち、障がい者支援という立場からすでにNPO法人の立ち上げ経験をもっていました。彼女もまた、それまでの活動に物足りなさを感じていたことを知りました。「ニュータウンを障がい者・高齢者・若者すべての人が暮らしやすいまちにしたい」と彼女は言い放ったのです。わたしは思わず「そうだよね、同感!」と瞬時に意気投合。そして二〇〇七年「まちのエキスパネット」は誕生しました。

それまでにつくりあげていた二人の人脈と治郎丸の広範な知識と無類の実行力は、エキスパネットを大きく成長させました。なかでも、二〇一四年に七回目を迎えた参加型イベント「高蔵寺ミュージックジャンボリー」(二〇一三年から改称)は、人の輪を生む「祭り」となっています。全国に古くから伝わる祭りには人間の生きる力がみなぎり、祭りは地域の絆そのものです。歴史のないニュータウンには、そういう祭りがありません。ニュータウンらしい祭りの仕掛け人になったのがエキスパネットだったのです。ここで出会い、繋がった人たちが毎年イベントを支えます。ステージに立つ人だけでなく、駐車場のライン引きをする人、音響担当者、車の誘導係……。裏で支えるボランティアスタッフの誰もが、いきいきとしています。これが「祭り」であり「まちづくり」だと思うのです。

「まちのエキスパネット」の当初の活動拠点は、大正時代の呉服屋さんをボランティアのみなさんの力で改修した「古民家 和っか」でした。誰もが気軽に立ち寄れる場所にと、その一部を「カフェ奏」として開放しました。飲食をともにできる場所は人を集め、繋がりが生まれる場所です。現在ではJR高蔵寺駅北口に「バルカフェ ボーノ」をオープンさせ、その機能をもたせています。グランドピアノを置いた店内では週末になると音楽をはじめとした文化的イベントが開催され、人々が集う場所になっています。

人と人を繋げることは点と点を結ぶこと。それは一本の線になり、やがてたくさんの線が絡み合い、それは面になっていきます。面になったとき、まちを動かす原動力になります。

まちのエキスパネットでは「まちツボニュース」という、まちづくりに特化した情報紙も発行しています。これもすでに創刊から六年。まちの動きを伝えつつ、ニュータウンの問題を提示しています。ここで取材した人たちは、新たな点になる人たちです。紙面で繋ぎ紡ぐ新旧の点と点は太い線へ、そしていつの日か厚みのある面になっていくはず。エキスパネットにとって、地域情報紙発行とまちづくりは切っても切れないものだと思っています。

高蔵寺と暮らす　NO.81　2014年11月1日

まちツボニュース

発行日：毎月1日
発行部数：24000部（無料配布）
配布エリア：高蔵寺ニュータウンとその周辺地域
編集・発行：NPO法人まちのエキスパネット
春日井市大留町5丁目29-16 古民家和っか
TEL/FAX 0568-92-7315
http://www.0568kasugai.net/~expanet/

《明日につなぐ まちづくりフェスタ》開催
～みんなで考えよう市民協働～

高蔵寺ニュータウンの住民が中心となって活動する団体「高森台県有地の活用を提案する市民の会」は、今年「市民協働」について学ぼうと３回にわたって学習会を開いてきた。
そして11月29日（土）その総括としてシンポジウムを中心としたフェスタを開催する。（理）

原点は高森台県有地の有効活用提案

ニュータウンの北東部、高森台中学校の北側には、愛知県所有の79,200㎡もの未利用の造成地が広がっている。2012年7月、長い間買い手がつかず放置されていたこの土地の一部が春日井市に貸与され、高齢者向け福祉施設を建設することになった。事前に周辺住民に対し経緯について説明会が開かれたが、この時県有地の残り部分約70,000㎡の活用法がまだ白紙だということも明らかになった。

これを知った参加者は、近隣住民としてもこの多くの可能性を秘めた土地の利活用を考え、積極的に県や市に提案して行こうと声をかけあった。そして同年9月に「高森台県有地の活用を提案する市民の会（略称市民の会）」を結成。翌年7月には、住民や専門家のアイデアを集約したマスタープランの模型を会員の手で創り上げ、「ひと・緑・風　明日につなぐプロジェクト」と題して巡回模型展示等を積極的に開催し、賛同者を集めている。

400分の1サイズの模型

これと並行し、会員たちは県・市・議員・メディア・支援者などと懇談して、意見交換を行ってきた。だが行政にはマスタープランを提案しようとしても、市民の声を活かし協働につなげるための手だてがなく、今のところ懇談から先の展開に持ち込めない状況だ。

まずは官民協働について学ぼう

「官民協働」とは行政と民間が同じ目的のために、対等の立場で協力して共に働くことである。この「対等な立場」を確立しないで協働は成し得ない。今は行政と民間では「協働」への見解にずれがあるようだ。このずれを埋めないで前には進めない。そこで市民の会では『真の協働』について学びの場を設けることにした。

勉強会の第一回は春日井市の市民協働の現状、第二回は愛知県が進める市民協働、第三回は安城市で成し得た市民協働の事例報告と経験談。段階を踏んで協働を学んできた。

勉強会の様子

そして第四回は11月29日、「市民協働」や「市民活動」をテーマにしつつも難しい理屈を抜きにした、誰もが親しみやすいフェスタを開催する。

まちに興味を持つきっかけに

ニュータウンに暮らす人たちに「我が家」と同じように「わがまち」を意識して欲しい、そういう想いで企画したのが「明日につなぐ まちづくりフェスタ」である。まちに興味を持ち、魅力を感じれば愛着心が生まれる反面、課題も見えてくるはずだ。その解決法を探り、協力しあって、今以上に暮らしやすいまちを創り上げ、次世代につなげていこう。想いを伝えるキャッチフレーズは「自分たちのまちは、自分たちで創ろう」に決まった。

フェスタはニュータウンの魅力がぎっしり詰まった映像から始まる。次に元犬山市長・石田芳弘氏の基調講演。犬山市は「議会改革度調査2003ランキング」（早稲田大学マニュフェスト研究会）で全国16位、県内トップの成績を収めている。氏の口から語られる革新的な自治改革の体験談が、春日井市の明日と重ねられるか、じっくり聴いて考えて欲しい。

続くシンポジウムでは勝川のまちづくりのリーダー・環境活動団体の会長・藤山台地区社協会長・それに市民の会会長のパネラー4人で市民協働について意見を述べあう。それぞれの立場や経験から、多角的に語られる市民協働の現状と展望はとても興味深い。

シンポジウム後のステージは、安心安全なまちづくりや、地区発のユニークな祭り等、地域に根ざした活動のプレゼンテーション。フィナーレは「ニュータウン音頭」「ニュータウンばやし」の踊りで華々しく幕を閉じる。この2曲はニュータウンがまだ若く勢いのあった10周年の時、住民に公募して作られたわがまちの歌である。これもまちの宝であり、次世代につなげていきたい文化である。

他にもソプラノ歌手の歌とお話あり、ロビーでの活動展示ありの肩の凝らないイベントである。入場は無料、気軽に足を運んでみてはいかがだろうか。

明日につなぐ まちづくりフェスタ
11月29日（土）14:30～19:05（開場14:10）
於：春日井市東部市民センターホール
【シンポジウム】15:00～16:45
ー市民協働を考えるー
"自分たちのまちは、自分たちで創ろう！"
ロビーでは市民団体の活動展示も行います

情報紙「まちツボニュース」

終章

ニュータウンの再デザイン

西川祐子・杉本星子

1 京都文教大学ニュータウン研究会とニュータウンの住民との出会い

京都文教大学が宇治市の向島キャンパスに開校した一九九六年には、キャンパスに隣接する向島ニュータウンはすでに入居二〇周年を、隣接するグリーンタウン槇島は一五周年を迎えていました。先に開校していた京都文教短期大学と向島ニュータウンは、ほぼ同年齢です。わたしたちの共同研究は四年制大学の開学五年後である二〇〇一年の「ニュータウンにおけるジェンダー変容」（代表・西川祐子、科研基盤研究C２）から始まりました。共同研究の初期には、研究会やニュータウン調査、地域にひらいたシンポジウムなどをつうじて知り合ったニュータウン住民の方々に、おりにふれては「住まいの個人史」、つまり引っ越し歴を語っていただき、さまざまな形で記録しました。ニュータウンとは何か、を具体的に教えていただくためでした。その後、西川ゼミの学生たちが始めた「ニュータウンの絵はがきをつくろう」企画と関連させて、話を聞く方ひとりひとりに、まず使い捨てカメラでニュータウン内のお気に入りの風景や思い出の場所の写真を撮ってもらい、撮影した写真を見ながら説明を聞くという「写真インタビュー」を続けた時期がありました。子どもを遊ばせた公園、苗木のときから大きく育つまでを知っている樹木、商店街などです。今では伏見区の散歩コースのひとつにあげられる向島ニュータウンの中央公園と外周道路の桜並木や、グリーンタウン槇島の道路の並木の写真を撮った方が多くおられました。個々人の記憶がいくつかの特定の場所や建物に付着してゆくことがよくわかりました。

ニュータウン初期入居のある方から、第一〇街区、第一一街区にまだ空き地があったころ「蓮華がいちめんに咲いている広い土地に、気球が降りて何日も止まっていたので、みんなで見にいった」という話を聞きました。いったいなんのための気球だったのだろう、絵はがきになりそうな、いい絵柄だなあということで、写真が残っていないか、記憶のある方が他にもないか調べてみました。わたしたちは青空にうかぶ極彩色のまるい気球を勝手に想像していたのですが、形がちがうようでした。やがて、あれは「大正製薬オロナミンC」の広告の気球だったと教えてくださる方があって、一件落着となりました。個々人の共通の記憶から集団の記憶や都市伝説が育っていました。

「住まいの個人史」のインタビューは、ほとんどいつも共同研究の複数のメンバーにより行われました。それと並行して、メンバー各自がそれぞれの研究テーマをもってニュータウンの住民とつながり、学生を交えてさまざまな研究・活動を始めました。人間学研究所の共同研究を何期か重ねるうち、こうした個々の研究と住民たちのまちづくり活動がしだいにクロスしていきました。これについては、またあとでくわしく述べることにします。

2　初期入居者のニュータウン生活

ここで、初期の共同研究のなかで向島ニュータウンとグリーンタウン槇島でとった録音や写真、年表などの「住まいの個人史」記録の束を久しぶりにひもといて、個人史に基づいたニュータウン小史を振り返ってみたいと思います。ニュータウン入居の日付が入った個人史年表を横並べにし、並べ読みをすると、個人の選択、個人のライフサイクルの集まりから、ニュータウンというまちの生長する姿がうかびあがってきます。

初期入居者のなかには、近辺あるいは他府県のニュータウンから引っ越してきた人たちがいましたが、多くの方が高層集合住宅に入居するのは初めてでした。ニュータウンの初期入居者のうち男性の多くは義務教育を終えて就職あるいは就学したときから故郷の家を離れ、都市での寮生活や下宿生活、アパート生活などを経て、結婚あるいは子どもの誕生を機にニュータウンに住まいを探しています。しかし一九六〇年代、七〇年代は、まだ同郷の女性との結婚の割合が高い時代でした。結婚相手の女性からすれば、納屋や家畜小屋があり、中庭やたたきの土間がそなわり、しかし便所や井戸が住まいの外にある構造だった生家から、一足飛びにニュータウンの電化生活に切り替えなければならなかったのです。

住まいの個人史を尋ね、引っ越しのたびに変わる住まいの平面図と同居人の数を聞くことを繰り返すうち、どうしても思い出せない間取りがあったりします。そういうときは先へ話を進めました。記憶の空白はそれ自体が多くを物語ることに気づいたからです。思い出せない家や部屋に、思い出したくない記憶が沈んでいるのです。「先回は間取りを思い出せなかったのですが、ある事情で、とつぜん姑との同居が始まったの。あのとき、わたしはどこで誰と寝ていたのやら、思い出せない。姑もどんな気持ちだったのでしょうね」と次回あらためて語り出す方がいました。

ニュータウンでの生活は暮らしを大きく変化させるだけでなく、人間関係をも変えました。標準家族用設計の部屋は夫婦とその子どもから成る核家族のための空間であって、三世代同居のための間取りなど多様化が生まれるのは、八〇年代以後のことです。初期入居者たちは、三世代同居あるいは戸主の兄弟からその家族までを含む傍系家族から脱出して、新しく核家族を形成したのでした。しかし、人間関係がそれきり切れるわけではありません。盆と正月には、家族をひきつれて故郷の親たちあるいは兄の家に一時帰郷する家族が多く、その間ニュータウンは閑散としていました。それが二〇年三〇年と経つうち、逆に、ニュータウンセンター商店会の夏祭りに合わせて、遠隔地に就学あるいは就職した子どもたちが実家に一時帰宅して、ずらっと並んだ露店の前を行きつ戻りつ、同級生と旧交をあたためるようになりました。やがて夫婦それぞれの親たちが老いて、遠距離介護をしたり、配偶者に死に別れた片親を緊急にひきとったりする事態が生じるようになりました。さらにときがたった今、商店会の夏祭りは、結婚した子どもたちが孫を連れて帰省し、孫の手をひく住民たちで賑わう日となっています。

初期入居者の話を聞くうち、入居後の変化が最も大きいのは市営住宅街区であることに気づきました。初期ニュータウンに賃貸の部屋に住んでいた人は、同じ棟に多様な隣人たちの生活があったと語ります。「夫婦喧嘩の声や、子どもを叱る声が大きい。近所同士で感情むきだしの争いがある。一方に清貧という言葉がぴったりの静かな暮らしを続ける人がいると思えば、やたら派手な暮らしをしている人もいた」といいます。入居者の年齢もさまざまでした。しかし公営住宅法が改正されて収入超過者の退出が求められるようになると、若いときに入居し、ようやく働き盛りになった人たちは、いられなくなりました。公営住宅は福祉住宅の性格を強め、他の街区よりも早い速度で高齢化が進みました。中国残留孤児とその家族の一斉入居があり、言語の壁による摩擦や誤解が市営住宅の街区に集中して起こりました。街区ごとの分断と、各街区に同質の住民を集めたことが、問題の集中性を高めたのでした。

自主管理の意思が強く、よく手入れされている分譲の街区と比べると、公営住宅の街区は建物の外見に汚れが目立つようになりました。

「部屋の機能は他の街区と同じなのに、廊下や外壁の老朽化が早く進むから、評判が悪い。廊下の電球が切れても、高齢者は自分で取り替えられないし、頼みに行くことさえ難しい。盗難を怖れてバイクを上の階の廊下までもってあがる住民もいる。駐輪中のバイクのシートがつぎつぎと燃やされ、夜中に消防車のサイレンで目をさますことが再三ある。子どものとき、道にものをほかすと、棟の前の道路をいつもきれいにしていた『掃除おばさん』という仇名の女性に追いかけられ、叱られた。しつけをしてくれていたのかなあ」と語る若者がいました。

わたしたちがニュータウンについての共同研究を始めたときはちょうど、ジャーナリズムや論壇が、都市郊外やニュータウンに固有の新しいタイプの犯罪という話題をさかんにとりあげていた時期でした。向島ニュータウンも例外ではありませんでした。新聞雑誌はいわゆる事件をとりあげるのですが、次の日にはもっと刺激的な事件の報道へと目が移ってゆきます。しかし現場周辺では、被害者やその家族たち、あるいは加害者のまわりの人々が、その後もながく風評被害にさらされました。「気の毒で見ていられなかった。これは二次災害だと思った」という住民の感想をたびたび聞きました。

向島ニュータウン入居開始の一九七七年から六年後、一九八三年に、道路ひとつをへだてた宇治市側にグリーンタウン槇島が建設されました。グリーンタウン槇島では住宅公団が設計上のさまざまな試みをしており、４ＬＤＫの部屋が出現しました。向島ニュータウン入居から六年経って、子どもが成長した、あるいは子どもの数が増えたなどの理由で、賃貸住宅からグリーンタウン槇島の分譲住宅へ引っ越した人もいました。４ＬＤＫの広さなら何とかなるだろうと、三世代で共有できる制度を利用したローンを組み、故郷の両親を呼びよせた人もいました。同居ではなく、賃貸街区の一部屋を借りて、親世代が孫の面倒を見て子育てを助ける工夫をした、という話もありました。このように近くに住まいを確保することができるのも、ニュータウンならではといえましょう。

3　ニュータウンの成熟期から変動期

住まいの個人史を語っていただき、記録を確認してもらった後、わたしたちを信頼していただけるなら、次にお話を聞くべき方を紹介してください、とお願いすることにしました。こうして紹介の順をたどっていくと、ニュータウンのなかに存在する目には見えないネットワークが浮かび上がってきました。最初に気づいたのは、生活協同組合の共同購入で知り合いになる「生協つながり」でした。「ＰＴＡつながり」ももちろん重要です。父親たちには「少年野球つながり」「サッカーつながり」がありました。第五章で山田が紹介したように絵はがきづくりを通して記憶が掘り起こされた運動会やお花見も、地域のつながりを生み出していました。習い事やペットなど趣味のつながりや、サイクリングなどスポーツ関係のつながりは、街区を越えて広範囲に広がることもわかってきました。人間関係の希薄さに悩むといわれたニュータウンに、目に見えないネットワークがいくつも育っていたのでした。

そのひとつが、コラムで紹介したお母さんたちの文庫活動です。一九八〇年代から九〇年代、向島ニュータウンとグリーンタウン槇島に展開した二つの文庫活動の約二〇年は、同世代一斉入居の住民の子どもたちが小学校に通っていた時代です。そのころをニュータウンの成熟期だとすれば、二〇〇〇年前後から始まる次の時期は変動期といえるでしょう。

分譲街区の初期入居者が、中古住宅市場に出るようになった同じ街区の別の棟の部屋を購入している場合もあります。向島の場合、資産としての不動産の確保というよりも、親世代や子ども世代の親族や知り合いを呼び寄せる目的で購入したが、その使命を終えた空間をとりあえず賃貸市場へ出しているようです。家主には、家賃収入への期待以上に、場所に対する愛着、場所の利便性を自分たちが育ててきたという意識があるようです。

学生結婚をして、向島ニュータウンの分譲街区の貸し部屋に入居した大学院生は、大学と、駅と、保育所と、日用品の買い物をする店とが、かろうじて徒歩で行ける範囲に配置されていることによって、大学院生活と子育てとを両立させることができた、と語っていました。家主は向島ニュータウンの初期からの住民で、同じ棟に住み続ける人たちと親交があり、院生が借りていたのは、その隣の棟にある部屋です。家主のネットワークにより、適当な距離をおきながら見守られているという安心感があったようです。

賃貸住宅と分譲住宅とでは、マーケットのちがいがあります。賃貸住宅の借り手は回転が早く、「転居のため不要になった家具他を取りにこられる方に差し上げます。冷蔵庫（二八〇リットル）、食器棚、洋服ダンス、食卓五点セット、衣類その他いろいろあります」という張り紙が出ていたりします。所有ではなくシェア感覚で使い回しをしてくださいというメッセージなのでしょうか。

住宅の個人史を聞いているうちに、ニュータウンには早ばやと価値観の転換を図り、実践している人が多いのではないかと気づきました。とくにグリーンタウン槇島は当時の日本住宅公団が中心となって建設したまちであるためか、かつて公団賃貸に暮らし、戸建て住宅を建てて移動した人たちが高齢化し、再び賃貸住宅を選ぶ、一種の「戻り入居」が増えています。関西の別の県に住んでいたある人は、六〇歳のとき、買い物帰りに、終の棲家のつもりで建てた丘の上の白い家を坂下から見上げて、あそこに年上の夫と二人で何歳まで住むことができるだろうか、と考えたといいます。結婚した娘二人は遠隔地に住んでおり、将来、丘の上の家を相続する意志がないことはわかっていました。高齢期をどこでどう過ごすか、と改めて考えたとき、新婚時代に住んだ四階建てで二戸づつ向き合った階段方式の初期公団住宅で、階段つながりの八戸が隣組のようになって親密なつきあいをし助け合った生活を思い出したそうです。それで、夫婦のあいだで、戸建ての家を売却して、もういちど公団の賃貸住居に入居するという結論を出しました。そして、娘たちそれぞれが居住する二つの地域からだいたい等距離にあるという理由で、グリーンタウン槇島が選ばれました。彼女曰く「家は資産価値でなく利用価値で測るもの」なのです。

戻り入居の話を聞くと、決断をするからにはその先まで考える、という覚悟が並ではないことがわかりました。入居後すぐに習字教室案内のチラシをつくり、これも自分の手でニュータウン内に二〇〇〇枚配布したといいます。目的は収入ではなく、これからここで生きるためのネットワークづくりでした。住まいの個人史聞き取り調査には、習字教室の受講生がひとり同席してくれました。その人も戻り入居といえる選択をしていました。三〇年前にニュータウンに近い分譲住宅地に住み始めたのですが、気がつくと「三〇年で老人通りみたいになっていた。ニュータウンはもっと活気があると思って入居した。それに以前から習い事をしたかったのに近くに教室がなかった。一〇〇〇人以上がかたまって住んでいるところには、きっと習い事の先生がいるはず、と思っていたので、ある朝メールボックスにチラシが入っているのを見てうれしかった」といいます。以来「お習字半分、人生談義半分」のつきあいが続いているそうです。

ニュータウンについて語られるとき、少子高齢化や建物の老朽化、従来のライフサイクルの破綻、人の心の荒廃が一般に先んじて起こるという側面ばかりが強調されます。しかしわたしたちは、ニュータウンは衰退しているのではなく変化しているのではないか、高齢者のあいだでは閉じた住戸を安全にひらいて他者とつながろうとする動きが、若者のあいだには所有よりもシェアをえらぶ傾向など新しい価値観が生まれているのに、それが見過ごされているのではないかと考えるようになりました。

4 住民の運動とニュータウン研究会の展開

これまで何度か触れてきたように、二〇〇五年、近鉄向島駅前に葬儀場の建設計画がもちあがりました。働き盛りに入居した住民たちがリタイアして、ニュータウンを終の棲家としようかと考え始めていたころです。向島のイメージはこれまでもあまりよいとはいえなかったのに、さらなる風評被害にさらされるのかと怒った住民たちが、反対運動を始めました。一般にニュータウンの住民運動は反対運動から始まるといわれますが、向島ニュータウンもそのひとつでした。

もともとニュータウンの住民は自治会など地域のコミュニティ活動にあまり熱心でないといわれます。むしろ、そうした近隣関係が煩わしくてニュータウンに居住することを選んだ人が多い、という話もよく聞きます。市営住宅は自治会への入会が義務づけられていますが、公団分譲と公団賃貸は自由参加のため、自治会のある棟とない棟に分かれます。また、自治会があっても、入らない人も増えています。子どもが小学校に行っているあいだは、小学校の運動会が棟や街区を越えて住民が集まる機会になっていました。しかし、ニュータウンの建設が進み住民人口が増加するたびに分校ができて、やがてそれが独立するという経緯をたどりました。その結果、市営住宅の子どもが多い小学校区と公団分譲の子どもが多い小学校区ができました。それが住民たちの心のなかに、かなり高いバリアーをつくりだしました。子どもが小学校を卒業すると、その学区つながりすら霧散してしまいます。そこに突然降ってわいた葬儀場建設計画でした。反対運動は向島駅に近い二の丸学区、二の丸北学区、向島南学区の住民たちを結びつけ、ニュータウンの住民のあいだに自分たちのまちという意識をはぐくんだようです。住民は葬儀場建設計画が立ち消えになったあとも集まって、自分たちが目指す安全で暮らしやすいまちとは何かを考えました。こうして「向島駅前まちづくり協議会」がつくられました。そして二〇〇七年に「向島駅前まちづくり憲章」ができました。それが向島駅を通学路とする学生の目に留まり、以来住民と京都文教大学の学生のさまざまな交流が始まったわけですが、その経緯については第九章で杉本が報告したとおりです。

ニュータウン研究会のメンバーも、聞き取りと記録を中心とする研究と並行して、向島ニュータウンで実践的に地域に関わっていくようになっていきました。二〇〇七年度から二〇〇九年度にかけての共同研究「ニュータウンのある『まち』——地域における大学の役割に関する実践的研究」では、テーマのひとつにニュータウンの比較研究を掲げていましたので、愛知県の高蔵寺ニュータウンや保見団地といった他の地域のニュータウンのまちづくり活動のお話を、地域住民の方々と一緒に聞いて議論するということもやりました。一方、住民たちは地域の安心・安全を守るための防犯パトロール活動を始めたり、「向島中央公園愛護協会」をつくってニュータウン内の大きな緑地公園を清掃し、そこで四季の自然観察をするなど、暮らしやすいまちづくりにむけて具体的な活動を始めていました。

二〇一〇年度から始まった共同研究「リバイビング・ニュータウン——住民主体のコミュニティ再活性化にむけた研究」の時期になると、向島ニュータウンの住民とニュータウン研究会の教員やその学生たちの協働は本格化しました。住民たちは二〇〇八年に、自治会や学区、行政や福祉団体の組織を越えて、地域の問題を共有し解決に必要な情報交換をする「向島二の丸・二の丸北安心安全ネットワーク」をつくって月一度の会合を開くようになったのですが、いつしかニュータウン研究会のメンバーもそこに加えていただくようになっていました。民生委員や社会福祉協議会の方から語られる問題はどれも深刻です。ペットやゴミをめぐるトラブル、引きこもりやネグレクト、メンタルな障がいの問題、孤立死も起こります。地域で困ったことが起きると、たいていはまず民生委員のところに持ち込まれます。わたしたちはつぎつぎと起きる問題の対応に日々おわれる民生委員の一人を冗談半分「千手観音さま～あ」と拝んで笑いあったりするのですが、実際、そのご苦労たるや大変なもので、頭が下がるばかりです。ひとつひとつは〇〇さんの問題という固有名詞で語られます。しかしほとんどは、個人レベルで解決ができるような問題ではありません。そしてみんなで対処法をあれこれ相談するたびに、ニュータウンの規則や縦割り行政の壁に阻まれて行き詰まることもあるのです。社会はニュータウンに問題があるというけれど、問題をつくっているのは社会制度の方ではないのかという思いで、みんなが重たい沈黙におちいることが何度もありました。

先に、郊外の戸建住宅からニュータウンに戻り入居をしたご夫婦の例を述べましたが、彼らがニュータウン再入居を急いだ理由は、賃貸入居に必要な収入証明のハードルが高く、夫の再就職があるあいだでないと申し込みができなくなるからでした。公営住宅では収入が一定額を超えると出てゆかなければなりませんし、公団賃貸住宅では一定額の収入がないと入居ができません。公営住宅と公団住宅の規則が、街区や棟ごとの分離と、分別集団のなかでの同質化を進めているのです。

そうしたなかで、一般にニュータウンの公営住宅の街区は問題地区というまなざしで見られがちです。しかし、住民と一緒に祭りなどをやりながらニュータウンの全体像が見えてくるにつれて、必ずしもそうとばかりは言えないこともわかってきました。市営住宅は自治会がしっかりしているので、どのような人が入居しているか、だいだい把握されています。ニュータウンのなかで、今も年に一度の夏祭りをやっているのは、市営住宅の住棟だけです。多文化共生の問題も高齢化の問題も最も深刻な街区ですが、住民たちが自治会を中心に集まって対策を考えることができます。また、行政もそこにさまざまな問題が集積されていることを承知しているので、福祉関連の部局が積極的に関わってくれます。市営住宅のある棟では、月に一度、老人クラブのカラオケ大会が行われ、おおいに盛り上がっています。最近は一人暮らしのお年寄りの昼食会も行われるようになって、これがまた大好評のようです。また、切れた電球の取り換えや家具の移動など困ったときに助け合う老人たちの互助会グループもできています。

あるとき、市営住宅で中国帰国者と住民が集まるというので、大学の中国人教員と一緒によばれていったことがありました。中国帰国者の自己紹介を中国人教員が通訳していき、それぞれ中国でどのような仕事をしていたか、日本に来て何に困っているのかを話してもらいました。なかには中国で教員をしていた人や、公務員の研究職についていた人、医師をしていた人もいました。しかしどの人も、日本では中国での学歴や免許が通用しないので、専門を生かした仕事をできないでいることがわかりました。あとから、ある住民が言いました。

「あの人と道で会うと挨拶ぐらいはしてたんだけど、あんなに楽しそうに話をするのを初めて聞いた。あんなに笑う人だったんだって、びっくりした」。

それから古くから暮らしている住民たちの方が変わりました。中国帰国者というひとくくりではなく、◯◯さんという固有名詞でそれぞれの人とつきあうようになったのです。これで問題が解決したわけではないのですが、ご近所づきあいはずっとよい関係になったようです。

これに対して、公団分譲の街区では同じ棟にどのような人が住んでいるか、管理組合の役員さんでも十分には把握できていません。公団賃貸となると、さらに隣人関係は希薄です。在職時代に高収入であった人ほどプライドが高く、手助けを申し出ても、ほっといてほしいと扉を閉ざしてしまうといいます。福祉行政は公団の住戸に暮らす人々に目をむけません。こうした街区の方がむしろ高齢者の孤立問題は深刻なのです。こうして見ると、市営住宅の街区の方が公団の街区より住民たちのネットワークがある分、問題に立ち向かう力があるのかもしれません。

秋の祭典の設営や片付けでは、公営住宅の自治会がある地区が住民を動員して縁の下の力持ちとして大活躍してくれています。一方、秋の祭典の企画の中心になったり、「中央公園に蛍をとばそう」といった新しい企画を始める人たちには、どちらかというと公団分譲の住民が多いようです。ニュータウンができて四〇年。むしろ公営住宅と公団分譲住宅の両方があり、住民たちがお互いに協力しあうことによって、向島ニュータウンのまちづくり活動が成り立ってきているようです。さまざまな街区があり、さまざまな住民がいることは、まちづくりにとってむしろプラスなのだとも考えられるのではないでしょうか。

5　ネットワークが重層するまちづくり

向島ニュータウンは、京都西部の洛西ニュータウンとほぼ同時期に建設されました。そのため、この二つはつねに比較されます。洛西ニュータウンは京都西部の田園地帯に建設され、若干交通の便は悪いのですが、自然に囲まれた閑静な住宅街で、住民も比較的豊かな層が多いといわれます。[*1] 二〇〇六年、京都市都市計画局は、「洛西ニュータウンまちづくりビジョン」を策定しました。[*2] ビジョンの副題は「もっと もっと魅力あるまちを目指して」です。少子高齢化やコミュニティの人間関係の希薄化に対応するため、地域住民、地域に関わっている各種事業者および行政などが協働して、タウンミーティング、住民アンケート、ヒアリング、パブリックコメントが実施され、それらを踏まえたまちづくりが進められています。

一方、向島ニュータウンがつくられた郊外は、工場地帯と水田が広がる京都市南部の地域です。分譲開始後、住戸の売れ行きがいまひとつだった向島では突如都市計画が変更になって、分譲住宅建設予定地に市営住宅が建設されました。この向島の市営住宅は、京都駅南の再開発で立ち退きを迫られた人々や、中国帰国者とその家族をたくさん受け入れることになりました。行政は洛西ニュータウンとほぼ同じ問題を抱えている、いやむしろもっとシビアな状況にある向島ニュータウンのまちづくりにはノータッチです。住民たちは「ここは行政に見捨てられているんですよ」とか、「いや、もっと悪い。ここに福祉のお世話にならなくてはならない人たちをどんどん放りこもうとしているんだ」と自虐的に語りますが、一方で、「いやあ、住んでみると、なかなか便利でいいんですよ。ぼくはけっこう気に入っているんだがなあ」という住民も少なくありません。京都駅から電車で一五分ほど、伏見駅で乗り換えれば大阪梅田にも直行できる利便性のよさがあり地価も高くないので、本当は子育て世代の若い人たちにも暮らしやすい場所なのです。

実際、近くにあるＵＲ都市機構の観月橋団地では、無印良品と組んで「団地からＤＡＮＣＨＩへ」という団地リノベーションプログラムが進められた結果、若い人たちに好評で入居は順番待ちの状況です。団地ならではのノスタルジックな雰囲気、広い敷地、豊かな緑、南向きの明るい部屋という魅力を生かしつつ、２ＤＫを開放的な１ＬＤＫにしてインテリアをモダンにし、引き戸で好きなように間仕切りができる広々としたオープンキッチンや大きな土間空間をつくって、使いやすく個性的な住戸が生まれています。こうした住戸は、実は若い人だけでなく高齢者や障がい者にも使いやすいのではないでしょうか。

住民たちの集まりで、この観月橋団地の改修が話題になりました。それは、向島ニュータウンの住民が今住んでいるところに死ぬまで安心して住み続けられるようにするには、どうしたらよいかという議論をしていたときでした。先に述べたように、「住まいの個人史」の聞き取りをするなかで、ニュータウンには戻り入居がけっこう多いことが明らかになりました。住宅双六の上がりは、かつて想定されていたような戸建住宅である必要はそう多くなくてよいのかもしれません。住宅双六の上がりは、かつて想定されていたような戸建住宅である必要はなく、独立性を確保しながら孤立しないで暮らすことができる集合住宅という選択もあるのです。グリーンタウン槇島には、妻が足の故障で階段の上がり降りが不自由になったため、段差がなくフラットな高層共同住宅をさがしてグリーンタウン槇島に入居した人もいます。彼は、妻の没後もニュータウン居住を続け、自治会長などを務めてニュータウン内の街区同士さらにはニュータウンと周辺地域をつなぐ役割をはたしています。向島ニュータウンでも、子どもたちが独立した後、分譲のテラスハウスを売却して、公団高層の住戸を購入して移動した人がいます。ニュータウンにはさまざまな形の住戸があるので、住み慣れた土地を離れることなくライフスタイルに合わせた住戸を見つけることができるのです。

第一章で西川が紹介したように、親子が同居せずに別々に暮らしながら、ごく近くに住めるのも、ニュータウンです。公営住宅は勝手に改修できない規則があるため行政の施策を待たなくてはなりませんが、第二章で竹口が述べているように、各地で再生計画が進んでいます。公営住宅こそ、観月橋団地のようにおしゃれに改修して若者たちを呼び込み、多世代が暮らす街区になるようデザインする必要があります。高齢者や障がい者だからといって福祉住宅に集める必要はありません。わたしたちはいつも、向島の障がい者の人たちから「自分たちにも仕事をさせろ」といわれています。公営住宅や公団住宅の規則を変えて、ニュータウンの住戸でお店やカフェができたり、各棟の一角に一緒に食事をつくって食べたり、学校から帰った子どもたちが遊んだり宿題したりできるようなサロンがつくれれば、一人暮らしや身体に不自由のある高齢者も孤立せずに済みますし、働くお母さんたちも助かります。第七章で吉村が紹介した障がい者のように、ふつうの住戸に暮らしながら、若者たちの世話になっているのか世話をしているのかわからないという関係が成り立つのです。また第六章で三林が報告したように、若者たちが子育て中のお母さんのお手伝いをすることは、お母さんと若者の双方にとってメリットがあります。第八章の縄野の報告にもあるように、中国帰国者は自分たちだけでまとまりたいわけではなく、ほかの住民と話して日本語を学ぶ機会をもちたいのです。

第一章で西川が述べているように、「人は住宅に住むというよりは、まちに住む。住宅を改良しただけでは現代生活の諸問題を解決することはできない」のです。建設当初の都市計画が破綻し、少子高齢化や多文化化の進むニュータウンを再デザインするためには、弱者を保護するという名目のもとに管理するための福祉住宅を中心とした地域デザインではなく、年齢や障がいの有無にかかわらず、ふつうに暮らしていて人と人が助け合えるような関係性のあるまちをデザインし実現していく必要があります。

それでは、人と人が助け合える関係性があるまちをデザインするとは、どういうことでしょう。わたしたちはそのヒントが、「住まいの個人史」の聞き取りでニュータウンのよいところとして住民があげた「自転車ですぐ行けるところに、とても親しい人がいて、いざというときに助けてもらえる」という言葉にあると思いました。隣りあう隣人がべったり親しい必要はないし、同じ棟の人たちがまとまっている必要もないのです。問題によって頼りにする相手は違うかもしれません。でも、すぐに駆けつけられる距離に助け合える人が住んでいるならば、どんなにか心づよいことでしょう。人と人が助け合える関係性のあるまちづくりとは、特定の街区や地域と結びついたネットワークがあるとともに、一人の人がいろいろなネットワークをもち、必要なときにはネットワークが相互連携できるようなまちをデザインすることではないでしょうか。

6 「京都文教マイタウン向島」開設と地域連携モデル

向島ニュータウンには先に述べた「向島二の丸・二の丸北安心安全ネットワーク」と並んでもうひとつ、一人の人がいろいろなネットワークをもち、それらのネットワークがさらに連携できるようなまちのデザインを目指す地域交流拠点「京都文教マイタウン向島」の活動があります。

二〇一二年末、ニュータウンの住民と大学の教員や学生との協働に、向島ニュータウンセンター商店会や京都市住宅供給公社が加わって、さまざまな企画が行われるようになったことから、大学が商店会の活性化のために協力し、商店会の土地を管理する住宅供給公社が大学の地域実践教育に協力するという協定が成立しました。そして京都市住宅供給公社が大学に向島ニュータウンセンター商店会内の空き店舗を貸与してくれました。こうして二〇一三年一月一四日、住民たちの長年の念願であった地域交流拠点「京都文教マイタウン向島」(通称「MJ」)が開設したのです。

MJの開設にあたって、ニュータウン研究会のメンバーと駅前まちづくり協議会のメンバー、そして秋の祭典に参加しているさまざまな団体の人たちが寄合をもちました。そこで決まったのは、①ここを大学のサテライトキャンパスにしないこと、②住民と教員や学生が入ったメンバー制の運営組織(通称「寄合」)をつくり、そのメンバーがサポーターとなるとともに、③メンバー各自がやりたい企画を責任をもって「この指とまれ」方式で活動をしていくことでした。

大学から運営資金の出るサテライトキャンパスにしないことに決めたのは、大学という組織自体のもつ不確定性を考慮したためです。大学は地域連携や実践型教育のプログラムなどで文科省や企業から助成金を獲得することによってサテライトキャンパスの運営ができるかもしれませんが、助成金には期間があります。それを当てにすると一時的に派手な活動はできますが、金の切れ目が縁の切れ目になります。大学は経営方針を変えることがありますし、学部や学科の再編もよくあります。教育カリキュラムに付随したお金を当てにしていると、急に廃止されかねません。学生は四年で卒業し入れ替わっていきます。地域連携に積極的な教員がいても、ほかの大学に移ったり定年退職して地域活動をしていたゼミが消滅したりするのはよくあることです。

もちろん住宅供給公社は大学教育に協力するために空店舗を貸与してくれたのですから、授業など学生教育のための施設利用が第一目的です。しかし大学は京都市住宅供給公社とともにあくまでサポーターに徹してもらい、ニュータウン研究会のメンバーとここを拠点として活動するサークルの学生たちが寄合に入って住民とともに重要事項を決定し、その他のさまざまな教員や学生が利用者として参画することにしました。住民側もまた、既存の自治会を単位とするのではなく、住民の自主的なグループもしくは個人で参加することにしました。そして、MJの企画も運営もそのための資金も、「この指とまれ」と手を上げた人が責任をもって考えることになりました。そのかわり月に一度の寄合でみんなの承認が得られれば、メンバーは自分のやりたいことのために場所を使えます。

こうして、図10-1のように、住民たちと大学の教職員や学生、商店会、秋の祭典でつながったさまざまな団体の代表がサポートメンバーとなって、MJの活動が開始されました。この図が示しているのは、それぞれ独自に活動しているグループがMJを結節点としてつながったネットワークなのです。

このネットワークは向島ニュータウンのなかだけでなく、大学や高校、病院といった周辺の施設や、隣接する巨椋池干拓地で活動する市民団体に広がっています。また、この図ではMJの運営委員会が中心に描か

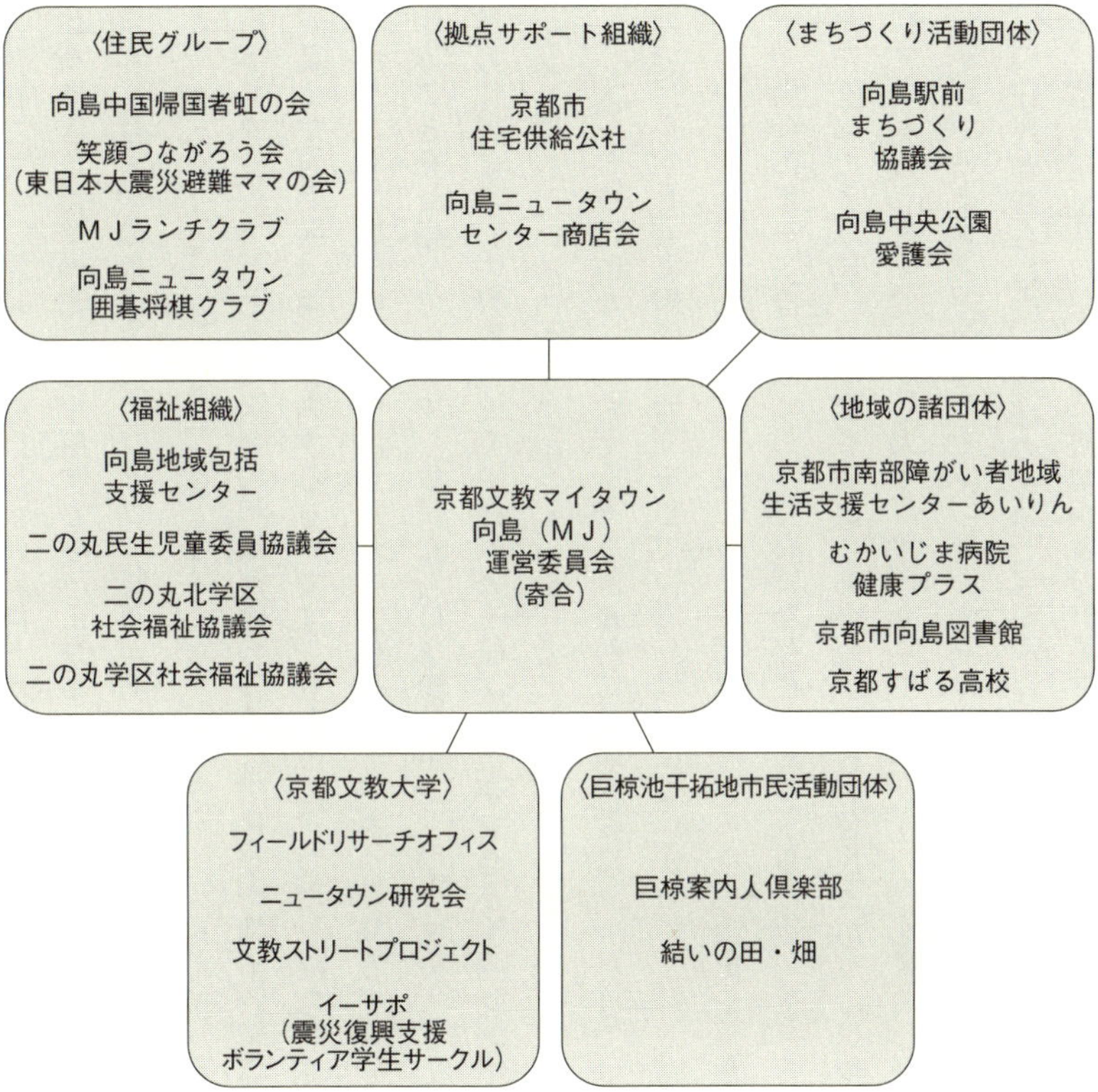

図10‒1　住民グループのつながり

れていますが、その基盤には、個々の団体同士が長年つちかってきた関係性があるのです。たとえば向島ニュータウンセンター商店会とすばる高校は、クリスマスイブに地域ブランド米や野菜の販売会を協同で行ってきました。また、東日本震災避難者の「笑顔つながろう会」と京都文教大学の学生サークル「イーサポ（東日本復興サポートプロジェクト）」は、京都市南部障がい者地域生活支援センターあいりんの「にっこりフェスタ」のバザーに参加したり、いっしょに東日本大震災復興ボランティア写真展を開催したりしてきました。京都文教大学のニュータウン研究会のメンバーは住民たちと一緒に「秋の祭典」に参画しながら、なかば意図的になかば結果的に、こうしたさまざまな団体を巻きこんで幾重にも重層するネットワークの構築を進めてきました。ここに向島ニュータウンにおける京都文教大学の地域連携のひとつの特徴があるといえるでしょう。

一般に、大学の地域連携というと、第一に大学のもつ学問的専門性による地域貢献が期待されます。ニュータウンで行われる大学の地域連携の多くは、建築や都市政策専門の教員と学生たちが中心となって、建替えや再開発計画に参画するものです。[*3] もちろん、わたしたちニュータウン研究会のメンバーも、建築学であったり、臨床心理学であったり、文化人類学であったりと、自分たちの専門的な学問を用いて地域貢献することを目指しています。教員たちは学際的ネットワークや大学そのものがもつ人的資源を活かして、地域の住民とほかの専門機関や専門家とを結ぶことができます。シンポジウムや講演会を開催して、住民たちが話を聞きたい専門家を講師として招くというのも、そうした地域貢献の重要な方法のひとつです。しかし、大学の専門的な学問がそうそう直接的に地域の役に立つわけではありません。大学は専門学校とは違うので、必ずしも実用的な研究をしているわけではないからです。

しかし、わたしたちは、住民たちと一緒にいろいろな企画をやるうち、大学がある意味で社会から遊離した、場合によっては地域において異質な存在であるからこそ、できることがあることに気づかされました。先に述べたように、自治会や街区のあいだ、旧村の住民とニュータウンの住民とのあいだには、見えないバリアーがあります。しかし大学の教員や学生は、そうした地域のしがらみから離れたニュートラルな立場におかれています。だからこそニュータウンの住民同士、ニュータウンの住民と旧村地域の住民、ニュータウンの住民とさらに広い地域の住民、さらには他のニュータウンや他の国の人たちとをつなぐことができます。まちづくりのための公的助成金の申請や行政への政策提言なども、大学が介在すればやりやすくなるでしょう。学生たちも、ニュータウンの情報を周辺地域や他のニュータウンへ、さらにネットを使って世界へ発信することができます。逆に、近隣地域のお役だち情報をニュータウンの住民に向って発信するという、まさにメディア機能をはたすこともできるでしょう。わたしたちはそれをとおして、ニュータウンの住民だけ、もしくは住民と大学、あるいは住民と行政という閉じた関係性のなかでニュータウンのまちづくりを考えるのではなく、むしろニュータウンを開くことによって、周辺地域をも巻き込んでいくようなまちづくりの新たな可能性を拓いてゆきたいと考えています。住民や地域の諸団体のネットワークを結ぶＭＪは、「メディアとしての大学」という、大学の地域貢献を実践するための拠点でもあるのです。

7 「住まいの個人史」研究その後

このＭＪを拠点に最初に取り組んだのが、一人暮らしの高齢者を対象にした「ＭＪランチクラブ」でした。月に一回、ＭＪでランチを楽しむプロジェクトです。民生委員と京都文教大学の教員小林が献立を考え、仕込みをして、ワンコイン（五〇〇円）で食事を提供しています。スタッフを入れて毎回三〇～四〇人が参加して、二〇一四年九月で二〇回目を迎えています。スタッフの負担を軽減するために、花見や蓮見、月見など京都文教大学の学生食堂に会場を移して実施したり、ひな祭りや大学生の落語会、健康カフェの血圧測定なども合わせて、楽しみや健康に関わるイベントを提供しています。一方、高齢男性を中心とした囲碁クラブは、ＭＪで、「男の居場所づくり」に取り組んでいます。

民生委員の「夏休みになると給食がないので、まともにご飯を食べられない子どもがいる」との話から、二〇一四年八月に子どもと一緒にご飯をつくって食べるプロジェクト「ＭＪキッズキッチン」が生まれました（写真10-1）。十分な設備はありませんが、自分でつくったご飯をお腹いっぱいおかわりできるプロジェクトです。民生委員と大学生、ボランティアの高齢者によって実施され、キッズキッチン終了後には、中央公園愛護協力会の協力で公園の植物や昆虫観察を行いました。夏休みが終わった後も、月に一回のペースで週末に継続的に実施することになりました。貧困、ネグレクト、子どもにせまる危機を回避できる力を育てることが、向島ニュータウンの「食育」の大きな目的になっています。また、学童保育に行けない子どもたちを対象に週に一回、宿題を見てあげる学生ボランティアサークル文教ストリートプロジェクトによる「向島　学ぼう会」が、MJ開設当初から地道な支援活動を行っています。

写真10-1　MJ キッズキッチン（たこ焼き）

他方、ニュータウン研究会の研究・活動が実践的な方向性を強めるにつれ、メンバーが一斉に出むいて「住まいの個人史」の聞き取り調査をするような時間的余裕はなくなっていきました。しかし、住まいと家族の変化から社会変動を読み解くという「住まいの個人史」の視点は引き続き維持されています。

二〇一一年三月一一日に起きた東日本大震災後、向島ニュータウンにも避難者の方々が来られました。ともかく京都に来てホッとしてほしいと、ニュータウンの住民とニュータウン研究会が合同で、四月には大学のキャンパスで桜を楽しむ会を開きました。震災後、日が経つにつれ、故郷へ戻る避難者もいれば、新たにやってくる避難者もありました。その多くは、原発事故による放射能汚染から子どもを守るために避難してきたお母さんたちです。彼女たちは故郷で働き続けねばならない夫を残して子どものために避難することを決断したのです。避難者と地域住民とニュータウン研究会は、折に触れて一緒にいろいろな企画をしてきました。そのひとつが二〇一三年八月に行った「あの夏の日　この夏に考える――戦争・原爆・原発写真展」でした。

避難者のお母さんのひとりが、原爆で被災した母が子を抱く写真を見て「子どもを思う母の気持ちは同じだ」と涙を流し、どうしてもこの写真展をやりたいと決意したのです。これまで写真展の企画などしたことはなく、マイクをもって人前に立つことさえ震災前は想像だにしなかったという、ごくふつうのお母さんです。写真展の最終日、地域のお年寄りに戦争体験をうかがう会が開かれました。九〇歳になる住民の方が、中国の東北地方から子どもを抱えて命からがら引き揚げてきた話をしてくださいました。「朝起きたら隣の人は死んでいた」という話や、「日本の軍人さんたちが真っ先に逃げてしまっていて、倉庫に残っていた食料をみんなが奪い合ったの。わたしはそこに入れなくて、あとに干からびた沢庵が何本か残っていたのを拾って、それを子どもにしゃぶらせて生きのびた」という涙なしには聞けない話でした。

それを聞きながら、わたしたちは、その同じ状況のなかで親が連れて帰ることができなかった子どもたちが、ニュータウンに暮らす中国帰国者であることに、あらためて気づいたのでした。帰国者のなかには、夫と子どもを連れての帰国を決意した女性たちもたくさんいます。第一章で西川は、女性の移動について触れていますが、戦争と原発、国策に翻弄されて移動を決断せざるをえなかった女性たちの歴史が繰り返されています。ニュータウンという居住の空間を共有しながら、さまざまなライフヒストリーが交錯しています。ニュータウンに歴史がないというイメージは、外からのまなざしによるものです。ニュータウンには、住民ひとりひとりの生きた歴史が重層した壮大な歴史が埋まっています。その上に、ニュータウンの時間が重ねられ新たな歴史がはぐくまれているのです。
ニュータウンは外部から批判的な視線で観察され論じられることが多いのですが、そこに暮らすさまざまな住民のつぶやきを聞き取り、住民の目線に寄り添うと、無機的な空間が懐かしい場所としての意味を帯び、そこに流れる時間がかけがえのない記憶となります。ニュータウンとともに生きて年齢をかさねる大学は、これからもニュータウンの住民とともにニュータウンの「夢」の建てなおしを目指して活動しながら、住民の経験や記憶を記録し、未来のために これを読み解く作業を続けていかなくてはならないと思います。

注

＊1 杉本星子「ニュータウンのトポグラフィー：向島ニュータウンと巨椋池の記憶をめぐる考察」『京都文教大学人間学研究』七、一一五―一二六頁。郊外問題がさかんに論じられたころ、よい郊外、悪い郊外という言い方がされた。バブル経済の崩壊後、郊外の開発地につくられた分譲住宅の売れ残り率や空き家率に差が出た。利便性の良し悪しも重要だが、乗降駅がある鉄道路線のイメージもまちの評価に大きく関わっている。東京の郊外には、西高東低のイメージ格差があるといわれる。戦前に、東京の市街地の西に広がる武蔵野台地を開発して高級住宅地がつくられたが、そこを通る鉄道路線の延長に建設された多摩ニュータウンには、トレンディドラマの舞台になるような上質でおしゃれなイメージが付与されている。洛西ニュータウンは、東京でいえば多摩ニュータウンのようなポジションといえるだろう。

＊2 京都市都市計画局広報資料「洛西ニュータウンまちづくりビジョンの策定について」二〇〇六年。

＊3 千葉大学は、大学発のNPO法人「地域再生リサーチ（Chiba Regional Revitalization Research: CR3）」を設立し、それを介して千葉稲毛海浜ニュータウンの住宅リフォームや高齢者生活支援系サービスなどを行っている（鈴木雅之「大学発NPOが仕掛けるニュータウン再生〈千葉大学と周辺団地〉」小林英嗣・地域・大学連携まちづくり研究会編『地域と大学の共創まちづくり』学芸出版社、二二一―二二四頁）。二〇一二年二月に開催された「須磨ニュータ

ウン展」では、神戸女子大学の学生たちが、六〇年代のニュータウンの生活について住民から聞き取りを行い、リカちゃん人形を使って初期住戸の再現モデルハウスを制作した。千里ニュータウンでは、住民と大阪大学、吹田市立博物館が連携してニュータウン展を実施した。二〇一二年のニュータウン展には、神戸女子大学のノウハウを生かしたモデルハウスが展示された。大阪大学の教員や学生は、千里ニュータウンの街かど広場の活動にも参画し、ニュータウンの絵はがきをつくるなど、長期にわたってニュータウンの住民と交流し、さまざまな住民グループの活動史を総合した住民史をまとめている。二〇一二年九月から一一月にかけて、千里ニュータウンでは住民・市民を中心に「千里ニュータウンまちびらき五〇年」を祝って、さまざまなイベントが開催された。多摩ニュータウンには、首都大学、中央大学、帝京大学、国士舘大学、大妻女子大学がある。こうした多摩地域の大学連携とUR都市機構とのコラボレーションが始まり、一九九七年には、地元学を構築するためのプラットフォームを提供し、表出する課題に立ち向かう実践者のインキュベーターの役割をはたす団体として「多摩ニュータウン学会」が、学者、行政担当者、住民とで立ち上げられた。そこを拠点として、多摩ニュータウンの歴史を開発政策史という観点からたどるアーカイブや、多摩ニュータウンの魅力や課題について、「郊外の再発見」という観点から取り組む研究が進められた（細野助博・中村光彦編『オーラル・ヒストリー　多摩ニュータウン』中央大学制作文化総合研究所研究叢書一一、中央大学出版会、二〇一〇年、一六―一七頁）。

＊4　多摩ニュータウンは、戦後の住宅計画史、建築計画史、土地計画史の実物標本が実際に住み続けられ、使い続けられながらすべてそろっている稀有な町だといわれているが、ニュータウンにおける住民活動もまた最先端をいっており、NPOの宝庫といわれている（上野準・松本真澄『多摩ニュータウン物語――オールドタウンと呼ばせない』鹿島出版会、二〇一二年、四―五頁）。実際、高齢化率が平均二五％、地区によっては三〇％を超える多摩ニュータウンの諏訪・永山地区では、行政のほか、特定非営利法人、商店街、ボランティア団体、自治会などが自律的に運営を始めており、「高齢者の居場所」が合計一〇ヵ所ある（上野・松本、前掲書、六四―六五頁）。

おわりに——夢の建てなおしに向けて

「ニュータウンの夢、建てなおします」という、なんとも大仰なタイトルをつけてしまいました。「なにを偉そうにゆうてはりますの。そんなんでけしまへんやろ」という厳しい声が聞こえるようです。それでも、向島ニュータウンには、ここを終の棲家と思い定めた住民たちがいます。まちづくりの主役は住民です。主役がここで生き抜くと覚悟を決めたなら、わき役も舞台を降りるわけにはいきません。向島ニュータウンの住民たちの地域への思いに共感したわたしたちは、彼らとともに、一歩一歩、まずはできるところから夢の建てなおしに向かって歩み始めることにしました。この本は住民・大学協働のまちづくりの最初の一歩なのです。

本書をとおして、わたしたちは、ニュータウンの夢を建てなおすために、①重層するネットワークの存在、②共有（コモン）から共用（シェア）への移行、③野火的活動の広がり、というニュータウンを開き／拓く三つの要件を見いだすことができたように思います。

第一の要件である重層するネットワークの存在とは、基本的には個と個のつながりからはじまるしなやかなつながりが幾重にも重なった状況です。地域社会の高齢化が進む現在、平成三〇年度の第七次介護保険事業計画の開始に向けた、地域包括ケア計画の策定が進んでいます。地域の関係諸機関の情報共有や地域に固有の課題解決を協議する地域包括ケア会議の母体には、おおむね中学校区が想定されています。そして、こうした行政主導型のまちづくりに、住民や住民組織である自治会がどのように参画していくのか、自治会のない棟や街区はどうするのか、住民参加のあり方が問われています。

しかし、学区―市町村―都道府県―国というピラミッド型の階層組織だけでは、まちづくりは完成しません。こうした制度的な仕組みのなかでは組織に埋め込まれて見えなくなってしまう個人こそが、ネットワークの起点です。こうした組織を水平的に横断していくネットワークが重層することによって、棟や街区、さらにはニュータウンそのものを開いていく方向性が確保される必要があるでしょう。まちづくりのための集まり方については、組織形成とネットワーク形成のどちらかをとるかではなく、どちらも必要です。ネットワーク概念を取り入れることにより、生存のために形成する家族にしろ、中間集団にしろ、制度化されたたんに強圧的になる団体に風穴が開けられ、風通しがよくなり、団体の外にいる他者への配慮がネットワークの糸に磨きをかけ、鍛え、命綱としての強度を増すのだと思います。

具体的な例をひとつ挙げるとするなら、現在、居住地区を単位に全国的な組織へ編成されている老人会を横につなぐようなネットワークを構築することです。ある棟の老人会が楽しく集まっていても、自治会がない隣りの街区の棟では、老人会活動がほとんど行われていないことがあります。京都の大学はコンソーシアムという大学連携組織をつくることによって、学生たちが他大学の授業を受講することができるようになっていますが、市町村レベルで同じように、老人会コンソーシアムのようなものがつくれたら、どこの地区に住んでいても、好きな老人会の活動に参加できるようになりますし、そうした活動をとおして、棟や街区をまたいで支え合う個人と個人のネットワークもさらに広がっていくでしょう。

第二の要件である共有（コモン）から共用（シェア）へとは、ここでは私領域の外に共有空間を広げるだけではなく、私領域を開いてその一部を共用する共領域へ移行させる行為をいおうとしています。第七章に登場する木村さんは、住戸の扉を開いて、障がいのある木村さんの身体介護をするヘルパーや友人たちなど、外部の人たちを招き入れ、パーティーを開催します。すると私領域であった住空間に公領域が侵入するかのように見えます。ところがこの章の執筆者である吉村は、木村さんが私領域を確保し、私領域にわが身を置きながら主体性をもって他者である隣人たちと共領域を形成し、さらにはその活動を社会参加に広げ、私領域から共領域、さらには公領域を編み上げる志をもっていることに、強く共感しています。

木村さんの試みにおいて私領域は公領域に支配される下部構造ではありません。要介護の障がい者や高齢者は、私領域を開いて、自分の意志と身体をもって、サポーターや隣人たちとの交渉を続けなくてはなりませんが、だからこそ共領域をつくりだし、人びとをつなぐ存在ともなりうるのです。第六章で三林が報告したママさんサポーターの場合も、世話が必要な幼い子どもたちの存在が、子育て中の家族の私領域を開いて学生たちを招き入れる契機となりました。こうした視点にたつと、介護や養育といった世話を必要とする人びとがいることによって、ニュータウンの鉄の扉が開き、食や遊びといった生活の一部をシェアする個人と個人の関係がつくりだされます。とはいえ、私領域と公領域の力関係を倒立させることは簡単ではないでしょう。私領域と公領域のあいだに隣人たちと生活の一部をシェアする共領域を拡大する努力が始まっているという方が適切かもしれません。

第三のキーワードである野火的活動とは、第七章で吉村が述べた、分散的でローカルな活動やコミュニティが同時にいたるところに形成され、相互につながっていくことによるコミュニケーションの広がりです。本書第二部では、向島ニュータウンに展開した住民や学生、障がい者、中国帰国者のいろいろな活動を報告しています。こうして、さまざまな地域の団体がつながっていきました。そして、第九章で杉本が述べたように、向島ニュータウンセンター商店会の中に置かれた地域交流拠点「京都文教マイタウン向島」、通称ＭＪは、こうしたさまざまな団体の活動が「向島駅前　秋の祭典」をとおして、相互に結びついていくなかで生まれました。そして、ＭＪの寄合では、終章で述べたように、ランチクラブやキッズキッチン、プラレール大会や旅行といった暮らしのなかに「楽しさ」を演出する行事や活動がつぎつぎと考案され、実行されています。こうした遊びを介して、さまざまな団体の活動が相互につながり始めています。京都文教大学の教職員や学生は、自分たちの活動をとおして、住民同士をつなぎ、さまざまな活動を連動させる媒介者すなわちメディアとして機能してきました。振り返ってみると、結果として野火的活動を仕掛けてきたことになるのかもしれません。

こうした野火的活動がつくりだすのは、自治会や町内会を基盤とし、全体としてひとつの組織を形成するような地域コミュニティではありません。さまざまな活動や団体が、それぞれ自律的に動きながら、いろいろな場面で連動していくような関係の重層性によってつくりだされ、地域の外にも広がっていく地域コミュニティ／ネットワークです。ニュータウンの「夢」は、こうした地域コミュニティが生成されるなかでこそ再建されていくのではないでしょうか。

本書は、文科省科学研究費助成金基盤研究C２「ニュータウンにおけるジェンダー変容」（平成一三―一六年度、代表：西川祐子）、京都文教大学人間学研究所共同プロジェクト「ニュータウンの未来像」（平成一五―一七年度、代表：西川祐子・三林真弓）、「ニュータウンのある『まち』――地域における大学の役割に関する実践的研究」（平成一八―二〇年度、代表：杉本星子・小林大祐）、「リバイビング・ニュータウン――住民主体のコミュニティ再活性化にむけた研究」（平成二一―二三年度、代表：杉本星子・小林大祐）、京都文教大学地域研究協働教育センター「京都南部・向島地域のニュータウンにおける大学・住民協働のまちづくり研究」

（平成二六―二八年度、代表：杉本星子）に拠った共同研究と個人研究を基盤としています。研究や活動に参加、ご協力くださったニュータウンの住民、学生、研究者諸氏に深く感謝いたします。とりわけ、京都市住宅供給公社向島営業所、向島ニュータウンセンター商店会、京都市向島図書館、槇島コミュニティセンター、向島駅前まちづくり協議会、社会福祉法人イエス団京都市南部障がい者地域生活支援センター、中国帰国者京都の会、向島二の丸学区および向島二の丸北学区社会福祉協議会、笑顔つながろう会の皆さまには、京都文教大学の教職員や学生の地域での研究や活動を受け入れ、さまざまなご協力をいただくとともに、つねに暖かくまた辛抱強く見守り励ましていただいています。心からお礼申し上げます。また、京都文教大学フィールド・リサーチ・オフィス、研究支援課、学生課、総務課の職員の皆さんは、私たちのこうした地域での活動を公私ともにサポートしてくださっています。彼らの助けなしには、地域の方々と一緒にこのような活動はできませんでした。忍耐強く心優しい職場の仲間に恵まれたことを有難く思っています。さらに、本書の編集では、昭和堂の松井久見子さんにたいへんお世話になりました。本の完成までの長い時間いっしょに考えてくださって、ほんとうに有難うございました。

なお本書の出版は、京都文教大学研究成果刊行助成により刊行されました。感謝いたします。

二〇一四年一二月

編者一同

巻末資料　向島ニュータウン史年表

年（年号）	月	できごと
一九六七（昭和四二）		向島ニュータウン計画始まる
一九六八（昭和四三）		地元説明会
一九六九（昭和四四）		用地買収
一九七一（昭和四六）		「一団地の住宅施設計上方式」による都市計画決定、事業開始
	六	干拓に必要な「主要第八幹線排水路」完成、用地買収
一九七二（昭和四七）	三	向島ニュータウン造成工事着工↓昭和四九年三月造成工事終了
一九七四（昭和四九）	五	ポンプ場竣工
	九	二街区住宅建設工事着工↓昭和五一年一二月竣工
一九七五（昭和五〇）	三	二街区分譲募集開始（分譲住宅特別融資制度創設される）
	一二	五街区住宅建設工事着工↓昭和五二年一部竣工、五三年一二月竣工
一九七六（昭和五一）		住戸数・配置計画・区域などに関する第一回全体計画見直し
	四	向島南小学校開校
	四	四街区、六街区住宅建設工事着工↓昭和五三年二月竣工
	四	商店街建設工事着工↓昭和五三年二月竣工
一九七七（昭和五二）	一	二の丸児童公園開園
	四	二街区、五街区入居開始、汚水処理場創業、近鉄バス営業開始
	九	三街区住宅建設工事着工↓昭和五七年二月竣工
一九七八（昭和五三）		第二回全体計画見直し（近鉄向島駅設置と公社分譲住宅用地を市営住宅用地に転用のため）
		四街区、六街区入居開始

	三	近鉄バス車庫、保育園、中央公園、センター商店会、内科医院、歯科医院開設
		京都市住宅サービス公社設立
	四	向島南小学校東分校（現、向島二の丸小学校）開校、新聞店舗開設
	六	変電所開設
	七	スーパーマーケット開業
	一〇	一街区住宅建設工事着工→昭和五四年二月竣工
	一一	向島四ツ谷池郵便局開設
一九七九（昭和五四）	三	近鉄向島駅開業、伏見警察署向島派出所、伏見消防署向島出張所開設
	四	向島二の丸小学校開校（二二学級、生徒八二三人）
	四	小児科医院開設
	六	向島幼稚園開園
	八	向島運動公園、テニスコート（西）開設
	一〇	歯科医院開設
	一一	八街区住宅建設工事着工→昭和五七年二月竣工
	一二	駅前広場開設
一九八〇（昭和五五）	二	七街区住宅建設工事着工→昭和五五年一一月竣工
	四	向島中学校開校
	五	産婦人科医院開設
	一二	歯科医院開設
一九八一（昭和五六）	一	外科医院開設
	二	ふじのき幼稚園開園

	四	城南保育園開園
	一一	九街区住宅建設工事着工→昭和五八年二月竣工
一九八二（昭和五七）	四	向島小学校東分校（現、向島藤の木小学校）開校
	五	城南児童館開館
	一〇	一〇街区住宅建設工事着工→昭和五九年三月竣工
	一一	内科医院開設
一九八三（昭和五八）	四	向島藤の木小学校開校
一九八四（昭和五九）	四	向島東中学校本校開校、皮膚科医院開設
	七	ファミリー菜園開園
	八	テニスコート（東）開設
一九八五（昭和六〇）	六	スイミングスクール開設
	九	耳鼻科医院開設
一九八六（昭和六一）	三	市立向島図書館開設
	四	二の丸北小学校開校、文化センター開所
	一〇	小児科医院開設
一九八七（昭和六二）	二	一一街区住宅建設工事着工→昭和六三年八月竣工
	三	歯科医院開設
	四	城南第二保育園開園
	五	向島駅前駐輪場開所
一九八九（平成元）	七	接骨医院開設
	八	眼科医院開設

一九九〇（平成二）		向島ニュータウン六三一六世帯、人口一万九二七六人
	三	向島学生センター開設（住居棟竣工）
	五	向島学生センター研修棟竣工
一九九五（平成七）		向島ニュータウン六三九五世帯、人口一万八三九一人、高齢化率五・一％
一九九七（平成九）		向島証明書発行コーナー開設
二〇〇〇（平成一二）		向島ニュータウン六一七〇世帯、人口一万六〇六一人、高齢化率一一・一％
二〇〇四（平成一六）		向島地区交通バリアフリー移動円滑化基本構想
二〇〇五（平成一七）		向島ニュータウン六二五九世帯、人口一万五一一一人、高齢化率一八・一％
	一〇	「向島駅前まちづくり協議会」結成
二〇〇七（平成一九）	二	『向島駅前まちづくり憲章』制定
二〇〇八（平成二〇）	三	第一回向島駅前「春の祭典」
		「向島中央公園愛護協力会」発足
二〇〇九（平成二一）	三	第二回向島駅前「春の祭典」
二〇一〇（平成二二）		向島ニュータウン五九六六世帯、人口一万三六六〇人、高齢化率二六・二％
	三	第三回向島駅前「春の祭典」
	一一	第四回向島駅前「秋の祭典」
	一一	向島ニュータウン三〇年の歩み「徳川家康の向島城と伏見」（小林大祐）
二〇一一（平成二三）	二	向島わくわく朝市（京都文教大学実践人類学実習学生・杉本星子）（二月二六日）
	三	向島図書館わくわく朝市（京都文教大学学生有志・杉本星子）（三月二六日）
	四	「桜を見る会」東日本大震災避難者と住民との集い（四月三日）
	五	向島図書館、朝市（京都文教大学学生有志）

	五	「脱力系フェスタ」（吉村夕里）
	六	第一回向島ほっこりフェスタ（京都文教大学実践人類学実習学生・杉本星子）（六月一九日）
	七	京都文教大学人間学研究所共同研究会「心のバリアフリーからはじまるまちづくり」（七月九日）
	七	「東日本大震災避難者・支援者の集い」（イーサポ学生・杉本星子）（七月一七日）
	一一	伏見連続講座「食からみる向島」（向島農家・杉本星子）（一一月六日）
	一一	第五回向島駅前「秋の祭典」（一一月一三日）
二〇一二（平成二四）	五	「脱力系フェスタ」（吉村夕里）
	六・七	第二回向島ほっこりフェスタ（京都文教大学実践人類学実習学生・杉本星子）（六月三〇日～七月一日）
	一一	第六回向島駅前「秋の祭典」（一一月一一日）
	一二	MJクリスマス（一二月二二日）
二〇一三（平成二五）	一	MJ京都文教「マイタウン向島」オープニングセレモニー（一月一二日）
	二	MJランチクラブ開始（二月八日）
	二・三	MJひなまつりウィーク（二月二五日～三月三日）
	三	MJ東日本大震災メモリアルイベント（三月五日～三月一一日）
	五	「脱力系フェスタ」（吉村夕里）
	五	MJプラレール大会（五月三日～五月五日）
	六	ホタルの夕べ（六月一日）
	六	愛隣館にっこりフェスタ（六月六日）
	七	「福井県一乗谷バスツアー」（京都文教大学プロジェクト科目学生・小林大祐）（七月二三日）

	七	向島ニュータウン夜市（七月二八日）
	七・八	MJ「戦争と原爆そして東日本大震災（原発事故）」写真展（七月二七日〜八月三日ミニシンポ）
	九	MJ向島ニュータウン・アンケート報告会
	一〇	第七回向島駅前「秋の祭典」（一〇月二七日）
	一一	向島図書館「昔の教科書展」（一一月一日〜一一月八日）
		「彦根・長浜バスツアー」（一一月二三日）
	一二	向島地域包括支援センター「認知症講演会」（一二月八日）
	一二	「神戸バスツアー」（小林大祐）（一二月七日）
	一二	向島アジア・アフリカとびっきり映画祭（一二月二一日）
二〇一四（平成二六）	一	MJ将棋囲碁クラブ開始（一月一二日）
	二・三	MJひなまつりウィーク（二月一七日〜三月二日）
	三	東日本大震災メモリアルイベント（三月四日〜三月八日）
	五	MJプラレール大会（五月三日〜五月六日）
	五	ホタルの夕べ（五月三一日）
	六	愛隣館にっこりフェスタ（六月一日）
	七	第三回向島ほっこりフェスタ「七夕まつりにいらっしゃい」（京都文教大学実践人類学実習学生・杉本星子）（七月六日）
	七	「向島社会福祉協議会」設立記念式典
	八	MJキッズキッチン開始（八月七日）
二〇一五（平成二七）	一	MJが「きょうと地域力アップ貢献事業者等表彰」を受ける（一月二四日）

■執筆者一覧（*印は編者）

*杉本星子（すぎもと ほしこ）	京都文教大学総合社会学部	第8章、第9章、終章
*小林大祐（こばやし だいすけ）	京都文教大学総合社会学部	口絵、第2章コラム、第3章、第4章
*西川祐子（にしかわ ゆうこ）	京都文教大学人間学研究所	第1章、第6章コラム、終章
鵜飼正樹（うかい まさき）	京都文教大学総合社会学部	第1章コラム
竹口　等（たけぐち ひとし）	京都文教大学臨床心理学部	第2章
石川真作（いしかわ しんさく）	京都文教大学人間学研究所	第4章コラム
山田香織（やまだ かおり）	香川大学地域連携戦略室	第5章
松井愛奈（まつい まな）	京都文教大学臨床心理学部	第5章コラム
三林真弓（みつばやし まゆみ）	京都文教大学臨床心理学部	第6章
吉村夕里（よしむら ゆり）	京都文教大学臨床心理学部	第7章
高石浩一（たかいし こういち）	京都文教大学臨床心理学部	第7章コラム
縄野友希（なわの ゆき）	社会福祉法人南風会	第8章
潘　宏立（パン ホンリ）	京都文教大学総合社会学部	第8章コラム
林　明代（はやし あきよ）	NPO法人「まちのエキスパネット」	第9章コラム
内山慎吾（うちやま しんご）	社会福祉法人イエス団京都市南部障がい者地域生活支援センター「あいりん」	口絵

京都発！ニュータウンの「夢」建てなおします
——向島からの挑戦

2015年3月31日　初版第1刷発行

編　者　杉本星子
　　　　小林大祐
　　　　西川祐子

発行者　齊藤万壽子

〒606-8224　京都市左京区北白川京大農学部前
発行所　株式会社　昭和堂
振替口座　01060-5-9347
TEL（075）706-8818／FAX（075）706-8878
ホームページ　http://www.showado-kyoto.jp

印刷　亜細亜印刷

ISBN978-4-8122-1430-5

＊乱丁・落丁本はお取り替えいたします。

Printed in Japan